南京航空航天大学英才培育计划项目(项目号:56JYGG19191)
南京航空航天大学出版资助项目(项目号:1811JCJS0401)

设计管理概论

成乔明 著

·南京·

内容提要

设计管理理论属于艺术学、设计学、管理学、文化产业学的交叉理论,虽然理论起步晚,但设计管理实践在人类长河中的起点与发展可谓源远流长,伴随着人类一路成长至今。宏观上来看,设计管理理论可以从设计文化管理、设计企业管理、设计市场管理、设计教育管理、设计管理的闭环模式等角度入手进行系统和全面的构建;从微观上入手,设计过程管理繁复、庞杂却又富于自身独特的内在逻辑和实践路径;同时不可忽视的是,设计管理还是大国战略、制造业崛起的抓手,值得在理论联系实际的基础上深度探究、挖掘与建设。本书对设计管理知识体系做了完整的剖析、架构与解读,适合文化产业学、设计学、艺术管理学、商学类本科生、研究生、教师以及研究人员阅读学习,也适合政府文化管理部门的官员、企业的高级管理人员参考阅读。

图书在版编目(CIP)数据

设计管理概论 / 成乔明著. —南京:东南大学出版社, 2020.11

ISBN 978-7-5641-9239-6

Ⅰ.①设… Ⅱ.①成… Ⅲ.①产品设计—企业管理 Ⅳ.①F273.2

中国版本图书馆 CIP 数据核字(2020)第 238861 号

设计管理概论
Sheji Guanli Gailun

著　者:	成乔明
出版发行:	东南大学出版社
社　址:	南京市四牌楼 2 号　　邮编:210096
出 版 人:	江建中
网　址:	http://www.seupress.com
电子邮箱:	press@seupress.com
经　销:	全国各地新华书店
印　刷:	广东虎彩云印刷有限公司
开　本:	700 mm×1000 mm　1/16
印　张:	14.75
字　数:	260 千字
版　次:	2020 年 11 月第 1 版
印　次:	2020 年 11 月第 1 次印刷
书　号:	ISBN 978-7-5641-9239-6
定　价:	48.00 元

本社图书若有印装质量问题,请直接与营销部联系。电话(传真):025-83791830

序

人类从有设计活动开始,其实就已经伴随着产生设计管理行为,造物活动本身就是策划、统筹、组织、协调的过程,这就是管理的实质。

如此说来,设计管理是最早产生的人类组织活动之一,在社会组织管理、社会公共管理、行政和商业管理出现之前,造物管理行为肯定是先行一步而产生的,是人与物互动交流、彼此成就的结果。人类祖先的钻木取火、磨制和打制石器、创造骨笛和骨针等,都是建立在人类对物的深刻认识、对规律的准确把握之后的产物,他们需要去寻找、搜集和整理最合适的物质原料,需要对家庭成员进行简单的组织和分工,需要反复试验找到最科学合理的工序,然后才能造出所需要的工具,这就是初级的设计管理。

现代化的设计管理对社会、对人类发展的重大意义不言自明,工业化、信息化时代的社会性大生产,几乎就是建立在全社会参与设计、创造、生产的基础之上而发展起来的,政府、行会、企业、团队、个人无一例外地被卷入到了社会性的生产运作之中,而成为现代造物机制浪潮中的一滴水滴。从设计策划、设计创意、设计生产、设计营销、设计服务等一系列过程来看,其本质就是一系列数不清的形形色色、大大小小的组织管理活动的集合体。无论是文化遗产保护、工匠精神复兴,还是"中国制造2025"计划、中国科技创新的梦想,都离不开精妙、先进、强盛的设计管理,优秀的设计管理几乎已经成为制造业大国的标配。

但设计管理的学术研究活动并没有出现百花齐放的局面,以及与实践匹配的科研热潮,有关设计管理的专业在大中专院校以及大学中不多见,"设计管理"的学科定位尚不明确,"设计管理"的理论成果微弱地散落在茫茫学海之中,犹如月朗星稀夜里天空中稀疏、暗淡的星光。

这部《设计管理概论》此时推出显得尤为珍贵,乔明是我的博士生,自

2006年以来就与我交往相处,这些年来,他推出了一系列设计管理、艺术管理类的著作,奠定了中国设计管理、艺术管理学术研究的第一块方碑。我记得2016年为乔明的《设计产业管理》一书作序时就说他是"交叉学科、边缘学科的拓荒者",什么是拓荒者?就是能沿着一个新的方向锲而不舍走下去的人;莫论前路多渺茫,独上高楼望天涯。真正的学者当有这样的境界!

  本书为我们展示了设计行为全过程中的各类管理活动,全面勾勒了设计管理的整体风貌、现状和研究方向,对设计管理实务的不足针砭时弊,并给出了自己的建议,具有较高的理论和实践价值,值得此方面的管理者、研究者、从业者、学习者细细一读。

谢建明

2020.5.19 于南京

谢建明:男,1965年生,江苏溧阳人。东南大学艺术学博士,日本立命馆大学文艺学博士。现任南京艺术学院党委副书记、副院长、二级教授、博士生导师。国家"百千万人才"工程入选者,国家突出贡献中青年专家、教育部课题评审专家。江苏省"333人才工程"二层次领军人才,江苏省文艺产业研究基地首席专家。

目　　录

第1章　总论 ··· 1
　1.1　现有理论综述 ·· 1
　1.2　学习研究的意义 ··· 3
　1.3　设计管理的知识体例 ··· 6
　1.4　设计管理的价值体系 ··· 10
　1.5　导读 ··· 13

第2章　设计管理的起端 ·· 15
　2.1　原始时代的实践活动 ··· 15
　2.2　人类对实用功能的需求 ·· 19
　2.3　人类形式美感的日渐成长 ··· 22
　2.4　人类对生产效率的需求 ·· 25

第3章　设计管理的发展 ·· 30
　3.1　社会分工推动设计管理的独立 ··· 30
　3.2　能工巧匠的合作需要设计管理 ··· 32
　3.3　管理水平的提升完善设计管理 ··· 35
　3.4　从传统走向现代化的设计管理 ··· 39

第4章　设计文化管理 ··· 44
　4.1　设计文化概述 ·· 44
　4.2　设计文化管理的定义 ··· 48
　4.3　设计师文化身份的确认 ·· 53
　4.4　设计企业文化的打造 ··· 58
　4.5　设计伦理文化的重建 ··· 63

第5章 设计企业管理 …… 69
5.1 设计项目管理 …… 69
5.2 设计人力资源管理 …… 75
5.3 设计组织管理 …… 81
5.4 设计营销管理 …… 88
5.5 设计品牌管理 …… 95

第6章 设计市场管理 …… 106
6.1 设计市场的内涵 …… 106
6.2 政府对设计市场的宏观管理 …… 111
6.3 行会对设计市场的中观管理 …… 118
6.4 企业对设计市场的微观管理 …… 123
6.5 设计市场的国际性交流 …… 130

第7章 设计教育管理 …… 138
7.1 设计教育概述 …… 138
7.2 设计教育管理发展史 …… 143
7.3 设计教育管理的主体 …… 146
7.4 设计教育管理的客体 …… 152
7.5 设计教育管理模式研究 …… 156

第8章 设计管理的闭环模式 …… 162
8.1 设计管理的大闭环模式 …… 162
8.2 设计管理者与公共理式的闭环 …… 164
8.3 投资人与审核人的闭环 …… 166
8.4 行业标准与收益测算的闭环 …… 168
8.5 时空生态与个人成长的闭环 …… 171
8.6 设计绘图与设计功用的闭环 …… 174
8.7 政府服务与社会发展的闭环 …… 178

第9章 设计过程管理 …… 180
9.1 设计过程设定 …… 180

9.2　设计过程监控 ·· 184
　9.3　设计监控反馈 ·· 197
　9.4　设计过程修整 ·· 202

第 10 章　设计管理的未来 ··· 208
　10.1　设计管理的折中 ··· 208
　10.2　设计管理的摆幅 ··· 210
　10.3　设计管理的权谋 ··· 213
　10.4　设计管理的觉醒 ··· 217
　10.5　设计管理的自立 ··· 220
　10.6　设计管理的超越 ··· 222

结语 ··· 224
后记 ··· 227

第1章 总　论

设计管理实践在人类历史上由来已久,但设计管理的理论研究尚未发展成熟。从学科层面来看,设计管理是设计学和管理学的交叉学科,但绝非两者的简单叠加,而是一个具有潜力的、专业的独立学科,它有自身独特的知识体系,也有自己独特的价值体系。

1.1　现有理论综述

第一个对"设计管理"(Design Management)下定义的人是英国设计师马歇尔·法尔利(Michael Farry),他于1966年提出:"设计管理是在界定设计问题,寻找合适设计师,且尽可能地使设计师在既定的预算内及时解决设计问题。"他从功能学的角度提出设计管理产生的必然性,目的在于解决设计问题,这已经超出了管理学的认知,进入了一个真正的学科交叉的范畴。所以,他其实是真正意义上提出了一个全新的概念,即"设计管理"。韩国科技大学教授、韩国产业设计振兴院院长郑庆源(Kyung-won Chung)先生的提法值得注意,他认为:"设计管理是一个研究领域,它把设计管理作为一个管理的战略工具,研究管理者、设计师和专家的知识结构,用以实现组织目标并创造有生命力的产品。设计管理旨在有组织地联合创造性及合理性去完成组织战略,并最终为促进环境文化发展做出贡献。"该说法将设计管理并归到管理的范畴,从组织管理学、目标管理学的角度去考查设计管理,从而将设计组织、设计活动当成了管理对象,实质性地延展了设计管理溢出设计学的管理学属性。法尔利与郑庆源的两极伸展为设计管理学自成体系定下了不容置疑的基调。

后来的研究多数是围绕设计企业的生产性、商业性管理行为展开的,如尹定邦、陈汗青等的《设计的营销与管理》[①](2003年版)、陈汗青、邵宏等的《设计管理基础》[②](2009年版)、美国学者凯瑟琳·贝斯特的《设计管理基础》[③](2012年中译版)都是针对设计产品营销、设计品牌管理等细节方面进行论述的著作。设计项目的管理也是某些学者特别感兴趣的话题，如杨侃等的《项目设计范围管理》[④](2006年版)、刘国余的《设计管理》[⑤](2007年版)、英国设计管理研究专家格里夫·波伊尔的《设计项目管理》[⑥](2009年中译版)等都是围绕设计项目展开或最终都归结到设计项目管理上来的研究。这里有必要提到的是，尽管讨论的是设计企业和产品品牌战略的问题，但能够从宏观视野如社会、政策、法律、金融、技术等大环境入手对设计企业进行环境影响下的营销管理与品牌战略管理研讨的著作是美国学者凯瑟琳·贝斯特的《设计管理基础》，设计活动本就是社会的一个部类，它的发展和它的管理都是社会化的产物。所以，从社会生态的角度对设计管理进行思考非常重要。同样是从宏观视野入手的研究，法国学者博丽塔·博雅·德·墨柔塔所著的《设计管理：运用设计建立品牌价值与企业创新》[⑦](2012年中译版)一书却别开生面地对企业设计管理类型做了理论上的探讨并得出企业设计管理可以分为操作型设计管理、职能型设计管理、战略型设计管理三大类别，由宏观入细微再开放式总结的研究思路颇有启发意义。从宏观视野入手，通过对设计管理活动的描述去反向研究设计思维、设计创意、设计审美等问题的著作让人耳目一新，这种反向研究方法就是美国学者特里·李·斯通在《如何管理设计流程：设计思维》[⑧](2012年中译版)一书中的独创。从设计门类入手对设计管理进行研究的理论有下面几部，日本环境设计专家中岛宏的《园林植物景观营造手册：从规划设计

---

① 尹定邦,陈汗青,邵宏.设计的营销与管理[M].长沙:湖南科学技术出版社,2003.
② 陈汗青,邵宏,彭自力.设计管理基础[M].北京:高等教育出版社,2009.
③ 凯瑟琳·贝斯特.设计管理基础[M].花景勇,译.长沙:湖南大学出版社,2012.
④ 杨侃,等.项目设计范围管理[M].北京:电子工业出版社,2006.
⑤ 刘国余.设计管理[M].2版.上海:上海交通大学出版社,2007.
⑥ 格里夫·波伊尔.设计项目管理[M].邱松,邱红,编译.北京:清华大学出版社,2009.
⑦ 博丽塔·博雅·德·墨柔塔.设计管理:运用设计建立品牌价值与企业创新[M].范乐明,汪颖,金城,译.北京:北京理工大学出版社,2011.
⑧ 特里·李·斯通.如何管理设计流程:设计思维[M].陈苏宁,译.北京:中国青年出版社,2012.

到施工管理》①(2012年中译版)、英国建筑设计理论家克林·格雷和威尔·休斯合著的《建筑设计管理》②(2006年中译版)、韩国金顺九和李美荣等的《视觉·服装：终端卖场陈列规划》③(2007年中译版)等。

综合上述理论著作的成果，成乔明自2013年起陆续出版了《设计管理学》④(2013年版)、《设计项目管理》⑤(2014年版)、《设计事业管理：服务型设计战略》⑥(2015年版)、《设计产业管理：大国战略的一个理论视角》⑦(2016年版)，分别从学科建设、项目运营、公共设计服务、设计产业化运作等角度对设计管理进行了系统的研究、讨论和建构，从而全面拓展并勾勒出了设计管理更为全面、广阔、系统的理论体系。

1.2 学习研究的意义

随着时代的进步，设计行业社会化、工业化的发展局势早已到来，伴随人员队伍的扩大、项目流程的清晰、工程环节的细化、机械化程度的提高、行业分工的精微、财务核算的庞杂等，设计行业也已迈入了科学管理的新时代，设计管理专业化发展逼迫学术界、教育界不得不重视设计管理专业和学科的建设，而建设的第一步就是要编写出更多、更系统的专业书籍。

1.2.1 设计管理已经成为社会显学

设计管理是最为重视设计、造物活动规范性发展的管理行为，而作为视觉传达的艺术，人类目光所及，无处没有设计。设计对世界的发展、社会的进步、人类生存与生活的延续至关重要，这种重要不仅体现在视觉审美的层面，

---

① 中岛宏.园林植物景观营造手册：从规划设计到施工管理[M].李树华,译.北京：中国建筑工业出版社,2012.
② 克林·格雷,威尔·休斯.建筑设计管理[M].黄慧文,译.北京：中国建筑工业出版社,2006.
③ 金顺九,李美荣,穆芸.视觉·服装：终端卖场陈列规划[M].穆芸,译.北京：中国纺织出版社,2007.
④ 成乔明.设计管理学[M].北京：中国人民大学出版社,2013.
⑤ 成乔明.设计项目管理[M].南京：河海大学出版社,2014.
⑥ 成乔明.设计事业管理：服务型设计战略[M].北京：中国文联出版社,2016.
⑦ 成乔明.设计产业管理：大国战略的一个理论视角[M].北京：中国社会出版社,2017.

更涉及社会资源分配、运用、创造新价值的层面,当然,设计效率、设计质量也关乎人类的生活品味和生存品质。设计管理理应成为一个需要独立研究、论述、探讨和发展的新专业、新学科。

1.2.2　设计管理已经进入营销时代

今天的设计管理不应还是关注个人创造力的体现,亦不是个人能单独承担的行为,而应该是组织管理的表现和群体劳动的集体性产物。如果说设计草创阶段仍然可以由设计师来全权策划,那么模型制作阶段、创意改进阶段、产品生产阶段、产品推广和营销阶段就可能需要社会多层面、多部类协力合作才能完成,设计管理已经上升到社会性、市场化、运营式统筹管理的高度。美国好莱坞的电影常常能带给我们极为新颖和深刻的设计震撼,如《阿凡达》(*Avatar*)(图1-1)、《盗梦空间》(*Inception*)(图1-2)、《黑衣人3》(*Man in Black 3*)(图1-3)、《超级战舰》(*Battleship*)(图1-4)等大片中的角色形象、场景、道具、特效等的设计一直为设计界津津乐道,而其产品的市场化营销所取得的社会效益和经济效益都令人称奇。设计管理除了是一种创意性组织活动,显然更是一种社会性运营方式,这种深刻的转型需要进行理论化、教育化的普及,才能培养出更多、更优质的设计管理运营人才。

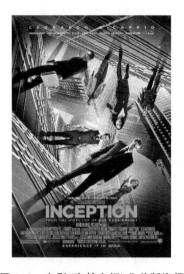

图1-1　电影《阿凡达》北美版海报　　图1-2　电影《盗梦空间》北美版海报

图 1-3　电影《黑衣人 3》国际版海报　　图 1-4　电影《超级战舰》国际版海报

1.2.3　设计管理已经呈现多元格局

在古代史上,设计管理往往肩负着承载历史文化的使命,是时代精神的呈现手段,也是政治历史的组成部分。埃及金字塔,古希腊帕特农神庙(图 1-5),古罗马竞技场,中国殷商青铜器、汉代漆器、唐代金银器、宋元瓷器、明清家具的设计创造无一不是古代设计管理的重大成就。古代的设计管理显然是单一而纯粹的,特别是在封建时代,"普天之下,莫非王土;率土之滨,莫非王臣",皇室是最大、最主要的设计管理者,贵族官僚是最核心的设计师,劳动人民是最淳朴的生产劳作者。今天的设计管理大不一样,设计者已经不是所谓的权威者,设计活动也很难再确定为单一的运行模式,人人都可以成为设计师,各种团队都可以承担设计管理的职责,政府、行会、企业、团队、个人以及其他社会组织都很难脱离设计管理的大范畴,这就造成设计管理开始向多层级、多元化、多维性的方向发展。

基于上述三点,设计管理专业和学科专门性、独立性的产生是时代的必然,并且首先需要对设计管理历史做细致的梳理、需要对设计管理实践做深入的考查、需要对设计管理理论做专一性研究和总结、需要加大投入对设计管理教育做整体性规划和全力的推进,然后才能上升到学科建设的高度。

图1-5　古希腊帕特农神庙（建造于公元前447—前432年）

1.3　设计管理的知识体例

设计管理知识是艺术管理知识的一支，艺术管理在种属层面上可以划分为美术管理、设计管理、舞台表演管理、音乐管理、影视管理等[1]，但设计管理同样涉及工业制造、建筑工程、产品设计、科技发明，所以还是工科的分支，这就造成了设计管理知识的复杂性和多元性，但确立设计管理是设计学、管理学的交叉学科基本是准确的。

从目前国内的学科目录来看，设计管理在一级学科上属于设计学，在二级学科上属于设计学理论，那么设计管理可以自成一个三级学科，即属于设计学理论下的三级学科，与设计史学、设计批评学、设计经济学、设计美学、设计哲学等并列而构成三级学科群。从工科目录的角度来说，设计管理加上前缀，如建筑设计管理学、工业制造管理学、产品设计管理学等，也可以成立三级学科甚至二级学科。这种情况在管理学体系下同样可以出现，如公共管理中可以开设公共产品设计管理学，企业管理中可以产生设计企业管理学等。关键在于从各自学科的背景和角度涉足设计管理会得出很有意思且各不相

---

[1] 成乔明.艺术管理五层级管理模式的研究[J].长春理工大学学报（社会科学版），2012（9）：130-132.

同的结论,这些研究结论都能服务于并推动设计管理学科的成长和完善。

如此说来,设计管理学的交叉性究竟能达到多大的程度目前尚不能完全判断,这个问题需要更多的学术圈层进行同参公谋,事实上这是有必要的,因为造物的管理行为无处不在,有生产就会有设计管理,而生产创造是社会基本的存在形态,是人类生来的物种使命。精神创造固然重要,但物质创造才是根本,何况设计创意、设计生产兼具了物质和精神的双重创造。

要讨论设计管理的知识体系,需要对设计管理学的理论框架做一个描述,如果能大致构建出设计管理学的理论框架,其知识范畴、知识面、知识构成就一目了然了,从而设计管理专业和学科的发展也就有了准确的学术定位和明确的方向。

设计管理理论框架的搭建需要确立基础的标准,即立足点,占据好搭建的视角和高峰再向下看,问题就会显得清晰、简单、顺畅和精确,标准分散、摇移就会产生交错、分散、杂乱的结果。本书抓住设计管理主体和设计管理内容二维交汇标准来构建设计管理理论框架,纵向上将设计管理主体进行分层构建,即紧紧抓住谁来管理设计的问题,从而构建一个垂直标准维度;横向上紧紧围绕管理的内容进行分类构建,即紧紧抓住管理什么的问题,从而构建一个水平标准维度。垂直标准维度、水平标准维度的交叉融合就基本可以得出设计管理的理论框架了,设计管理的知识体系也就显现出来了。

纵向上来说,设计管理的管理者可以分为政府、行业组织、社会机构、企业、项目组、团队等,其中政府管理通常被称为行政管理,行业组织及社会机构通常主要承担着事业化管理或产业化管理的具体执行工作,社会机构、企业、项目组、团队往往是社会中介机构且从事着自我经营式的管理。这种层级化的管理之间存在交叉,如政府也承担着事业管理、产业管理的指导和规范工作,但它们更多的是运用行政手段、法律手段、经济手段来统筹规划。具体的社会性、行业性事业管理、产业管理仍然要下放给政府外派机构、社会职能部门、社会行业组织、社会相关机构来执行,这样可以减轻政府的工作压力,还可以让更加专业的组织从事专业的管理。企业、项目组、团队虽然也参与了社会事业性、社会产业性管理活动,甚至企业本身就是社会产业部类的主角、社会产业活动的竞争者,但企业、项目组、团队作为产业中介,其一切管理也仅是为了牟取自身更多的经济利益而进行的,自负盈亏的要求使它们更为注重自身自为的生存性管理,所以可以统称为中介管理①,自身的生存和发展才是这些中介组织的使命。行政管理、事业管理、产业管理、中介管理从纵向上来看,行政管理高居上位(宏观规划),事业管理、产业管理列居中位(中观执行),中介管理处于下位(微观经营),三层的分类、分权、分职的情况基本构成了整个社会的运行法则,当然,三层级之间也存在一定的交叉,只是此类权职上的部分交叉并不影响对设计管理三层级社会部类的划分。于是,设计管理在纵向上可以划分为设计行政管理、设计事业管理与设计产业管理(并列)、设计中介管理。

横向上来说,可以吸收所有设计管理的种属或内容。如城市规划管理、生态治理管理、大型环境营造管理、大型水利交通枢纽(图1-6)的规划设计管理、国家大型工程设计管理、地区重大形象工程设计管理、军事装备设计管理、航空航天技术设计管理等毫无疑问可以并入设计行政管理,哪怕是由国有或国营型企业从事具体工作,但其属性依然属于公共权力性质,理应归并为行政管理的范畴。设计教育管理、设计文化国际交流管理、生态环境改造管理、新型民居(图1-7)设计管理、水利交通设计管理、设计服务咨询管理、电视转播技术设计管理、现代通信技术设计管理、医疗及治疗类器械设计管理等属于社会公共服务事

图1-6 中国长江三峡水利枢纽工程
(建成于2009年)

图1-7 新徽派民居建筑(设计者:Koenma)
图片来源:https://www.shejiqun.com/Gallery-pk_gj_desc-id-1389.html

---

① 成乔明.艺术产业管理[M].昆明:云南大学出版社,2004:38.

业，属于设计事业管理，由公益服务行业部门主管。民间性建筑设计管理、服装设计管理、环境设计管理、工业设计与制造管理、物流渠道设计与运输管理、广告设计管理、设计培训管理等可以纳入市场化竞争领域，从而构建成带有产业性质的社会行业集群，因此可以组成设计产业管理部类，亦由产业经济性行业组织主管。设计服务机构管理、设计企业管理、中小型设计项目管理、设计团队管理等其实就是设计中介管理的主要内容，且是这些组织机构生存发展的经营性管理。垂直、水平二维交汇式设计管理理论框架模式即二维交汇式设计管理知识体系结构如图1-8。

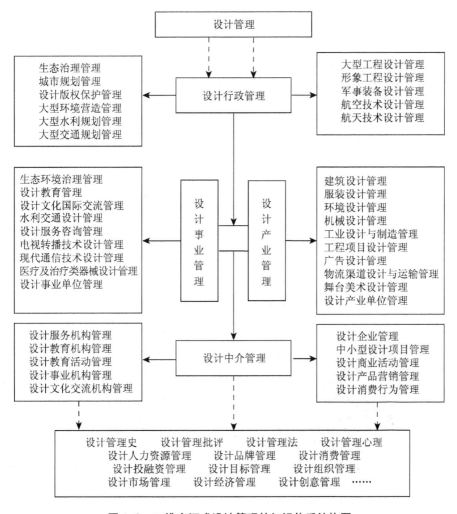

图1-8　二维交汇式设计管理的知识体系结构图

其中设计事业管理和设计产业管理的本质区别就在于事业管理是以服务社会、服务民生、服务文化艺术为主要目的的,而不是以经济盈利为主要目的;产业管理主要是以市场竞争、商业活动、经济盈利作为主要目的的,服务性功能比较隐晦和次要。设计管理大致存在三个层级的管理,每个层级内的管理内容又基本是相似的,即人力资源管理、财务管理、品牌管理、项目管理、投融资管理、战略管理、目标管理、组织文化管理等等。

1.4　设计管理的价值体系

生产管理的范围相对比较宽泛,但主要是对人、财、物、时间、资源、生产力、生产关系、设计理念、设计文化、设计品牌等的管理,这些设计内容通过管理达到最佳的合力状态,从而更大程度地创造出优良的设计产品,增加社会价值总量。

1.4.1　设计管理调动社会资源的整合

设计组织工作和设计执行过程需要严格的管理,其中包括通过科学、合理的管理为设计师创造良好的生存和工作生态环境,良好的社会环境、文化生态环境有助于设计师创意灵感的产生、设计能力的发挥和设计竞争的公平性。设计教育管理、设计培训管理、创新氛围的营造还有助于设计师的自我成长与发展。设计师的独创是分离式的个性体现,但设计师的创造性必须与其他社会资源进行整合才能获得成功。

图 1-9　苹果 iPod 因乐而飞系列产品宣传图

设计产品的生产与营销过程一定需要管理,生产管理是为了理顺生产关系、厘清生产流程、整合各类生产力,从而减少生产浪费、增加生产效率、提高产品质量。设计产品的营销涉及广告宣传(图 1-9)、产品促销、市场开拓、消费维护、售后服务等管理行为。在今天,任何一种畅销商品都是社会市场部类和营销体系联合运营的结果。

设计市场消费具有分散式的社群特征,但设计工业的联合式协同生产才能创造出饱和而壮观的设计产业。

1.4.2 设计管理促进更有效地解决问题

设计是为了解决人类遭遇的各种问题,而设计本身的问题甚至社会问题的解决同样需要管理,设计问题包括社会问题常常是前一次社会革新成果的副产品,这导致人类曾经的预警系统一而再地受到挑战甚至面临失效。如今人们的生活越来越依赖电脑、手机,而儿童玩电脑、玩手机的结果严重影响了儿童的健康成长,于是开机密码、锁屏键、儿童锁等技术的出现旨在解决这一问题,但儿童的学习、培训课程又越来越趋向网络化、技术化,这是一个社会管理的两难境地。设计管理本身也存在悖论,那就是设计管理常常会在经济效益与社会价值构建之间摇摆和游移,这就需要对设计管理进行深入研究和思考,做设计管理的再管理。

设计商业世界充斥着炒作、吹嘘、诱惑、迷狂、拜金以及其他乱象,没有管理不足以厘正社会价值观以保证其健康发展。制定商业规则、成立商业监控体制、构建商业伦理系统就属于对设计商业化的管理。设计文化的丧失是设计面临的最大难题,设计界的恶意抄袭(图1-10中安可玛汀抄袭安德玛商标设计)、山寨品泛滥早已成为公害,对设计版权的保护、对设计道德沦丧行为的惩戒、对低劣和恶俗设计的控管对于物质和精神文明的创生尤为重要,而这些唯有依靠设计管理来勇挑重担。重商主义泛滥挤迫了社会信仰,这导致设计制造业的整体短命化,如超过数百年的设计品牌、设计企业并不多见,根本问题出在设计价值管理、设计精神管理的失范上。

安德玛(Under Armour)标志

安可玛汀(Uncle Martian)标志

图1-10 体育品牌安德玛商标设计与安可玛汀商标设计比较图

1.4.3 设计管理构建出设计伦理的场域

社会体制对设计的控制和运用促成了设计伦理的成形,即解释设计如何更好地、更合理地为人类服务的问题,"更好"就是不违背社会运行法则,"更合理"就是对社会道德的遵循与维护。设计能力成为设计师追求的圭臬,但这不全面,设计品牌的创立与发展才更能凸显工匠精神,设计能力不过是成就设计品牌的手段,而不应当成为目标,设计师与其作品是设计品牌的全部,其中包含了设计师的人格、精神、伦理水准和价值取向,品牌管理知识的成熟使设计师开始意识到这一层面。造物技能一度控制了社会的生活品味,手工时代的休闲与舒适感让位给了工业化生产的效率性与经济效益标准,于是,整个社会的伦理标准开始大幅度降低,以体制化、系统化的设计管理为主的传统伦理已不应该再作为主要目标,重建现代伦理场域才是更为紧迫的任务。隈研吾提出了"再设计",因为五花八门、虚拟性、空中楼阁式的新花样造成了设计伦理的空心化,"再设计"是对设计历史、设计经典的重新解读,不是在形式上下功夫,而是在设计精神、设计理念上重温历史经典,延续人类创造的历史文脉。当人类止步不前或迷失方向时,文化就会把人心引向起点,返回去重新走一遍,管理经验反复证明了这一点。

1.4.4 设计管理有助于协调人与宇宙的关系

设计是人心对宇宙的互文性影射活动,宇宙是设计活动的依据与立足点,设计创造是宇宙本体通过人的大脑运动产生的影子。所以,设计既是社会和自然管理的主体部分,强调对宇宙本体的关注与维护,同时又需要通过管理手段、管理技巧加强造物思想的培植与改造。人是宇宙的产物,设计是宇宙的影射(图1-11),人与自然、人与环境、人与生态的均衡发展是设计管理追求的终极目标。例如,绿色设计(Green Design)理念的产生就是人类进一步认识宇宙的结果,绿色设计又被称作生态

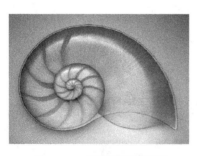

图1-11 根据鹦鹉螺外形仿生设计的桌子
(设计者:Marc Fish)

设计(Ecological Design)或面向环境的设计(Design for Environment),即强调在包装设计过程中考虑产品与生态环境的沟通协调与均衡互融的关系,是一种人与自然平等、交融的设计理念和设计实践,立足环境、减少污染、尊重生态、关爱健康是绿色设计的旨归。20世纪60年代,美国设计理论家维克多·帕帕奈克(Victor Papanek)在《为真实的世界设计》中指出:"设计的最大作用并不是创造商业价值,也不是包装和风格方面的竞争,而是一种适当的社会变革过程中的元素。"[1]从而使绿色设计思维和理念被迅速推广,成为社会进化选择系统中的一个重要的变量。生态型的文化市场、艺术市场,即"艺术—社会—自然"三位一体、均衡协调的文化市场、艺术市场[2]。其中"艺术"就是文化内涵的核心形式,具体一点是指设计创意、设计产品;"社会"就是指人,人既是设计的创造者,又是设计产品的消费者;自然就是天地环境、自然生态。而之所以能够做到三位一体、均衡协调,就因为人具有强大的自我管理能力和管理意识。

1.5 导读

本书总共分十章。

第1章为"总论"。

第2章是"设计管理的起端",原始时代的实践活动证明了设计管理促生了人类文明史的产生,其实践活动几乎与人类文明历史同步发展;随着对实用功能、对提高生产效率的需求的不断增加以及人类形式美感的不断完善,设计管理逐渐彰显并独立出来,从而成为社会生活的一部分。

第3章是"设计管理的发展",本章从社会分工推动设计管理的独立开始谈起,从能工巧匠的联合作业、管理水平的提升两方面进行深入探讨,从而总结出设计管理逐渐变成显学的必然性和重要性。现代的设计管理具有强烈的时代特征,但这种时代特征也是在继承传统的基础上日渐成熟的。

第4章是"设计文化管理",本章从设计文化概述、设计文化管理的定义、设计师文化身份的确认、设计企业文化的打造、设计伦理文化的重建五个方

---

[1] 维克多·巴巴纳克.为真实的世界设计[M].周博,译.北京:中信出版社,2012.
[2] 成乔明.艺术市场学论纲[D].南京:东南大学,2009.

面展开论述,从而提出设计不是一种简单造物,而是观念、技术、思维、情感、利益诉求等共通融合并凝聚成的文化成果,几乎是人类文化延续至今并得以重现的唯一佐证和唯一依据。

第5章是"设计企业管理",本章从设计项目管理、设计人力资源管理、设计组织管理、设计营销管理、设计品牌管理五个方面对设计企业管理做了介绍,紧紧抓住设计项目、设计团队、设计产品、设计品牌等围绕"设计"这个关键特色的内容进行论述,符合设计企业的组织属性,也基本梳理了设计企业管理的核心主干。

第6章围绕"设计市场管理"进行了研究和论述,设计产品的最终目的是要进入设计市场,而设计的根本动力也来自市场的消费需求,所以对设计市场管理的研究是不可回避的话题。本章从三个层级即宏观、中观、微观管理进行内容架构,提出了设计市场的管理是由政府引导、行会监管、企业自由竞争的立体式管理,最后对设计市场的国际性交流问题也做了思考和探讨。

第7章主要讨论"设计教育管理"。设计教育是对设计知识、设计智慧、设计创意进行培训的活动,对于设计师的养成和成熟至关重要。在对设计教育管理发展史做了简要回顾之后,本书直接对设计教育管理的主体、客体和管理模式展开了讨论和阐述。

第8章则是对"设计管理的闭环模式"进行了研究。设计管理的闭环模式决定了设计管理的永续性发展和具有自我提升的可能,其中六大闭环构成其发展机制,这六大闭环分别是设计管理者与公共理式的闭环、投资人与审核人的闭环、行业标准与收益测算的闭环、时空生态与个人成长的闭环、设计绘图与设计功用的闭环、政府服务与社会发展的闭环。

第9章是对"设计过程管理"所做的深入细致的探讨,为了明确直观,笔者使用"设计过程管理"作为该章题目。设计过程不仅仅是提供创意的过程,它应该贯穿于整个的产品的生产制造过程,通过生产活动甚至消费活动来对设计创意进行检验、批评和改进。这就让设计活动具备了较强的横向延展性,向前推进的同时,还要具有随时监控、反馈与修复的运行机制。

第10章作为总结章,主要对"设计管理的未来"做了预测和规划。设计管理目前是在折中、摇摆中求发展、求突破,而运用权谋之计寻求觉醒、自立和超越的发展之路是其漫漫征途,也是其走向茁壮的过程。

第 2 章　设计管理的起端

设计管理的实践活动起源非常早,早在原古时代就初见端倪,尽管没有任何的记载可以证明这一猜想,但如果没有初步的生产管理活动,也绝不可能出现旧新石器时代人类延绵不绝的繁衍和初具规模的石器、陶器的发明创造。生产力低下的时代,唯有群策群力的联合劳作与集体生产才能创造出灿烂辉煌的原始文明,这种简单的逻辑推导足以使人相信原始时代应当已经出现设计管理的雏形甚至已经形成较为成熟的原始设计管理。

2.1　原始时代的实践活动

人类的造物活动几乎是与前人、能人、智人的进化同步进行的。最迟大约在 200 万年前,东非、南非的南方古猿完成了由前人向能人进化的历程,彼时他们使用的工具已经出现砍削过的木棒、粗加工过的石器,而经过简单砍削过的木棒、捡拾或经过粗加工的石器更利于他们捕获猎物或敲击果实。由于距今 200 万年左右的古人类,即属于古猿的前人和属于猿人的能人尚主要是进行个体或小群体的活动,所以明确的管理思维应该并不明显,大致还处于动物性本能的、自发的合作与分工。距今约 170 万年的中国元谋猿人(图 2-1)已开始使用火,这加速了能人的进化速度,而距今 60 万年左右,中国蓝田猿人不但开始大面积使用砍削石器,手斧、石锤等也开始出现,这种带有强烈设计形态的工具证明了蓝田猿人已经初步形成

图 2-1　中国元谋猿人头像

设计观念，而且斧、锤等形制因科学、合理，竟然保持至今。实用的功效和视觉的美感促进了能人对优秀工具的喜爱与传承，也促进了能工巧匠地位的彰显与独立，但制器者职业性的分化尚需要等到更多的群居形态产生之后才会出现。

我国自1927年开始对周口店北京猿人遗址(图2-2)进行大规模、系统的发掘，考古专家陆续在该地发现不同时期的各类化石和文化遗物地点27处，发掘出土了40多个"北京人"的化石遗骸，关键还出土了超过10多件的石器、骨器以及大量的用火遗迹，该遗址的时间跨度在50万年前至2万年前，经历了北京猿人、新洞人、山顶洞人(图2-3)生活的时代，这说明了周口店遗址适合人类群居生活，在2万年前，这里显然就是一个生机勃勃的原始社会，而10多万件的石器、骨器等也说明了这个社会不乏能工巧匠，保守一点说，能工巧匠的职业性分工的出现最迟也应当在2万年前，没有专门性分工，在生产力如此低下的彼时是不可能集中出现数量如此巨大的工具的。而谁来界定能工巧匠？谁来组织大数量群体之间的分工？由谁来保管数量庞大的工具？这些类似于兵器的劳动工具不但可以抵御野兽的侵袭，还影响着群体生活中权力的分配，究竟谁才有资格执掌这些"兵器"？低调一点说，在动物性本能和自发意识处理不好这些问题时，自觉性的群体性活动机制应当已经形成，并在群体内部统治中已经发生作用。

图2-2　周口店北京猿人遗址

图2-3　山顶洞人头像

原始人自觉性的群体性活动机制就是一种原始的管理，或者说是设计管理的雏形，因为当时的管理一定是围绕着这些"兵器"而展开的，谁拥有了"兵器"谁就拥有了杀伤力，也就拥有了话语权。设计管理的雏形初现于距今2

万年前后。

历史不能重演,但可以互证,旧石器中晚期已经出现墓葬,如德国的尼安德特人、中国的山西丁村人,时间大致在距今 10 万年,这两类智人看来已经有了礼仪意识,墓葬一定也有了简单的仪式,这是一个了不起的进步,因为入土为安的观念是对生命、对祖先、对他人尊敬的世界观,是一种高级思维与高等的社会性活动。距今 4 万~1 万年期间的法国克罗马农人不但会用火、制器,而且能绘制岩画(图 2-4)。岩画的制作需要高超的概括能力和表达能力,不经过长期的学习、训练是不能代表群居社会"绘制生命蓝图"的。我们有理由相信,人类早期的"职业画师"应当诞生于这一时期,虽然考古学家在婆罗洲的加里曼丹岛的高山洞穴中还发现了绘制于 5 万多年前的一幅动物岩画,但这一个"孤品"尚不能说明"职业画师"已随之产生了,而距今 4 万~1 万年间的岩画已在全球多个洲多次被发现。图画是象形文字(图 2-5)的前身,旧石器时代绘画的"职业性"训练必须相当成熟之后才能为人类进入新石器时代奠定基础,也才能为人类后来创造文字奠定高超的"书写"技能基础。

图 2-4 法国南部的拉斯柯洞穴中的野牛岩画(旧石器时代)

图 2-5 象形文字"鱼"

"职业"的出现是分工进一步发展的结果,早期的分工行为虽然也可能促成"管理职业"的形成,但早期的原始生产可能主要还是依据古猿人动物性本能的合作得以实现,所以说,借助"职业"的形成,判定原始管理行为开始走向成熟是比较保险的说法,专门画岩画的是"画师",专门打、磨制石器的是工匠,通过两个"职业"的对照互证,相对成熟的原始设计管理出现在距今 2 万年左右较为可信。批量磨制的原始石器出现更早,约在5万~4万年前,而批量生产活动应当是原始群落集体性生产意识形成的产物,工具的功能已被普遍认识和接受,尽管工具粗陋,但群落内的简单分工如选石、运石、磨制、刮削、二次精加工甚至简单装饰等业已出现,否则难以满足实际的功用和视觉美感上的享受的需要,所以说在5万~4万年前,原始设计管理的雏形几乎呼之欲出,通过进一步发展,成功的分工就创造出了专业性的"能工巧匠",原始设计管理也趋向成熟。从原始设计管理形成雏形到成熟虽然经历了漫长的2万~3万年的时间,但对于从猿向人的转变历程来说,简直就是"秒变"。

进入新石器时代,原始设计管理发展越来越快,原始设计管理也越来越精细,而更加专业的原始设计管理专家地位之高、能量之大、权力之盛是今人无法想象的,这一职业和身份是附属在巫师身上得到确认和实现的。关于巫师的起源众说纷纭,起源的时间从8万年前到5 000年前不等,其是伴随着巫术的出现而出现的一种职业。虽然巫术是建立在万物有灵观之上产生的事物,但不表示巫师的出现就跟万物有灵观进化的历史一样久。就算有人假装有特异功能或有人想装神弄鬼,也得先获得别人信任,这种信任和相信是很难建立的,因为巫师不但要通"神"、通"鬼"、"看"得见死去人的灵魂,还得能用某种方式将这种"超凡脱俗"、"通天通地"的本领表达出来,于是巫舞、巫画、巫歌、文身、造物甚至炼丹、治病、呼风唤雨就成了巫师必备的基本功,精神上的引导功能有时候胜过肉体上的拯救,所以巫师就成了人类最早的艺术家、哲学家、宗教家和设计师。最早进入氏族社会的是中国的山顶洞人,距今约18 000年,氏族社会的首领是氏族长或酋长,但精神领袖却是巫师,氏族长管理氏族部落的日常运营、打仗狩猎,但巫师却负责全氏族人的精神意识、思想动态的变化以及灵魂的安放。另外,巫师还得负责几乎一切艺术创造、设计创意活动。综上所述,氏族长和巫师分担了设计管理的重任,如氏族长需要对劳作者进行分工并分配资源,而巫师却承担着"艺术设计总监""设计培训主任"的职责。所以,巫师作为"艺术设计总监"最早应当在18 000年前左右出现,很可能是原始设计管理走向成熟的重要标志。

2.2 人类对实用功能的需求

设计管理实践起源很早,但跟设计活动一样,人类设计管理的萌芽源自对实用功能的需求,与精神和审美并无直接联系。

即使进入新石器时代,人类对大自然的力量还并不完全了解,万物有灵论尚要在人脑中持续数千年才会渐渐淡化。同时,随着氏族部落越来越多,氏族之间的战争变得越来越频繁,人跟人的争斗接替了人跟自然、人跟野兽的斗争,人成为了人最大的敌人和对手,这一情况延续至今。所以新石器时代的原始人对器物的实用功能需求更盛,器物不但要可以做劳动工具,更要便于作战,武器的概念逐渐形成。所有的工具要称手、要轻便、要锋利、要符合人体工程学,彼时的石矛、石刀、石斧、弓箭、石镰、石剑、石匕首、鹿角鱼叉、骨头鱼钩等等都奠定下基本的经典形,甚至乐器如骨笛(图 2-6),衣服如草裙、毛皮披肩,建筑如洞穴、人字坡顶(图 2-7)、树巢,日用器皿如陶制的锅、碗、罐、盆、杯、壶、鬲(图 2-8)、篑、鬵等基本形制都历数千年而不变,原因很简单,就是这些形制及其功能是设计造物的最佳选择,没有比它们更优秀的选择。

图 2-6 河南省舞阳县贾湖遗址出土的骨笛(新石器时代)

图 2-7 甘肃省秦安县大地湾遗址人字坡顶复原图(新石器时代)

如此看来,新石器时代的设计、制造是人类造物史上最伟大的高峰期,当时的设计师和工匠们将人与器物的关系研究到了极致,特别是人体工程学上的实践成就至今也是无法超越的,从而形成了人与日用器物之间关系的最高

图 2-8　鬲式陶鼎（战国）

的典范。上百年不变的形制就已经说明了它出色的实用价值，何况数千年而恒定不变的形状。

新石器时代，特别是在距今 1 万年内，人类设计创造原始新形状物体的活动出现了一次井喷状态，这是近 200 万年来人类进化历程的积累、总结、概括与提升，200 万年的历史浓缩成 1 万年不到，这就是人类文化史、文明史博大精深甚至光辉灿烂的原因。人类近 1 万年的前 5 000 年内的创造超越了自然的束缚，设计出了自然界没有的无数形状，延长了人类手脚所能抵达的空间，厘定了人类在地球表面上最适宜的生存形态，完全是人类设计思维成熟的重要标志，亦是人类设计能力、设计管理能力飞跃的里程碑。也许这段时间最初的新造型仍是由天才巧手自我组织、试验、修缮而成，属于个体性设计制造的结果，后通过交换或战争掠夺得以推广，再由他人的模仿性制造而得以普及与完善。可以想象，经典形被推广之后，最初的能工巧匠们被众人推崇而成为专门性设计师，这些经典形又培养出更多的能工巧匠即设计师，如此高水准的设计制造成就也预示了人类最早的手工作坊、设计团队将在这一历史时期产生。

设计的经典形之所以被称为经典，显然必须经过实践的检验，反复应用而能立住脚的第一要义就是令使用者省心省力且便于携带或保存，这就是人体工程原理。用 200 万年换来 5 000 年的设计成就，可见设计创造的难度是不可想象的，要知道今天看来极为简单的形制在 8 000 年或 1 万年前就是惊为天人的创举且极为复杂，如陶碗，如何做到圆润、光滑、适手、轻便，是一个需要经历数千年甚至上万年的失败后才有可能成功的收获。复杂器具的设计生产是复杂劳动、专业劳动的产物，没有稍加严格的分工，很难做到精湛，而合理的社会分工正是原始设计管理早期的重要工作。有了必要的分工才会产生精湛的设计产品和永恒不变的经典形。

距今约 9 000 年的西班牙勒旺特新石器时代岩画（图 2-9）中已经出现手执弓箭的射手，这种弓箭的形制与现在的弓箭几乎毫无二致，弓箭是"人手距离"的延伸,是现代枪炮的启示性原型。如此高级别的设计品体现了当时人类求生的欲望,为了生存、为了获胜、为了获得更多更大型猛兽作为食物的欲求激发了人类的创造才华和设计潜能,其中,原始巧手显然是造物文明发迹的拓荒者和创造者,集体智慧的无偿性、自觉性复制和改造是这些制造技能流传和遗传下来的原始机制。氏族之间的交换和互通有无的关系促进了设计制作技艺更广泛、更快速地流传和普及,彼时的设计管理已经是一种有意识、自觉性、精密性的管理,这就是新石器时代原始设计管理的大致流程,动力源是生存,推进器是能动的劳动创造。

图 2-9　西班牙勒旺特岩画(新石器时代)

原始器物的设计主要注重两点:第一,人机工学或人机工程的便利性;第二,致用性即功用性。在生产效率低下和工具并不发达的时代,一切的工具首先追求的就是应用功率和实际效用,不合手、不称用的工具和武器绝不是不方便么简单,而是使用者在疏忽或拖拉的瞬间就有可能丢掉自己的性命,不是被虎狼豺豹吃掉,就是有可能被战场上的敌人杀掉,谁手执更坚固、轻便、耐用、锋利的武器谁就能活下去。而所谓设计美学的装饰性、欣赏性表现,当时即使不是处于非常次要的附属地位,也是仍需要经过漫长的酝酿才得以真正独立起来。

2.3 人类形式美感的日渐成长

新石器时代后期的设计功能与新石器时代前中期的相比并没有太多的本质性突破,但设计的器型更为圆润丰满、形制更为规整稳重,最为突飞猛进甚至称得上横空出世的成就就是对原始器皿的装饰水平达到了人类历史上的新高度,而且用于装饰、娱乐的器物开始大量涌现。

形式美感并非生来就有,而是在人类日复一日的劳动、实践、体验以及反复对比观察之后才逐渐被激活、被发现、被重视并成长、完善的。因为原始人一直处于无休止的劳作、采摘、渔猎、战争状态,所以原始的形式美感其实是自然的形象思维不断进化的结果,同时也是生产力逐渐发达过程中在造物设计形式上的感官进化,属于原始设计管理的溢出效应,随着形式感的不断丰富、不断积累,形式美感最终脱离物用而独自生发开去。

原始宗教意识催生了巫师阶层的发达与繁荣,而巫师作为当时社会的"设计总监""艺术家",他们的研究、思考和辛勤劳作也对原始人形式美感的成熟起到了功不可没的巨大贡献。巫师阶层起码在距今 1 万多年前开始成为一种独立身份,他们很可能也是原始壁画的执笔者、原始文身师的执刀人,他们作为原始匠人不同于普通劳动者,而是作为职业或半职业化的设计师身份开始为引领氏族的某种需求而正规地出现,也为后来原始陶器上的纹饰文明奠定了技术基础。原始匠人如果不是原始群落的政治首领,也应是受氏族首领差遣来完成一些大型设计活动的,如陶器形制的改进、陶器纹饰的创作、原始首饰的设计、原始服饰的制作等。

原始设计的美感是当时原始设计管理机制发挥作用的副产品,后来慢慢具有独立性。原始匠人受氏族首领以及族人的委托开始专门进行设计和制作,通过他们的经验模拟、意外偶得、意识想象、手头试验等方式创造出大批的新形式,这些新形式包含了写实性的模仿、写意性的抽象、同类形状的重复组合、不同形状的自由组合等,奠定了人类装饰纹样的基本形。这些基本形不能立即流行开来,仍需通过原始族人的公开评价、具有威望的长老们的讨论商断、匠人的自我否定等形式进行筛选和修缮,小到线条、中到图案、大到器形皆应经过这等过程才能最终确定下来,然后被族人广为接受和应用。

这中间包含了形式美感的自发进化、自觉学习和选择、权威者的有意培训、集体的讨论和推广、装饰基本形无意识的影响和感官刺激,然后才加速了形式美感的精神性升华、审美思维的逐渐凸显与定型。总体上来说,这是一种设计美感自然进化的重要阶段,同样也是设计美感通过集体智慧进行自我管理的运行过程。群体自我管理是权力观念未明确和未成熟时的主要管理方式,虽然有了分工和设计职业,但只能称作原始设计管理,这个阶段成为后来奴隶社会权力型设计管理重要的过渡阶段。

生存所需促进了人类造物世界的发展,但规模化的组织生产、专业性的独立生产大概出现在距今6 000年,即新石器时代中后期,因为此时开始出现较为专业的纺纱织布技艺,如湖北省京山县屈家岭新石器时代文化遗址中就出土了一大批距今约5 000年的陶纺轮和陶纺锤,如此规范的生产工具的出现说明了当时的原始人已经非常熟练地掌握了纺纱织布技艺,当然,当时的纱和布并非现代意义上的原料,更多的是各种植物、藤蔓的纤维,但说当时的人掌握了起码可称作简单的纺织技艺绝不为过。这种专业性更为高级、复杂的生产技艺需要经过专业的学习、反复的训练才能很好地操作,原始人通过业余的兼职劳作恐怕难以胜任,而且几乎在同一时期的东西方原始遗址中都发现过纺织工具,由此可见,专业性的纺织者起码在5 000年前就应该较为普及了,伴随而生的就应当是原始的纺织活动的组织者和管理者,这一时期原始人的服饰也必定是山顶洞人用骨针缝制的皮草服饰所无法比拟的。纺织衣跟未经化学处理的皮草相比,前者更加贴合人体,更加舒适健康,更加美观大方,也具有了多元化形制的设计空间和设计可能,是人类对舒适和美滋滋追求的重大发明。

建筑最能体现原始设计工程中的设计管理性,因为建筑造型复杂、体量较大、用料多样、程序较多、工期较长,没有一定的管理和分工合作,几乎很难完美实现。家庭成员或氏族成员间的分工是第一步:选址、选料、切割原材料、简单的土木施工、搭建主体工程等都需要多个成员花一定时间协作完成。威望高者、经验丰者当是这些原始工程的策划者和组织者,一家之主当是全家人参与造房工程的主管者。印度考古学家在克什米尔地区的斯利那加东北的布尔扎霍姆村曾发现和发掘了一个距今约5 000年的新石器时代村落遗址,遗址中的建筑形制主要是竖穴式住房(图2-10),洞口有石灶,关键是村

图 2-10　竖穴式住房（日本仿原始木构建筑）

落中的建筑形制一致，如出一辙，有可能是同一批匠人所造。西安半坡遗址中发掘过距今 6 500 年左右的半穴居建筑遗址，建筑形制是斜坡顶，有方斜坡、圆斜坡、人字坡，房屋内部结构有柱、梁、檩、椽等，房屋内设有灶台、灶膛、火塘等，室内功能区划分为会客区、炊事区、进餐区、卧眠区，几乎就是现代居家建筑的原始形态，这种视觉美学上的成熟只能说明原始人的审美能力已非同寻常。中国南方早期的新石器文化遗址河姆渡遗址大致产生于距今 7 000 年，这是一个干栏式大屋遗址（图 2-11），而该屋的建造当时就已经采用了丰

图 2-11　仡佬族的干栏式房屋（现代复制）

富的榫卯结构了,实在是令人叹为观止。如果说新石器时代之后人类古典式的设计在实用功能和视觉造型上再无拓展的空间,一点也不为过。这些复杂的设计工程必定要由专业的工匠团队来完成,而人类建筑设计工程技术和视觉造型的早熟没有完善的设计管理作支撑未必能够实现。有目共睹的是,原始人形式美感的表现力、创造力在新石器时代原始陶器的形制、装饰图案、色彩运用上表现得淋漓尽致,几乎是人类生活器皿艺术的最高典范,根本无法超越,这里不再赘述。

原始村落最晚出现在公元前 4 000 年左右,即距今 6 000 多年的西安半坡村。村落的出现标志着原始行政管理、公务管理、贸易管理、设计管理已经较为成熟甚至开始繁盛,即规模性的群居形式推进了管理和生产的大发展。酋长、族长是日常事务上的最高首领,巫师是设计技艺传授的技术总监和工程监理人,村落的建造和道路的铺设必须要依靠项目团队才能完成,原始巧手们充当了原始设计技艺的执行者和实践团队,同时也是巫师挑选出来的助理设计师和工程施工者。而至公元前 2 000 年左右出现的英国斯通亨奇(Stonehenge)环状巨石建筑(图 2-12)已无任何实用价值,但其信仰性、宗教性、祭祀性使命开启了人类崇尚精神意蕴世界的大门,精神文明的创造和谱写从此翻开了新篇章,人类的艺术、哲学、美学包括设计管理学以及各种人文成就迈入了一个快速发展的新时代。

图 2-12　英国斯通亨奇环状巨石建筑
(建造于公元前 2 500～前 1 500 年)

2.4　人类对生产效率的需求

设计管理一个最为首要也是最基础的任务就是:提高设计制造的效率,即提升生产效率。

生产效率非常重要,特别是在原始社会,那是一个弱肉强食、茹毛饮血的年代,大自然无时无刻不存在危险,这些危险一旦爆发,就是对直立人生命的威胁,很多时候几乎没有回旋的余地,就像一条蛇吃掉一只老鼠一样那么快速而简单。

原始人是在与时间的赛跑中才从猿转变为猿人,再进化成人的,而从前人到能人再到智人的进化又经历了 250 万年以上,在这个过程中,稍有不慎,人类就会像恐龙一样,中途夭折,要么人类就从未出现。

亿万年漫长的进化史最终创造出了万物之灵,跑赢时间的人类太理解效率的重要性了,于是新石器时代晚期,人类进入了一个超速发展和爆发的阶段,将前人经历的 200 多万年的经验、失败和心血浓缩为约 1 万年的发展,其威力是至刚至猛的。这是一场加速跑,人类经过漫长的原始时期,实在已经停不下来,就像跑马拉松,运动员已经进入最后 500 米了,宁可在奔跑中死去,也绝不能在停歇里喘口气。设计成为这 500 米冲刺中最响亮的冲锋号。

生存无非是衣食住行,对于一无所有的原始人来说尤为如此,最早的设计管理无非也就局限在衣食住行里。食,不用考证,原始人只能是有啥吃啥,天然食品不需要设计,属于天地之功、自然造化,但衣、住、行离不开人类的设计。

算上用动物皮毛和树叶做"遮羞布",人类的穿衣史不会超过 5 万年,最早的骨针出土在辽宁海城小孤山遗址中,距今约 45 000 年,但这不能说明兽皮的缝制至彼时已经成熟,也许这才是原始服装设计史的开始。有趣的是,由兽牙、蚌壳、石珠、鸟骨串联成的项链在不久之后开始出现,这说明原始人的形式美感开始慢慢形成,这非常重要,生产效率的提高取决于大脑的思维能力和心智的成熟程度,美感的形成和发展无疑刺激了人类大脑和思维的快速发达,因为人类学会了"走心"。无心之人不会识得美。

陶纺轮、陶纺锤的出现加速了制衣效率的提升,而生产工具的设计和制作必须在美感较为发达之后才会达到如此高度,而这个时期离第一根骨针的出现已经过去了约 4 万年。与此同时,养蚕、缫丝、织绸技艺开始萌芽,人类服饰进入了更为高级的阶段:实用功能开始退化,审美价值逐渐凸显,人类真正开始进入精神文明的时代,这离最早的纺轮、纺锤的出现没有超过 500 年。

彩陶艺术品(图 2-13)的设计和生产是新石器时代对人类璀璨文明的贡献之一,这是食的工具、住的用具,在居无定所、游离漂泊的旧石器时代,这一技艺不可能大发展,在新石器时代中晚期,由于家庭、村落概念开始形成,氏族群居几乎成了当时的主流方式,人们不再流离,而是学会了保护与保卫:保护族人、保卫家园。安定的生活需要大量的日用器皿,于是彩陶相伴成为了人类的另一种幸福。

距今约 6 500 年的半坡类型的彩陶已经非常精美,卷唇圆底盆(图 2-14)大量出现,纹饰活泼新颖,律动感很强,深刻体现了人类生命的活泼与可爱,网纹、圆点纹、曲线纹、宽带纹、同心圆波纹、叶纹、飞鸟纹、变形蛙纹、人面鱼纹、三角斜线纹等一应俱全,色彩也是丰富多样。随着制陶技艺的集中、高速发展,相继推出了庙底沟类型的彩陶、马家窑类型的彩陶(图 2-15)、半山类型的彩陶、马厂类型的彩陶(图 2-16)等,这短短 2 500 年间,几乎"玩完"了人类在陶器设计上的所有形制与纹饰。原始人高超的制陶技艺是原始设计管理日趋完善的成就,专业性、合作性、作坊式生产模式才有可能研究、设计、制造出品类如此丰富、纹样如此全面、工艺如此精良的陶器,其管理水平之高同样不容小觑。

比彩陶艺术略早一点高速发展的还有原始建筑,这符合安居乐业的要求。旧石器时代的原始人起先住天然山洞或巢居树上,除了建筑技艺不足之外,选择天然住所省时省力,符合高效率原则。为了进一步适应人类居住需求,后来陆续出现人工修筑的竖穴

图 2-13　彩陶旋纹双耳瓶
　　　　　(马家窑文化)

图 2-14　人面鱼纹卷唇盆
　　　　　(半坡文化)

图 2-15　同心圆圈波纹彩陶盆
　　　　　(马家窑文化)

图 2-16　神人纹彩陶壶（马厂文化）

和地面住所，如蜂巢屋、树枝棚、帐篷等，这个向大自然学习造屋的时间非常漫长，少说在10万年以上，因为建筑技艺相比寻找天然住所实在更为复杂、工程耗时更长。随着人类脑量的增加（如从前人到智人的250万年间，人类的脑量平均翻了一番，从700毫升增长到1 400毫升），人类的智商大大提高，进一步推动了技能的飞速发展，而技能的飞速发展又进一步促进了生产效率的空前提升，归根结底，这得益于原始设计管理和人的智商的首度发达。中国发现的新石器时代文化遗址超过7 000处，遍布全国。其中，河南新郑裴李岗和河北武安磁山两处的遗址最早，距今已有7 000～8 000年；黄河流域的原始农业村落是迄今发现的面积最大的村落遗址，面积在数万至数十万平方米不等。村落的分区极为明显，分阳宅住地、墓葬地、窑址、窑穴、集会广场、商贸区等，村落四周已经出现了防御性堑壕。杭州湾一带的原始村落已会开渠引水，而东北新石器时代晚期的遗址中已经出现了供热的暖道火墙，同样，西藏昌都卡若有距今5 000年左右的房屋遗址，墙壁用卵石垒造，与现代农村的垒石墙毫无二致。如此可见，原始人智慧与技术的发达程度非今人所能想象。这种大面积的氏族群居生活促进了建筑的高速发展，也推动了设计管理以及社会管理水平的长足发展。

新石器时代晚期，原始文化高效率的大发展并非局限于日用生活领域，据周纬《中国兵器史稿》记载，新石器时代，随着生产效率的提高，人类掌握了磨制、钻孔等更为高明的加工技术，出现了更为复杂的专门用于战争的兵器，这一时期的兵器分为五大类：石斧锛（图2-17）和石钻凿、石刀和石刃、石镞（图2-18）、石戈与石钺（图2-19）、石铲和石锄。后来，随着部落战争的持续不断和加剧，兵器又有了进一步明确的分工和细化，如进攻型、防守型、手持型、远射型兵器等，其中远射型兵器有弩、弓箭、投掷石球的"飞石索"以及作战和渔猎两用的石镖、骨鱼镖、带索镖等。

图 2-17　元谋大墩子遗址的石斧锛（新石器时代晚期）

图 2-18 浙江余杭卞家山遗址出土的石镞(良渚文化)

图 2-19 辽宁半拉山积石冢墓葬中的石钺(红山文化)

行的方面,经过考古发现,最迟在距今 6 000 年左右已经出现了独木舟,与今天的舟不同的是,它们是在一棵大树干上掏挖出一个舱洞,人坐在舱洞中,通过划桨而水行。在我国各地考古发掘中,先后出土的独木舟已达 20 多只,出土的船桨经测定集中在距今 5 000~4 000 年间,或许先有舟再有桨符合历史史实。而再经过 1 000~2 000 年,传说由黄帝制造的车彻底解放了人类的双脚,从而大大提升了人类陆行的效率。

综上所述,人类设计、制造与发明技艺的空前繁荣集中在新石器时代晚期,这真正是用数百万年的代价换来了数千年间的改天换地,这符合事物的发展规律:凡事都是由量变到质变,质变之后就完全是另一番天地。跑赢了时间的人类并没有懈怠和慢下来,而是越来越重视生产效率,今天日新月异的现代化建设绝非人类伟大的首创,更不能说明今天的人类更聪明,回首 5 000 年前,我们的祖先才更加伟大,他们齐心协力、众志成城、共抵外辱、严防灾难,在衣衫褴褛和刀耕火种里创造了历经 5 000 年而不衰的物质文明的最高典范和精神世界的最高理式。当然,虽然无法寻找到任何记载,但毋庸置疑的是,距今 1 万至 5 000 年间的人类也一定创造过效率至高无上、模式极为科学且深得天道和人心的设计管理,这一段神秘的设计管理史绝对值得今天的人类去做永无止境的探秘和想象。

第 3 章 设计管理的发展

原始设计管理在新石器时代中期以前都是隐含的,是靠原生性的生存机制和群居式的联合劳作法则完成的一种自发式的造物活动,新石器时代中后期是设计管理的成长阶段。随着社会分工的初步完成,能工巧匠们的合作成为一种历史的必然,持续深化的分工与合作促进了设计管理的长足发展。

3.1 社会分工推动设计管理的独立

进入奴隶社会后,人类开始有了明确的社会分工,而且这种分工已经非常精细化,是后世社会分工的先声。

帝或王代替了酋长、族长或部落首领,成了政治上最高权力的代表,奴隶主阶级构成了整个奴隶社会主体性的统治力量,而这种社会阶层的分化又是社会生产力高速发展之后形成的新型的社会生产关系。社会生产力经过前期的高度集中和发展,至奴隶社会初期已经创造出了较大的剩余劳动,这些剩余劳动让一些贵族得以脱离体力劳动而专门从事脑力劳动,"劳心者治人",政治制度、国家体系、统治意识、管理思想、经营理念由此渐渐成熟,在此背景下,设计管理理所当然飞速发展。

奴隶社会的受教育权利只有奴隶主阶级的后代才能享受,奴隶和平民的后代被剥夺了接受正规教育、系统教育的权利,这对于当时的政治统治至关重要,所以奴隶、平民及其后代成为"劳力者",且奴隶、平民身份是世袭的,他们很难有翻身的机会,唯有如此,大量的物质财富才能为不劳而获的统治阶级所占有并享用。

古埃及的金字塔以及古埃及的文明就是由广大的奴隶建造的,奴隶的主要来源是战俘、罪犯、被拐卖的人口、还不起债的穷人以及家生奴隶,这一点在任何一个奴隶制国家都大致如此。

为了维系统治阶级的享乐,国家成立了专门负责设计和制作的官职,从而导致曾经的巫师阶层失去了"设计总监""工程监工"的身份。于是,巫师逐渐干起了占卜打卦的营生,初期是为国王、国事测祸福、卜前途,后来慢慢沦落到在街头自谋生活的地步,部分高级的巫师转变成行政体例中的文艺官。如前所述,设计和制作生产独立出来之后,专业的官职就产生了。例如,舜就曾任命禹管平水土、弃管农事、垂管百工,而禹后来更是成为舜的接班人。奚仲很善于造车,所以他当了夏朝的车正,车正即是当时专管造车的官职。到商朝,官制已经非常繁复而完善,几乎成为后世官制的基本形。

商朝已有"司工"的官名,司工即专职负责手工业生产制造的,后来,该官名被改名为"司空"并沿用很久,如直到明清时期,"司空"还是工部尚书的别称。各朝对司空一职赋予的权力不尽相同,但基本就是掌水利、土木营建之事,与商朝的司工差别不大。《后汉书·百官志》在"司空"条下注有:"掌水土事。凡营城起邑、浚沟洫、修坟防之事,则议其利,建其功。凡四方水土功课,岁尽则奏其殿最而行赏罚。"如此看来,司工、司空就是今天的工业部部长或水利部部长。最晚在殷商时期,工匠队伍已经非常庞大,而且工匠的地位还较高,工匠的儿子沿袭工匠的身份,从而形成了世代为工的家族。值得注意的是,由于制造业的门类较多,天子记不全那么多工匠的称谓以及对应的工种,于是直接以工种的名称来给这些家族命名,类似于天子赐姓,如索氏、长勺氏、尾勺氏、陶氏、施氏、繁氏、锜氏、樊氏、终葵氏等,其中陶氏即指制作陶器的家族、施氏即指制作旗帜的家族、繁氏即指专门为马生产羽状饰品的家族、锜氏是指制作炊器的家族、长勺氏和尾勺氏都是生产制造酒器的家族、索氏是编造生产绳索的家族、樊氏是设计生产防护围栏的家族、终葵氏最有意思,他们是专门设计生产木棒木槌的家。

汉代对于设计制造方面的官职设置更加详细,开始按制造业的门类进行分工。如将作大匠,专门掌管皇宫及皇家园林的工程建造;东园匠令,专门主管陵内各种器物的生产制造,底下还设有十六丞,即十六个丞级官职;尚方令,主要负责各种礼仪器物的设计和生产制造;钟官令,主要负责铸钱,应该相当于今天分管造币厂的最高官员;都水长丞,主管宗庙陵园的建造以及兼管水堤类工程;考工令,主管设计和制造兵器、弓弩刀铠等,俨然就是兵工厂的主管人，底下设有考工左丞和考工右丞二职，协助其管理。

设计管理进入奴隶社会之后的大发展很显然是阶级分化、社会分工的结果，而具体的官职都已经形成，足见设计管理最晚在商朝已开始走向完善和成熟，哪怕与后朱的官职的叫法不一样，但夏商时期重视手工业、制造业并将其列入政治管理体系的做法是非常正确的，所以才被后世永久地延续下来。器形、器制成为文化的标志和符号，从形而下逐渐上升到形而上并抵达精神之道的传统始于殷商时期，而这一设计文化观的确立得益于广大工奴和工匠的辛勤劳作，更是社会分工在商朝高度发达的直接成就。

3.2　能工巧匠的合作需要设计管理

殷商青铜器是中国通天地之道、敬鬼神之灵的礼器，起码绝大部分是礼器，而非实用器，这是殷商的不凡之处，亦是器通礼道的开始，后来的中华之礼当源于此。

殷商青铜器的神圣之所在已超越审美的范畴，是人类精神礼制一次重要的"质"的飞跃。器通礼道有三点重大意义：①说明了生产力在这个时期大发展，已经超越了生存和生活的束缚，精神与灵魂已开始尽情地舞蹈起来；②这是社会的生产制造业无比发达、设计管理体系无比精湛之后的成就，能工巧匠大规模地出现将人类的创造力推向了更高的高峰；③这也是社会组织体系繁荣、完善的标志，社会分化越来越明显，组织构架越来越健全，中央集权越来越稳固，所以已经有能力建立完整的礼制来维系社会的运行；④青铜礼制观念的成熟和礼道实践活动的规范奠定了后世政治、经济、哲学、艺术、宗教思想甚至城市规划、都城建设的全面繁荣。从这些意义上来说，所谓完整系统的周礼不过是殷商青铜礼制的进一步发展而已。

殷商青铜器主要集中于礼器，当时的民用农具基本还都是石、骨或木制农具，这一现象一直延续到西周结束，这说明当时的青铜属于极其珍贵的金属原料，必然最适合用来祭祀神灵和祖先。

已经出土的殷商时期的青铜器，目前足有四五千件，且都可以堪称艺术精品，实是人类的精神瑰宝。其中，许多青铜器的形制巨大、分量超级重、做工精湛、纹饰独具匠心，可见当时青铜器的设计、制作工匠们的技艺已臻化境

(图3-1)。但要制作这么多精美无比的青铜器,显然仅仅有周密的分工还不行,还需要有更加严密、准确、顺畅的合作才能成功。

分工也好,合作也罢,都需要高水准、严纪律的设计管理。

商朝国王是最大的青铜器制作生产的策划人、投资人兼消费者,唯有上升到国家层面的生产制造才更加容易构建制度化的礼文化,权力令人向往,亦令人甘愿臣服,所以商朝王权才是社会生产力紧密合作最核心的组织力量。大量的王公贵族、地方诸侯、权力阶层是青铜器制作生产的监工者、

图3-1 湖南省桃源县漆家河出土的皿天全方罍(商代晚期)

管理者,他们为了迎合国王的喜好而进行了不遗余力的策划、组织和监督管理,其中具体执行他们职能和意愿的是一个特殊的阶层,即百工。商朝时期的百工类似于项目经理或项目主管,他们精通设计技艺、制作工艺,还有一定的管理能力,所以,他们成为了广大制作工匠、工奴们的工头与技术指导者,而广大的工匠、工奴在各个项目组的沟通合作下住在一起、吃在一起、工作在一起,从而实现了社会化制作生产者间的紧密合作。这就是当时设计管理的组织构架和运行机制。

殷商青铜器的制作工艺是非常繁琐的,矿石的开采、选取、冶炼,陶范的制作,青铜器的设计、铸造、打磨又都是分开的,有的青铜器加工地点与矿石的冶炼地相隔数百甚至上千里,各个环节、各道工序的准确对接必然需要各个项目组加强联系,并保持不间断的沟通。为此,国王或地方诸侯常常派出信使奔走于不同地区之间,以保证青铜器制作各工序的紧密衔接。同时,国王和地方诸侯还动用军队护送冶炼生成的粗铜、陶范甚至设计图纸前往青铜器精铸造、精加工的生产基地,以防路途上发生任何意外。锻造成功的青铜器依然由军队押运护送至都城,供国王率众臣欣赏或用于祭拜。

这里有必要对陶范的制作做一个简单介绍,制作青铜器前需要做好各种各样的陶范(图3-2),也就是模具。陶范的制作与青铜器的制作属于两个工种,没有陶范,当时几乎不可能完成青铜器的制作。由此可见青铜器的铸造

图 3-2　新田遗址出土的晋国侯马陶范（春秋时期）

图 3-3　河北省平山县出土的青铜饕餮纹三足壶（商代后期）

不像石器、骨器、陶器那样是一种单一行业的独立性制造工作，而是需要制陶业和金属冶铸业的通力合作。进一步讲，当时青铜制造业的繁荣与发达是建立在无比成熟的制陶业的基础上才得以实现的。两者的制造都用到火，两者的形制、纹饰甚至铭文都极为相近，其中在青铜器上常用的云雷纹、兽面纹、夔龙纹等在前期彩陶的纹饰中都能找到原型，而很早就在陶器上描绘抽象符号的做法后来也演变为在青铜器上铸制铭文的习惯。本书第二章中已经讲到，新石器时代晚期陶器的设计和制作技艺已经达到历史的鼎盛状态，其精美的造型、活泼的纹饰、娴熟的工艺吸引着青铜器设计者的模仿与学习并不奇怪，也体现了一脉相承的设计文化的传承与出新。青铜器的出新除了在形制上做了一定的改造之外，主要还是表现在它的纹饰更加趋向庄严、肃穆甚至可怖，尤以饕餮纹为代表（图 3-3）。因为这些青铜器根本就不是给人用的，而是敬天地、事鬼神的，同时也是统治阶级政权意志的体现，所以与陶器的风格、用途还是产生了一定的分别。

合作生产、联合作业、分层管理，这是殷商青铜器文化彪炳史册的外在机制。前面说到，国王、诸侯都参与到青铜器的生产之中了，但这些高层也只是做了政策上的指引和组织上的策划工作，其中百工阶层即项目的"职业经理人"才是真正起到了决定性的作用。殷商时期有"左工""右工"之分，他们是百工中的中级职位，这种半军事化的编制与管理体制保证了青铜制造业的快速成熟。"左工""右工"之上有司工，这就相当于工业部长，也是国王亲自任命的"设计总监"，而在"左工""右工"之下还有从事管理工作的"多工"，这些下层官吏就是现场监理官，类似于"厂长"甚至"车间主任"。具体的制造者当然就是"工",也就是工匠,工匠是具体的制造者,根据技艺的高低也有具体分工的不同和偏向,如设计师、助理设计师、绘图师、制模匠、制范工、铸器工等。而像取土、搬石、焙烧、鼓风、加热、现场清理、打磨等苦活、粗活、脏活恐怕就得由技艺低下的工人或工奴来做了,彼时的生产合作能力、生产水平和生产效率不但在中国,甚至在全世界范围来看都应当是首屈一指的,起码也应当名列前茅。如此看来,这种完整的类大工业化的生产模式和系统的管理范式绝非今人的创造,在中国的殷商时代其实已初具形态,这也是中华物质文明和精神文明在人类发展史上一直洋洋大观、独树一帜的关键所在。

3.3 管理水平的提升完善设计管理

作为管理学的一支,整个社会的管理水平与设计管理的发展是有必然联系的,但设计管理与一般性管理特别是行政管理、公共管理又并非是同步发展的。

作为形而下的器物性设计生产管理的实践活动应当是整个管理学科中起步最早的,因为人类的生存发展需要基础性的生产工具和物质资料,生存作为原始人的第一诉求,逼迫他们不得不通过分工、合作两种最基本的方式进行思考、讨论、设计、制作和生产劳动工具与生活必需品,所以,原始人简单劳动的分工、合作其实是整个管理学产生的发轫。

在原始人的分工、合作过程中,合作双方因意见不合产生分歧、发生争吵甚至打斗是很正常的,但为了共同活下去的目标,最终只能选择和解并继续合作下去,如果隔阂太大也可能导致彻底的分手。这就像夫妻,天天生活在同一屋檐下,舌齿相碰在所难免。但不能老是分手。脱单的原始人更容易受到攻击,或者更容易被野兽吃掉,所以合作双方必须慢慢学会理解、妥协,互依互靠、彼此支持,在这个过程中,逐渐形成了一种合作的固定模式,群体内部的合作也是如此,这种固定模式成为自然式、本能式管理意识生发的土壤。

长期依靠自然式、本能式的管理意识是脆弱的,特别对于群居生活来说极为不利,因为生命天生的自私自利性总会造成对各种利益分配结果的不满,谁都想多获得一点,不满必然造成内部关系的紧张和危险,于是需要更为

设计管理概论

有效的约束和规范,这就促成了组织章程的出现。早期的"组织章程"就是一种口头契约,也就是所谓的一种游戏规则,认可这个规则就留下来,不认可这个规则就请自便,即被大家"开除"了。"口头契约"是原始人漫长的群居生活的维系手段,彼时的管理者是全体成员,大家群策群力通过会议讨论的方式决定各种事务。这种通过口头契约、群管方式实施的管理是一种自发性的初级管理,这种初级管理维系了起码有 10 万~20 万年。

群管方式会引来群体争吵,许多问题吵着吵着就不了了之了。于是大家需要更进一步的管理方式,即首领意识的成熟引申出了选举权,通过选举产生了部落首领、氏族长、酋长等,同样通过选举还产生了职业性的"设计总监"——巫师。这个进步至关重要,这是管理结构的初步成形,首领具有了群赋特权,权力开始在群居生活中产生并开始发挥作用。权力概念的形成与实践活动的发展造成了有意识、有组织的分工,这是自觉性的中级管理。分工是管理高速发展的推进器,这个时间当在距今 1 万~2 万年。

分工进一步细化造成管理阶层的设定和分化,酋长包括巫师随着分工的深入已无暇顾及每一件事,于是副首领即"二当家"甚至"三当家"包括更低一级的"组长""班长"开始出现,管理等级的森严和细分是管理深化发展的重要过程,也是高级管理的基本特征。这种等级森严的高级管理在新石器时代晚期日趋成熟。奴隶社会的一开始,管理水平已经不可同日而语,权力、统治、治理甚至剥削、掠夺、再分配等概念已非常明确,专门从事管理工作的奴隶主阶级推动了政治管理、法律管理、刑罚管理、军事管理、城市管理、商业管理的高速发展,最晚在夏朝后期已经出现了"商人"——专门从事买卖贸易的人。

商人与商代关系密切,这既是一个巧合,也具有一定的必然性。

商,最初是夏朝时的一个部落,他们的祖先是"契",这两个字都与经济活动有关又是历史的巧合。原始社会就已经开始产生契约精神了,如果不经过群体契定和通力合作是无法战胜洪荒野蛮的大自然的。契帮助大禹治水有功,被封在商邑这个地方,契的六世孙王亥设计发明了双辕牛车,从而通过牛车代替长期的人力搬运,大大提升了运输效率。王亥并没有沿着设计的路走下去,由于其经商头脑更甚,便开始运用自己设计的牛车干起了贸易的营生,专门为各部类之间运送彼此需要的物品,正规的商业交易由此产生。因为王亥是商部落的人,于是当时的人就喊他"商人"。

商朝的贸易业和手工业都极为发达,从而培育出了中国重工重商的内在基因,虽然在封建时代一度被重文重道所压制,但时至今日,再次"重工重商"的发展实践的确助推了现代中国快速发展成为世界经济的重要一极。

商朝商业的飞速发展推动了设计业、生产制造业的高速发展,而生产制造管理水平在市场利益的推动下也进入了历史发展的快车道,这为资本主义首先萌发于中国的北宋(另说是明朝)奠定了重要的基础。

商朝之后特别是周朝时期,中国的政治管理水平、中央集权模式、大范围的国家分权与统一治理都得到了长足的进步和完善,这种行政管理水平的高度在当时是世界上其他地区难以企及的。作为一个疆域广阔的大国,分封制是最好的权力推广模式,分封制源自商朝,随后被周朝运用得炉火纯青,广大的中国统一在一个天子的权威之下,从而维系了一个多民族、一统化的大国。分与合不仅仅体现了权术,更是中华大地各地区共同发展的战略性选择,这种高度敏锐的政治意识、管理模式源自商而沿袭下来,即使春秋战国时期首创并被秦朝大力推广的郡县制其实也不过是中央与地方分权模式的变体,其大国统治的指导思想和管理形式与分封制一脉相承。分、合哲学是关键,至于怎么分,形式上都是"分",至于怎么合,本质上一定要"合",这就是中国古代政治的最高宗旨,这一宗旨的确立在商而不在后世。

设计管理作为一种形而下的造物管理活动,原本是推动人类分工、合作逐渐成形的动力源泉,但后来却被形而上的权力统治管理模式反超,这说明脑力和思想成熟之后的发展速度要远远大于手工劳作技艺按部就班、稳步前进的发展速度,这正应了"说起来容易做起来难"的俗话。当然"能说会道"是一种人类高级思维活动成熟的表现,中国不但设计活动发达早、设计管理起源早、政治文明的建设和成熟早,就是设计哲学、设计理论也是极度早熟的,所以是当之无愧的"四大文明古国"之一。其中,设计哲学、设计理论的早熟就是"能说会道"的表现。春秋时期就产生了人类历史上第一部较为详细的记载设计和手工制造理论的著作——《考工记》(图3-4),这个篇幅并不长的著作却包含了巨大的信息量,几乎代表了当时全世界最高水准的手工制作和工艺美术知识,其中先秦时代的制车、兵器、礼器、钟磬、炼染、建筑、水利等手工业技术在这本书中都有精练的阐述,还涉及天文、生物、数学、物理、化学等当时最前沿的自然科学知识,该书成为中国蔚为壮观的设计理论的开山之作。另外，当时在生产制造和工艺美术上还流行管子的"奢用"理论和墨子的"节用"思想，这些理论总结对后世的发展影响深远、意义重大，而这种影响和意义远不止于设计行业和生产制造业，而是对政治、经济、文化、教育、婚姻家庭等全方位的影响。

　　理论的成熟显然是对丰富实践经验的总结，没有深入且大发展的实践活动，是不可能产生可靠、精确的理论的，这说明当时中国的设计实践、设计管理实践也已较为成熟。反之，这些理论对设计管理的进一步发展所起的作用不可忽视。《考工记》中对合金成分和比例的详尽表述启发了当时合金冶炼业的大发展，春秋时期的铁器能代替石、骨、木制农具成为农业生产的新宠儿绝非偶然。不但要有革新的思想，关键是还要熟练掌握制作的工艺和技艺，以及能够培养出和组织起熟练的设计师、锻造工才行。管子作为齐王的谋臣，在"消费促进生产"理念的推动下，帮齐国修齐太公"九府圜法"，在齐国设立了专管货币的机构——"轻重九府"，通过设立九个官署即大府、王府、内府、外府、泉府、天府、职内、职金、职币来管理政府铸造货币。通过严密而科学的管理，齐国的市场贸易越来越繁荣，国力也越来越强盛，同时，由管子参与指导设计的刀形货币即"齐刀"（图3-5）形制优美、制作精良，深得使用者的赞赏，也大大推动了货币的广泛流通。

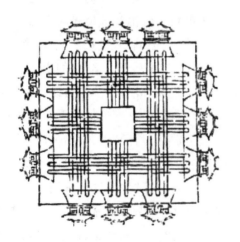

图3-4　中国工艺典籍《考工记》中记载的王城规制

图3-5　山东博山出土的齐明刀（战国时期）

政治管理水平、社会管理水平的普遍提升为设计管理界提供了高水平的管理者、完善的管理章程、先进的管理理念、周密的管理方法,也为社会分工、组织构架、设计研发、生产制造、货品的运输和宣传提供了更加优异的社会氛围和市场消费环境。

3.4 从传统走向现代化的设计管理

从传统的设计管理走向现代化的设计管理是随着科技的发展、管理理论的成熟、组织运行系统的确立、管理实践经验的丰富、全社会意识的提升、法律制度的完善、生产技艺的增长而逐渐成功的。

传统的设计管理是在历史漫长的进化中慢慢形成的,它为现代设计管理提供了基本的范式和管理方法体系,其中管理者、管理对象、设计者、制作者、生产者、产品的营销和推广者是其基本的设计生产部类,对这些部类的认识和设定在人类进入封建时代开始基本定型,甚至在封建时代还出现了对品牌设计的认知。例如,在宋朝,中国就已经出现较为普遍的商号、店号、铺号,这里的号就是名称,宋朝还出现了纸币——"交子"(图3-6),由此可见其市场和贸易的繁荣程度。尤为珍贵的是,宋朝的市场不同于汉唐,宋朝时皇家、贵族、士大夫不再是设计的核心消费者或享用者,市民阶级开始迅速崛起,全国的市民成为设计产品主要的消费力量,这无疑推动了民间设计生产的大发展,民间作坊、自由式设计生产、民间设计师、民间设计培训、个体工商户开始大行其道,从而产生了资本主义市场经济的萌芽。

图3-6 北宋时期在四川产生的交子

宋朝不但发明了纸币,还出现了"捐客""庄宅牙人""店宅务"等市场上的新职业。捐客类似于今天的经纪人,是专门为人们介绍生意的;"庄宅牙人"就是房产中介，专门做房屋的买卖、转让等事务的，这些民间开设的"庄宅牙人"遍布大街小巷，与今日无异；"店宅务"就更为神奇，因为民间房地产开发极为红火，而且利润丰厚，惹得政府眼红，于是当时的朝廷就参与了一把，专门成立了一个机构叫"店宅务"，也搞房地产开发，当然"店宅务"开发的房产不是用来卖的，而是用于出租，起初出租给在京城上班而没有房子的官吏，后来对无房的民众也开放并收取不菲的租金，这些租金成为国家与朝廷不小的财政收入。

市民社会在宋朝是很成熟的，城市化建设也极为快速，如北宋的都城汴梁（今河南省开封市）就是当时世界上最大的城市，居民20多万户，这个数据既是当时伦敦人口的5倍，也远远超过了唐代的长安。与今天一样，当时流行着农村人进城打工的热潮，农村人向县城跑，县城人口向大城市跑，这导致大城市房源紧张、房价飙升，房地产开发更为兴盛，房价水涨船高，繁荣的租房市场在当时也已出现，甚至许多由外地到京城任官的人也成了"租房一族"。如北宋名臣韩琦、欧阳修、苏辙等都曾"僦私舍"，就是在京城租民宅而居。其中，苏辙到晚年才在二线城市许州（今河南省许昌市）买了一块地，自盖了三间新房，他激动兴奋不已，忍不住写了一首《将拆旧屋权住西廊》记下了当时的心情："平生未有三间屋，今岁初成百步廊。欲趁闲年就新宅，不辞暑月卧斜阳。"宋神宗时才出资在皇城右掖门之前修建了一批官邸，但这批官邸也只能分给相当于现在副国级以上的宰相、参知政事、枢密使等官员居住。宋朝有钱的人家都到大城市投资房产，但政府也不敢任由房价无度飙升，于是，天圣七年（1029年），宋政府出台了"限购令"："诏现任近臣除所居外，无得于京师置屋。"意思很简单，就是在任的高官如果已经有了自己的住房，不允许在京城再购置二套房。由此可见，中国的地产经济最晚在宋朝已经走向繁荣和成熟，而今天市场上的种种表现绝非今日之特色，实是历史的一种反复或轮回。

宋朝可谓是中国社会从传统向现代转变的一个时期，如民主、自由、平等亦是彼时的社会风情，哪怕没有形成各种主义，但皇权衰微、民权上升已经成为当时的趋势。这种转变我们不能忽视，这是中国古文明始终走在世界前列的明证，甚至元朝的98年历史亦未遏制得了这种强大的发展势头，直至明朝，中国已经超越了汉唐时期被动开放的局面，走向了主动与世界沟通、交流和互访的开放格局。郑和率着庞大的中国船队和舰队七下西洋是中国人走向国际的伟大创举,深刻体现了当时中国开放的胸襟和国际化的视野,如照此发展下去,资本主义制度的首成将在中国,而不可能出现在欧洲。郑和将大量中国的瓷器、金银器、珍珠宝石、丝绸、茶叶等带到了非洲,也沿途带回来了各国的宝贝,这种交流是大面积、深度性国际贸易的雏形,既让世界领略到了中国的文化,也为中国了解世界打开了一扇大门,亦是今日中国政府重提"一带一路"倡议和伟大战略的重要依据之一。世界眼光大大提升了中国人的设计管理能力和设计管理水平。例如,明朝的军事力量以及轻工业水平在当时首屈一指。

世界上第一个水雷诞生于明朝,且跟现在的形制几乎相同,这比其他国家设计制造出水雷早了几百年;明朝还设计制造出了世界上最早的火箭筒和大炮(图3-7),这使中国当时的海上作战力量超过英国几倍,实战中,明朝军队在海上的战斗从无败绩。明朝建立了许多官营冶铁场所,民间还成立了许多民营的冶铁场所,这为当时的工业化发展奠定了坚实的基础,因为工业化的发展离不开钢铁产业。明朝初期规模最大的官营冶铁场所是河北遵化铁冶厂,该厂工匠达到2560人,几乎就是现代的大型集团公司。明朝的钢铁产量当时位居世界第一,这说明了明朝已经具备了工业化生产的基础,关键是已经形成较高的设计和生产管理的水平与能力,如对于工匠的分类,明朝比历史上任何时代都更为精细化,冶铁厂的工匠就分为民匠、民夫、军匠、军夫、轮班人匠和炒炼囚人等,除了炒炼囚人,其他类工匠政府都是要发放工资的,且食宿也由工厂免费统一安排。明朝中期的冶铁完全走向民营化,民间冶铁厂的规模也是极为惊人的,如佛山的铸铁工厂,光炒铁一项就有数千名工人同时就业。但这一良好的发展势头由于清政府的建立而被迫中断,直至中华人民共和国成立之后才得以延续,直至20世纪70年代末,中国改革开放政策全面推行之后才得以再次飞速发展起来。

现代化的设计管理最早也应当是从18世纪末英国工业革命开始之后才得以建立,现代化的生产工厂摆脱了手工业制造的束缚,开始全面推行机械化以及非人力能源的运用,这得益于1765年英国发明家詹姆斯·瓦特(James Watt)对蒸汽机(图3-8)的改良,事隔4年后,约书亚·韦奇伍德(Josiah Wedgwood)成立了以自己的姓氏命名的首座现代化的陶瓷工厂,随后欧洲各地纷纷出现各种各样的现代化工厂。1851年,第一次世界性博览

图 3-7　明朝时设计生产的火炮　　图 3-8　英国人瓦特改良过的蒸汽机形制

会即英国伦敦万国工业博览会举办,集中展示了19世纪以来西方工业社会所制造的各类现代化的工业产品。美国管理学家弗雷德里克·温斯洛·泰勒(Frederick Winslow Taylor)于1911年出版了管理学上划时代的著作《科学管理原理》,不但将管理提升到科学的高度进行考查,从而开启了人类重新认识管理知识的新视角,而且还直接启发了30多年后现代管理理论的诞生。而在这30多年间,人类现代工业、现代设计的实践突飞猛进,大炮、坦克、飞机、轮船、军舰、火车、有轨电车、高楼大厦、纺织机、发动机、手表、电话等都以空前的速度得以发明或进一步完善,从而使人类的生产制造能力、水平与成果都达到了历史的全新高度。

图 3-9　魏玛时期的包豪斯设计学院
　　　　（1919—1924 年）

1919年,也就是在泰勒出版《科学管理原理》8年后,德国魏玛市"公立包豪斯学校"（Staatliches Bauhaus）（图3-9)宣告成立,这是人类历史上第一所设计类学校,从而开启了人类设计教育、学校艺术教育的新篇章。

尽管设计管理与管理学、

企业制度、工业技术的发展不一定同步,但设计管理一直伴随着造物的规律和造物的程度在脚踏实地前进却是不争的事实,有设计行为和生产制造活动才会有设计管理,设计管理进步了,又会推动造物设计、生产制造活动的发展与完善,设计和设计管理就是这么相辅相成、彼此促进的。除了需要设计实践活动的助长,科技的进步、理念的开放、管理的成熟、制度的完善、社会的安定、理论的丰富、教育和培训的配套也是设计管理从传统走向现代的重要基础,同时亦是现代化设计管理持续发展并走向未来的重要保障。

第4章 设计文化管理

人类的历史就是一部造物设计史,每一个历史创造物的背后都凝聚着一段文化的印迹与精神的意蕴供人们怀想、供人类传唱,所以,尽管历史文物会陈旧、会老去、会沧桑斑驳,甚至会残缺不全,但其无穷无尽的文化内涵与历史品格却历久弥新,洋溢着迷人的芳香。有了文化的依托,人类才不会孤单,才不会迷茫。

4.1 设计文化概述

在讨论设计文化的一开始,我们有必要重新分析和认识一下"文化"的含义。文化的实质就是人化,即由人的创造和想象演化而生出来的万事万物、大千世界。

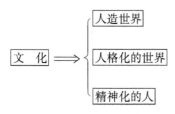

图 4-1 文化的三大类能指或表征

作为一种概念,"文化"是人类的独创,是对人造世界更为高级的总结和概括,脱离了人类,就不存在"文化"一说,离开了人的意识,"文化"就失去了所有意义。总体而言,文化是与人息息相关的事件以及表征事物的一种高级思维产生的概念,是一种哲学化的名词。图4-1可以简略表示文化的三大能指或表征。

4.1.1 人造世界

所谓的人造世界当然是指非自然形成的世界,即由人通过自己的劳动和智慧创造出来的世界。人造的万事万物是这个世界的主体。如衣食住行的物件、婚丧嫁娶的礼仪、一个民族和国家绝大部分的风俗人情等等都是文化。其中,人类对自然世界的改造也算是文化产物,如野生的五谷杂粮不能算作文化,但人通过双手开垦种植出来的庄稼就是文化,是农耕文化。山区里漫山遍野的梯田(图4-2)是文化,江河两岸修筑的防护堤是文化,沙漠上的油田钻井是文化,但未经人力所为的大陆漂移、火山喷发、洪涛泛滥就不能算作文化。劳动和智慧是人与人造

图 4-2　甘肃省定西市梯田(刘谨摄)

世界之间的媒介,同时也是人与自然之间沟通的媒介,这中间体现了人与万事万物存在一种或漠然或热切的关系,人造世界体现了关系文化的第一层含义。什么是关系文化?就是文化承载物与人之间形成某种关系,这种关系是通过人的创造或改造行为而使原本与人类没有关系的物质与人产生了某种相互依存的关系。

4.1.2　人格化的世界

在介绍人造世界时,上面谈到一种自然界原生状态的存在,即未经人的改造而由天地造化所生的自然世界,这个世界即是天地自然。是不是所有的天地自然都不是文化呢?事实上,随着文化概念发展到今天,这一问题不能一概而论。未经人力改造的天地自然也可以成为文化,当然这里说的改造是指自然生物形态上的改造。未经人力改造的天地自然能够成为文化的唯一条件就是人类通过精神意蕴的所指改变了天地自然存在的天性。一片天然湖泊本不是文化,但如果人们认为姜子牙曾在该湖泊上荡过舟、钓过鱼,那这片湖泊就不再是简单的自然景象,而具有了文化的臆想。花果山因为孙悟空而扬名天下,东海龙宫让东海闻名遐迩,玉皇大帝让人对天空充满想象,水泊梁山(图4-3)的故事让今日的山东省梁山县成为旅游胜地,这些就是人格化的世界,这里提及的自然风光无需修桥或建屋便可以充满文化的韵味和神

图 4-3　山东省梁山县水泊梁山景区

采,所谓"山不在高有仙则名,水不在深有龙则灵",道理同一。将人格精神赋予自然万物从而让自然万物成为人类文化视阈考查的对象,这就是人格化的世界。人格化的世界拓宽了人造世界的范畴,充分体现了人与自然之间存在的种种可能,如人能点化自然的可能、物能为人所用的可能、人与自然精神相通的可能等等,这些都是关系文化的第二层含义。

4.1.3　精神化的人

文化的实质就是人化,所以文化离不开人,文化是建立在人之上的世界表达。是不是只要是人就一定具有文化呢? 如果说人是文化的化身莫不如说文化是人的化身来得更为精确和符合实情。儿童可以创造儿童文化,成人可以创造成人文化,精神病人甚至可以创造精神病人文化,关于这一点国际上早就把儿童和精神病人的绘画和艺术表现称为"原生艺术"(Art Brut)①(图 4-4)。但不是每个人都能成为文化的化身,如植物人②、自甘堕落的人绝对不能说是有文化的人。晋代王嘉所谓的"行尸走肉"怎么说也应与文化无关,即人分生物性人和精神性人,唯有精神化的人才可以与文化沾边。当然这种关系还应该是双向和互动的,而不仅仅是一种对文化品生物性的单向消耗。所以唯有精神化的人才能成为文化的化身,这种精神不仅仅包含积极追求的理想和超然的奉献理念,还包含对娴熟劳动技巧发挥的冲动、一定的劳动欲望和基本的思维能力。精神化的人包含的精神本身就是文化的化身,这是文化即为人化最本真最神秘的意蕴。

---

① 洪米贞.原生艺术的故事[M].石家庄:河北教育出版社,2004.
② 植物人——病理学上的概念,就是虽然有呼吸和心跳,但大脑和神经系统已经死亡,不能动弹更没有任何思维和自理能力的人,依靠他人的照料维持着呼吸和心跳的延续。

图 4-4　巴黎派原生艺术作品《虚幻的风景》
（作者：让·杜布菲）

图 4-5　爱德华·伯内特·泰勒

所谓的广义文化指的就是上述三个文化内容的总称，人造物、人格化的自然、具有精神表达力和精神表达欲望的人就是广义文化的全体；狭义文化实际上指的是人造世界中的一部分，特指人造世界中的精神世界。1871年，英国文化人类学的奠基人爱德华·泰勒（Edward Burnett Tylor）爵士（图4-5）在《原始文化》[①]一书中提出了狭义文化早期经典的学说，书中认为狭义文化包括知识、信仰文化、艺术、道德、法律、习俗、一个社会成员应当具备的能力和习惯。

综上所述，设计文化实际上指上述"人造世界""精神化的人"两部分的有机融合，包含"人造世界"中的造物世界、"精神化的人"中的人类造物思想和造物理念。造物世界提供了设计生产的物品，造物思想和造物理念是设计生产内在的精神储备与理论指导，实化的物品加虚化的精神与理论就构成设计文化的主体，简而言之，设计文化等于设计实物加设计思想在时间维度上的集聚。

设计实物就是指人类创造物，需要存在人造的物质性的身体，但不能等同于上述的"人格化的世界"，因为上述的"人格化的世界"关注的主要是自然物质，不需要人类的创造与施力。设计思想是指看不见、摸不着的精神活动，设计思想直接指导人类的动作与设计实践，从而创生出自然界没有的物体，

---

① 爱德华·泰勒. 原始文化[M]. 连树声，译. 上海：上海文艺出版社，1992.

设计管理概论

进而最终将思想凝聚在了人造物体上,使物体具有了人格化的精神意蕴。时间维度上的集聚指的是文化的形成不是一撮而就的,许多人造物体需要经过漫长时间的积累、发展才能被人们慢慢发现其背后的故事、时代的特征、隐含的精神意蕴以及设计创造者赋予在物体上的特殊情感,这就是设计史的妙用所在,设计文化是史论不断积累和完善的成就。

每个视力正常的人都能一眼看清物体长什么样,但真正读懂物体的人却又微乎其微,视觉的识别永远只是末,而情意的相通才算是看到了世间的本质,设计文化传递的物象信息只是流,而物象上沉淀的时代事件和世间的情意才是源。文化就是时间在人心上镌刻下的感动和念想,设计文化需要通过历史可见的物象唤醒人类生命DNA中沉睡着的那份感动和念想。

设计文化是设计物、设计制造技术与设计精神的总和。其中,设计物自然就是设计创造的物体本身;设计制造技术是指生产原料的采集、挑选、运输、初加工、精加工、生产制造的技艺和过程,也就是设计和制作生产的技术过程与技艺发展等。设计制造技术是设计物制作成功的必要条件,具体即指今天所说的非物质文化遗产中的制作技艺部分,虽然它们是设计物的有机组成部分,但显然已经超越物体本身,代表着设计生产制造的时代背景和社会基础。设计精神更强调对物体本身、造物过程、造物技艺、艺术审美、设计哲学思考的理论性概括总结,是围绕设计形成的理论化成果,而像设计师的创意、生产者的情感等对设计造物的影响和凝聚在设计物体里的观念、思维、批评意见等也属于设计精神。

设计文化的核心包括三大部分,即物体本身、设计制造技术、设计精神。关于设计精神,具体来说就是指较为成熟、稳固、理性的设计知识、设计观念的内化性成果。如果说物体本身、设计制造技术更强调功用性、经济性,那么设计精神更强调对设计的哲学性、审美性思考。物体、技术、精神三者在历史的积淀中慢慢扩展、凝练成庞大而复杂的设计文化体系。

4.2 设计文化管理的定义

文化能够管理吗?"肯定能",这是毋庸置疑的答案。

物质商品的集中生产就是物质文化的生产管理,物质商品的运输过程涉及物质文化的传播管理,物质商品的包装宣传管理就是物质文化的市场推广,商场里的货品陈列就是物质文化的市场营销,博物馆里的古董文物又是物质文化的保存管理。设计理论的写作涉及文化精神的知识化创作管理,设计理论书籍的出版就是精神文化的呈现管理,图书馆里的设计理论书籍就是精神文化的保管和传承管理,设计类学术会议是一种精神文化的交流管理,设计理论教学工作属于精神文化的教育管理等。这就是设计文化管理庞杂而繁复的内容体系,成为人类精神生活和物质世界构建和延续下去的主体部分。

关于精神生活和物质世界,大致说来存在三种关系:精神生活需要依赖物质世界而呈现;精神生活努力挣脱物质世界而独立存在;精神生活具有改善物质世界的力量。在第一种关系中,精神和物质是融为一体的关系,两者之间是相融相生的融合型力场;第二种关系中,精神和物质是脱离关系,两者之间是吸引型力场,原本一体的事物一旦要分开,两者之间又会产生不依不舍的吸引力;第三种关系中,精神和物质呈现为相向靠拢的关系,两者之间是排斥型力场,也就是说,此时的精神与物质已经彼此独立很久,如今却要相聚相认,两者之间自然会产生相处、相知、相依的磨合期,这种磨合中大致会体现出一种排斥力,如考古发现与历史文字记载之间的互文互证就主要表现出这一关系。

在精神和物质的第一种关系中,设计物本身就具有物质性和精神性,尽管有的人只会关注到物质性甚至止步于物质性,但也有相当一部分人具有灵敏的悟性,他们能体会到凝聚在设计物之中的意境、文化和精神,高明的设计师不仅仅是要设计出一种物来,同样需要将人类的理念、态度和精神融入到物中,从而使自己的设计具备深邃高级的灵魂。在第二种关系中,精神成为一种脱离物质世界而存在的形而上的独立事物,而设计精神又很难真正脱离物质而孤立存在,离开了物质世界特别是设计物的世界谈设计精神是无根之木、无源之水,所以这里的设计精神的独立只是相对而言的自由状态。例如,哲学、辩论、音乐、舞蹈、文学、爱慕之心、思念之情等相对来说,其物质的依赖性相对较少,精神的特征更加显著,但哲学、辩论、音乐、舞蹈、文学、爱慕之心、思念之情其实同样需要物质载体来传递和让人感受到,如出版物、乐器、舞衣舞鞋、信札书笺、戒指项链等是上述各种精神内涵的媒介,而这些设计物要能真正、完整、准确地表达出这些精神却是设计师需要完成的任务。但对

设计管理概论

于那些产生很早的理论创造、精神成就已经失去了当时的物质基础和物理环境,这些理论、思想、学说其实慢慢也就构成了一个独立、封闭、自成体系的精神世界,如设计史学、设计哲学、设计伦理学、设计心理学、设计批评学、设计管理学等的理论学术世界即属此,而且随着时间越往前进,理论成果愈加丰富,这个精神文化世界就越为庞大、充实、独立且自由。第三种关系是精神对物质设计具有促进和完善作用,如设计美学、设计理论、设计教育、设计经验、设计精神、设计管理思想等上层建筑对物质生产活动具有重要的指导和培育价值。毫无疑问,没有精神思想、文化底蕴、理性积累的设计师又如何能创造出令人惊喜、令人叫绝的设计物呢?历史理论对考古实践具有指导意义,考古实践对历史理论又具有改写和修缮的功能,如训诂学,就是用今天的现实世界、物理认知去阐释、修正古代文字、思想和精神成就的做法,前人的设计理论能启发后人的设计实践,但通过后人的设计创造也可能会对前人的设计理论表现出证实或证伪,这就是上述第三种关系复杂的内联逻辑。图 4-6 可以用来概括上面两段的内容。

在图 4-6(A)中,精神和物质是融合为一体的;图 4-6(B)中,精神从物质中散溢出来,设计师和物质使用者在使用中凭借自己的理解力和思想力能领会到物质所散溢出来的精神和文化意蕴;图 4-6(C)中,精神另立于物质而独立存在,但精神具有注入和促进物质创造的企图,但这种企图具有很大的难度,也会遇到强大的排斥力,最终必须通过设计管理和设计教育的强大改造力量来指导、启发设计师创造物质世界。在所有艺术门类中,设计艺术最具备通过物质创造来美化精神生活的本质和能力。优美的人造景观、精致的生活用品和服饰、干净整洁的生存环境、丰富多彩的物质创造、经济适用的物质条件等都能给人以心旷神怡、心满意足的享受,心灵是环境世界的产物,积极、开朗、快乐、舒畅、感恩的精神皆来自于社会、自然所给予我们的开蒙和启迪,而设计师无论是对物质世界的创造还是对自然世界的改造抑或是对我们的行为方式、生存状态、视听氛围等的优化都做出了不可轻视的贡献。设计管理的真正用意不仅在于监督设计师给予我们的物质创造,更要通过物质创造来缔造一种积极向上、乐观开朗、生动活泼、爱意无限的精神世界,这就是设计文化管理的整个内涵。

设计文化管理就是通过一系列管理行为实现物质文化、精神文化外加技

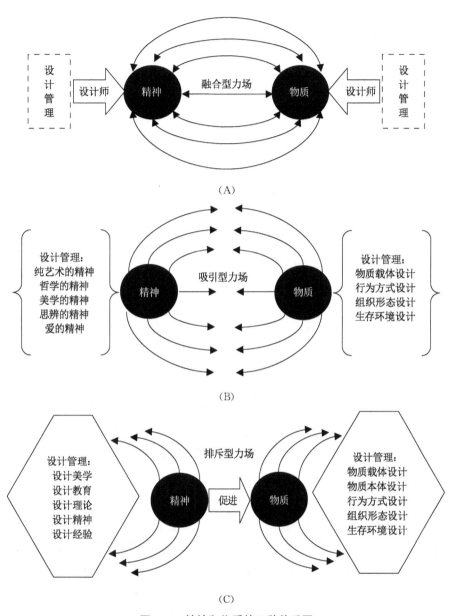

图 4-6 精神和物质的三种关系图

术文化的三重世界健康发展、趋向成熟的管理。研究如何引导、规范设计师创造出辉煌灿烂的物质文明,如何通过物质文明培育、创生积极向上、丰富多彩的精神文明,如何为设计实践与设计理论之间创造出互证互文、相依相生的良性生态圈是设计文化管理在审美、艺术、哲学层面上所需承担的学术性、理论性的主要任务。换句话说,对设计物理世界、设计技术世界、设计精神世界进行学术性、理论性的展现、研究、总结、概括和再创造,并力求形成完整的理论生态体系的活动和过程的总和,就是设计文化管理。

设计文化管理属于设计管理的一部分,属于设计管理中对设计理论生态体系的构建、维系、修改、推广的管理,因为没有系统的理论认知、理论创造、理论教育,能产生所谓的"文化"概念和文化体系的构建吗?除了印刷成书的文字理论,口头传播的经验、理解、体悟和知识体系也是理论,这是口头理论。设计文化管理本身又是一种文化,这是建立在设计文化管理知识、理论体系不断壮大和成熟之后的概念性、学术性认知,即设计文化的管理文化。图4-7可以解释上述论述。

设计文化系统是建立在人类数万年造物设计历史之上的,这个过程不仅漫长,而且艰难困苦、步履蹒跚,其中设计管理起到了功不可没的作用,政治、教育、制度、经济、法律、哲学、宗教、战争等所有的社会活动和社会部类都参与到了这一个伟大的工程之中,由此建立了一套人类完整、独立、自成系统又意义重大的文化系统。设计文化系统一旦形成,其观念和模式就非常稳固,可以被毁灭但不可以被随意更改,每一个成熟民族的文化系统皆如此。设计文化系统后来分化为设计物质文化系统、设计技术文化系统和设计精神文化系统。物质文化系统借助光辉灿烂的人类设计物化世界而蓬勃发展,即最终回归设计作品(图4-7);精神文化系统借助异彩纷呈的人类观念意识和精神内涵而日渐庞杂,即最终回归思想内涵(图4-7);除了设计技术中的生产机器属于设计物,其他类设计技术即设计技艺本身是不可见的非物质形态,它们必须凝聚在设计产品和设计思想中才能为后人所感知,所以它们最终也应当回归设计作品和思想内涵(图4-7)。一套干净挺括的服装让人精神倍增,一套精致亮净的餐具能勾起人们享受美食的欲望,一套安逸舒适的家具能让人们心情放松,一场视听华彩的音乐会能让人们情绪激昂,一堂富有哲理的课能让人们的观念改变,精神、欲望、心情、情绪、观念等就是设计文化成形最为重要的内部大脑性生物基础,设计文化就是这些内部大脑性生物基础联合作用的结果,尽管其他动物也有某些大脑生物性运动,但只有人类获得了"文化"创造上的成功,不能不说这是人类的幸运。

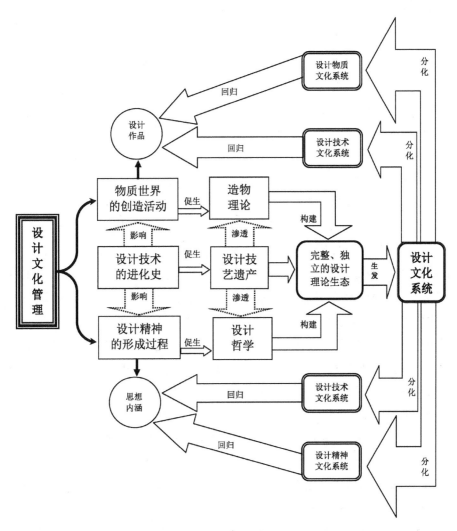

图 4-7 设计文化管理内容构成和管理过程系统模式图

4.3 设计师文化身份的确认

设计师与普通人最本质的区别是设计师具有超人的设计创意力和设计想象力,而设计创意力、设计想象力是一种智慧型、内化性的生产力。今天我们对文化人的身份判定,就是指从事脑力劳动或创意性、智慧性劳动的人,这既是一种职业上的判定,如教师、艺术家、科学家就是文化人,同时也是一种工作性质上的判定。如从事文化产业开发、文化产业研究、文化产业管理、文化产品生产的人,因为与文化属性紧密切合,所以也可以视为文化人;如政府文化部门的官员或科员,虽然他们的职业是行政管理者、公务员,但他们管理的是文化,所以可以算作文化人;又如文化传播公司、影视制作公司、出版公司、文化传播网站的老板或企业管理者等,虽然从职业上来说属于企业人,但同时他们也属于文化人,因为他们从事着带有文化属性的工种,如此说来,影视明星自然也属于文化人。

这里的文化取的是狭义的"文化",所以劳心即智力活动是文化的最大特征,虽然文化人也需要熬夜,也需要健壮的体魄去从事工作,但身体体能和体力劳动不是其工作的核心。李小龙、成龙、李连杰、赵文卓、吴京都是著名的武打影星,工作中对体力和身体动作的要求相当高,但不表示他们就是体力劳动者,起码他们不能算普通的体力劳动者,总体上说来,作为电影明星的他们主要工作还是在表演——这是一个演员主要的、核心的工作,如何塑造电影角色、创造文化形象、使观众认可和喜闻乐见才是他们打斗的主要原因,表演、塑造角色、创造文化形象和艺术人物显然是要用脑子的,这是一种高级的脑力活动,工作性质决定他们属于文化人,而不同于寺庙里的少林武僧或拳击台上的拳击手。

所以,设计师虽然也经常熬夜,但劳心用脑才是他们主要的工作,从无到有创造出一个形象,或把一个已有的事物从形态、功能或技术层面上改进得更完善绝非一种普通的体力活或劳力工作,而是一种更加高级的、创造性的脑力活动,设计师由此被称为文化人没有异议。

智力资源是文化和设计最为核心的生产力和最重要的生产要素,如设计创意靠的是设计师和设计团队的设计智慧以及设计想象力;设计生产靠的是熟练技术人员的生产经验和技术能力,这里指的是技艺非常娴熟的技术工或技术操作界的大师傅;设计营销靠的是广告设计师的设计力、产品营销团队的方案策划力、产品展览人员的策展力和组织力、产品推销人员的应变力和表达力;设计管理靠的是管理团队的计划力、组织力、指挥力、协调力、应变力、执行力和各种管理智慧。这些生产力都是文化产业、设计产业中最为常用的生产力,是能决定文化产业、设计产业性质的力量和考量指标。关于推销员也可能是文化人的原因其实不存在太多的争议,因为艺术最精准的定义就是:凡事做到极致就是艺术。庄子在《庖丁解牛》中将一个宰牛的屠夫庖丁描述成了一个动作优雅、翩翩起舞的舞蹈家,欧阳修笔下的卖油翁绝对算得上卖油界的行为艺术家,所以,推销员也可能将推销工作做成艺术、做成文化。娃哈哈集团董事长宗庆后年轻时也是从推销员起步;而格力集团董事长董明珠36岁才加入格力公司当推销员,却成为后来全中国推销空调的第一人;推出全球最大文化旅游地产项目"恒大童世界"的恒大当家人许家印也是从业务员起步的;微软前CEO史蒂夫·鲍尔默(Steve Ballmer)(图4-8)就是从销售干起的,如果没有他天才一般的销售才能和管理水平,就不可能成就今日的微软;苹果公司创始人史蒂夫·乔布斯(Steve Jobs)就一直宣扬一个观点:任何一家计算机公司,仅仅依靠编程技术是不可能成为大佬的,必须是编程加销售才会成功,因为一

图4-8 微软前CEO史蒂夫·鲍尔默

个没有市场敏感度和市场引领力的计算机程序注定会失败。

凡事做到极致就是艺术,何况设计本身就是一种造型艺术。所以设计师就是艺术家,就是文化人,就应当勇敢地确认自己的文化身份。

一个不敢承认自己是艺术家、文化人的设计师、设计工作者、设计管理者肯定是行业内的失败者,或者尚没有将自己的设计或设计管理工作做到极致。文化和艺术之所以高级的原因,不在于文化和艺术的内容究竟是什么,而完全在于内容完成的程度和做事的人对其倾注的心血和情感。

一个做事不用心的人、没有投入感情的人即使在从事着设计工作,也注定不是艺术家,不算文化人。狭义层面上的精神性文化、智慧性艺术必须要是独创的、原创的,是倾注了设计师真情实感和全部心血的,总是想着抄袭,总是想着投机取巧,偷创意、偷灵感、偷别人的案例,怎么能将设计做到极致呢?李克强总理号召应当唤醒中国的工匠精神,什么叫工匠精神?就是精雕细琢,将事情做到极致的理念。设计工作中的极致不但要精良、细致、准确,更要求独创、原创,没有独创、原创的设计产品,再精良、再细致、再准确也还

是个"山寨品",山寨品能代表设计的极致吗?

我国当前设计产业、设计事业总体正处于一个"山寨时代",因为经济发展的速度远远超过了科学技术和制造业发展的速度,工业化过程不完整是中国从农耕时代直接跳入消费时代的结果,而这样的跳跃也导致中国落后的工业化生产制造业难以满足人们日益增长的、巨大的物质和精神消费的欲求。第一,从现代工业技术进化程度上来说,我国尚处于少年期;第二,从消费的激活程度上来说,我国已经进入壮年期;第三,从商家现代契约经营的建立上来说,我国明显处于婴儿期。于是,只有模仿、抄袭或者技术嫁接才能满足快速增长的消费欲望,才能满足商家赚钱的欲望。在这样的背景下,设计师、工程师、制造师开始怀疑自己的身份,不停抄袭、模仿的样式反而能获得投资者或甲方的青睐,而满怀激情、充满希望、凝聚独创精神的设计却总是被投资者或甲方视而不见或直接"阉割"。原本有正义感、有想法、有原创精神的设计师开始迷茫,继而彷徨,最后不得不委曲求全、随波逐流,因为生存真的是第一法则。

为了"活"下去,为了接到单子,设计师开始了"搬运工"的工作,即成为设计创意的"搬运工",从同行处搬、从国外搬、从古代搬,时间一长,设计激情开始丧失,设计思维开始退化,设计伦理开始蒸发,而设计产品也开始油腻化,就像大路货一样油里油气,有些设计师的身份出现了游离,反正很难与文化发生关系,成了梦想的矮子、金钱的巨人。梦想的矮子,就是在设计精神、设计追求上已经彻底放弃;金钱的巨人,就是赚到了钱甚至跻身于富豪阶层。

重新确立中国设计师的文化身份将是中国设计文化管理的第一步,也是最为重要的一步。整个设计界要耐得住寂寞,这又是确立中国设计师文化身份的关键抉择。千万不要浮躁,千万不要跟风,坚守自我、不忘初心,这才是复兴中国工匠精神的必由之路。尤其是我国的汽车行业、房地产业、时尚设计行业、文化产业,包括芯片产业、高端发动机产业、AI智能产业等,需要确立"坚守自我、不忘初心"的"慢设计"思维、生态设计思维。精神树立起来了才能产生文化,没有精神,文化必败。

"坚守自我"就是遵守中国传统、恪守中国精神、重构中国节奏、继承中国文化。中国拥有世界上最古老、最完整、最深厚的设计文化,向国外学习、向时尚学习固然重要,但向传统学习同样是确立现代式中国设计的根本大法。

欧洲现代文化的崛起,除了创新还同时得益于历史上几次逆向回顾、逆向学习、逆向继承的文化复兴运动,这对于今天中国重建工匠精神和大力发展制造业颇具启示。

中国制造业的落后,落后在现代高新技术的研发和应用上。但一切高新技术其实都是手段,历史积淀的文化创造、艺术创造、设计创造才是内容,没有技术,我们可以加强学习和研发,诚如华为公司一直以来默默的坚持,别人攻克得了的技术,我们也一定能够攻克,这正是新中国成立初期研制原子弹,后来持续推出氢弹、中子弹的魄力和信心。但是,没有内容,技术就是僵死的躯壳,文化内容是中国的强项,数文化的古老,当今世界,难有其他国家望其项背,这才是中国精神的根。

一味追逐国外的新技术、高消费、新时尚,不但是舍本求末,也是丧失文化身份的根本原因,其实质是精神的倒塌。

"不忘初心"就是我国永远也不能忘了我国的社会制度,中华人民共和国成立之初就确立了"为人民服务"的宗旨,人民代表大会制度是我国的根本政治制度,为人民的富裕和福祉而奋斗是中国共产党天生的使命和责任。落实到设计产业上来说,我国的市场经济仍然应该是政府调控式的市场经济,而不是一味放任自由、资本主义化的市场经济。计划经济是社会主义国家的主体经济形式,在计划统筹下,尽可能做到同工同酬、公平发展、诚信经营、共同富裕,也只有在一心"为人民服务"的体制下,人民才更有可能共享平等、持久、具有保障的社会福利。在过度泛滥的自由市场经济环境里,丛林法则逼迫人们"遗忘"善良、"遗忘"本心甚至"遗忘"身份是很正常的现象。而我国"为人民服务"的本心必定有助于人民找回善良、确立精神、恢复身份,也只有这样才能确立现代化的中国设计精神,延续中国古代博大深厚的设计文化。同时,树立"慢设计"思维有助于重塑工匠精神,重构内容与形式并重的、现代化的中国设计文化和现代化的中国制造业。"慢设计"不是不要速度和效率,而是在保持开放胸襟的前提下,依然强调对传统的继承和对内心的回顾,坚守自己独特的发展目标,坚持走自己独特的发展之路,保持自己特有的发展节奏,秉持自己特有的发展风格,这样永远不会迷失自我,还能保持真正高速、健康、可持续的发展。

4.4 设计企业文化的打造

如果说古代是政府推动型社会,近代之后,则属于企业推动型社会,关于这一点,前面也略有提及。例如,中国的北宋就已经属于工商个体户驱使前行的社会,明朝的国营、私营企业已较为发达。清以前,中国原本就是一个超前发展、超前发达的早熟型社会和国家。企业的兴盛是随着城市化和工商业的繁荣而实现的,城市化的根脉不在于城市规划或高楼大厦,而在于高度发达、集中的市场。

城市脱离了土地,成为众多自由市民的聚集地,土地可以使人自给自足,但失去土地的人们已经不可能自给自足,唯有交换是唯一的生存法则。"工商业和城市之复兴,在色彩上,为一种对中古封建文化之反攻,以至将其颠覆为止。这种反攻势力之本身,便是'自由空气'。如史家所说,工商家人多是从封土中逃出者或解放者;城市之兴起,都是对封建诸侯之和平底或武力底反抗"[①],"工商家人"是从土地中解放出来的自由人,他们是从封建文化中通过"反攻""反抗"直至"颠覆"之后产生的,他们是近现代城市建设的主力军,当然,他们痛恨耕种的束缚,却热衷和擅长于交换,于是近现代企业就此产生。

企业家的血统就是追求自由、崇尚自我奋斗、热爱城市生活和精于交换法则的,他们对社会的律动、市场发展的脉搏甚至人类共同命运的去向把握不但精准,而且表现极为敏感、反应极为迅速,市场机遇往往稍纵即逝,所以要提前知、准确断、大胆干,这就是企业,一个推动现代社会快速前行的经营型组织,企业家绝对算得上社会最精英阶层。

设计企业是游离于创造发明和市场需求之间的重要桥梁,沟通社会的设计生产和设计消费就是设计企业工作的本质。这是一个了不起的定位,正是由于设计企业的存在,才使得两个风马牛不相及甚至根本就不是同步发展的社会部类——发明创造和消费需求搭上了关系,甚至呈现携手共舞、互依互存的局面。设计企业家实际上已经成为那种时刻把握着社会消费的痛点和时代创造的热

---

① 梁漱溟.中国文化的命运(珍藏版)[M].2版.北京:中信出版社,2013:128.

点的人,然后通过他们的组织、管理和协调能力,实现了两点的无缝对接。当然,有时候,企业还是制造并主导痛点、热点的高手,尤其设计企业更是如此。

第一代手机(1G)(图4-9)实际上是指模拟的移动电话,也就是20世纪90年代初开始流行起来的俗称"大哥大"的玩意,那种又粗又笨的"砖头"尽管带在身上很不方便,但它的昂贵程度胜过今日家庭购买一部家用小汽车的程度,且能充分体现身份,所以常常是公司大老板、私营企业主最为青睐的通讯设备。电话带着走在座机一统江山的时代是极其新鲜和稀奇的,这个痛点就是由摩托罗拉公司异想天开制造出来的,而设计者马丁·劳伦斯·库帕(Martin Lawrence Cooper)当时是美国摩托罗拉公司的工程技术人员。有了"大哥大"的设计发明,2G手机、3G手机的出现就变得越来越顺理成章、水到渠成,不过是对移动服务网络、移动终端设备进行越来越精良的改造和完善而已。

图4-9　第一代"大哥大":摩托罗拉3200

设计企业首先是市场的盈利者,然后是社会的服务者,而最为重要的,设计企业还是社会的改良者,在今天这样一个自由化、市场化、消费化高度发达的时代,失去了企业是不可想象的。而对社会的改良,设计企业主要是从改良社会设计技术、改良社会生产水平、改良社会组织形态、改良社会管理模式等方面去实现对社会的改造的。改良实际就是促进、推动、发展、提升,但绝不是一下子惊天动地的革命和改天换地的毁灭与重建,改良,强调对前有基础、原有形态逐步地、匀速地、深入地进行调整、整改和改造,是一种继承和创新关系的平衡协调、持续发展与推进。

设计企业的技术进步和文化品牌的打造对于绝大多数设计企业主来说,仍然不外乎可以获得更多的经济利润,更进一步讲,企业的发展和再投入无非是让企业活得更长久一些,最终成为老牌企业、行业龙头,这对于某一个或某几任设计企业主短暂的人生来说已经属于宏大的战略目标,这些目标的成功足以让他们彪炳史册。捷豹汽车(Jaguar Cars)(图4-10)的品牌创始人威廉·里昂斯(William Lyons)的一生就是为捷豹奋斗、奉献的一生,他的事业和家庭都成为捷豹历史的组成部分,所以全球人尊称他为"捷豹先生";路虎

图 4-10　威廉·里昂斯

图 4-11　莫里斯·威尔克斯

品牌(Land Rover)创始人莫里斯·威尔克斯(Maurice Fernand Cary Wilks)(图 4-11)是老路虎公司的技术总监,也是路虎汽车最初的设计者。同样,全球数一数二的广告设计公司BBDO① 要感谢亚历克斯·奥斯本(Alex Faickney Osborn),这位"头脑风暴法之父"是BBDO 品牌的创始人和成就者。设计企业实际上是为了通过历史的积淀启发,改良、丰富人们的生活形态、人类的生存方式、社会的价值体系,这一点,现代管理学奠基人彼得·德鲁克(Peter F. Drucker)(图 4-12)有明确的表态:"管理还体现了现代西方社会的基本信念:它体现了通过系统地组织经济资源有可能控制人的生活的信念;它体现了经济的变革能够成为争取人类进步和社会正义的强大推动力的信念——正如斯威夫特(Jonathan Swift)早在 250 年前就夸张地强调的那样,如果某人能使只长一根草的地方长出两根草,他就有理由成为比沉思默想的哲学家或形而上学体系的缔造者更有用的人。"② 企业家就应该是"能使一根草的地方长出两根草"的"更有用的人"。

---

① BBDO——Batten, Barton, Durstine & Osborn,简称 BBDO,中译名为"天联广告公司",该公司隶属于全球最大的广告传播集团:奥姆尼康集团(Omnicom Group)。BBDO 现有 323 家分公司,这些分公司遍布全球 77 个国家,雇员超过 17 000 人,2000 年被评为全球最佳广告公司,年营业额高达 149 亿美元。BBDO 的广告产品设计、品牌建设、市场竞争可谓是硕果累累、一路攀升。公司在 2006—2010 年连续五年被全球广告创意报告(*The Gunn Report*)评选为"年度广告公司";2006—2011 年连续六年被连线和回声(*Caples & Echos*)评选为"年度最佳广告代理";2007—2011 年,公司连续五年获得法国戛纳广告节(Cannes Festival)"年度最佳广告公司(Network of the Year)"称号;2008 年、2009 年及 2010 年公司连续三年夺得大赢家报告(*The Big Won Report*)评选中的"年度最佳广告公司"桂冠。公司创始人亚历克斯·奥斯本是美国著名的创造学家和创造工程之父,极负盛名的"头脑风暴法"即是他的发明,从而开辟了管理学、思维学上异想天开式的创新管理模式。

② 彼得·德鲁克. 管理的实践[M]. 齐若兰,译. 北京:机械工业出版社,2006:3.

设计企业的改良功能体现在两个层面：

(1) 设计企业自身的核心改良。企业设计技术的开拓、生产关系的改进、产品制作的提升、品牌经营的完整扩展是设计企业从事改良的入手点，自身强则盈利能力增强、服务力增强，而这一切靠的是改良思维。

图 4-12　彼得·德鲁克

(2) 设计企业的核心改良带动了社会改良，促进了市场公义、商业道义、人心正义的改良，这一切可以称为企业的外围延伸改良。因为设计企业的发展、品牌的展示、产品和服务的完善可以让人类体验到进取的力量、生活的美好、诚信道德的高尚和商业生产带来的强大的社会福利功效。

设计企业能从三个角度呈现出社会改良功能：

(1) 视觉改良。产品改良能给我们带来更加美好的视觉享受，包装设计、环境设计、广告设计、建筑设计、生活日用品设计、电器和电子产品设计、服装设计、书籍装帧设计等都可以在外形外观上呈现出人类的创意和创造性，丰富的色彩、多样化的造型、千变万化的体量、新颖奇特的结构都能给人耳目一新的感觉，改善了人类的体验和生活形态。

(2) 功能改良。产品的视觉享受是设计表面的形式，而产品更进一步的改良来自于产品功能的完善。如手机通信最初使用的是模拟信号，后来是模拟-数字信号，再到今天的三网(电信网、计算机网、有线电视网)合并的全数字信号，手机的功能越来越强大；手机最初只能通过按键输入，到后来手写笔输入，到后来的手指触摸输入，再到现在的语音输入，也让手机使用者体会到了产品设计技术在功能上的重大突破和更美好的想象。产品的功能不仅仅限于硬性技术的突破，更应当包含技术带给人类身心的启发和享受，还包含了产品在人体工程技术拓展上所做的种种努力和尝试。产品的使用功能是硬件基础，产品的人体契合功能是软性指标，是人类从自然本性对设计产品提出的必然要求。

(3) 精神改良。精神改良对于产品设计来说往往更为隐性，是更为深度的改良，同时也是对社会做出的最大的贡献。真正的老牌企业、名品企业、革命性企业之所以受人尊崇和敬仰，就在于这些企业对社会形成的影响力是深刻而巨大的,它们作为行业的标杆往往具有市场运营模式的倡导功能、市场道德和商业正义的带头功能与示范功能。一个好的企业、一个德商双馨的企业家能对同行形成强大的正面教育力,相反一个丧失诚信、过度垄断、唯利是图的龙头企业同样也会对同行造成不小的负面影响。市场经济是人类文明的一种形式,要求有相应的社会经济体制和经济运营模式以及经济道德作为基础。社会主义市场经济的发展同时也包含着社会主义经济道德上的自律,它要求人们学会自觉地履行自己应尽的责任和义务,同时要求我国的市场制造者、指挥者、运营者、监督者"摸着石头过河"。设计商业对社会风气的影响无处不在,社会风气、社会道德的构建功能不是政府一力所能承担的,同样学校教育的力量也是独木难撑,设计企业才是更为广泛而实际的社会风气、社会道德建设的参与者和贯彻者。

设计企业作为独立的微观管理者,需要从盈利、服务、改良三个层面上去要求自己、完善自己,最好是"盈利""服务""改良"三步同时并举、三面同时推进,这样才能保证自己在管理理念和管理方法上从高处着眼、从深度收获。仅仅限于盈利目标只能成为短命企业,能为社会提供较完备的服务可以成为中级企业,但能够引导社会向良性健康的高级形态进步的企业才能与社会同步发展、持久不衰。改良社会的设计企业不但要创立口碑,关键是要打造自身的品牌系统。马云拍电影《功守道》(图 4-13)不仅仅是为了玩票,同样是为了建立或扩大自身文化人的身份和阿里巴巴的企业文化,《功守道》的核心是中国传统文化的表达,其中涉及武术文化、侠义文化、道教文化、佛家文化、儒家礼仪文化、茶文化等,阿里巴巴立足中国,但同样是将中国文化传播到全世界去的文化使者,这是一种对国际文化成分构成的改良,

图 4-13　中国电影《功守道》国内版海报

也体现了马云的经商之道。这就是设计企业所创造出来的商业帝国、品牌帝国和文化帝国,俗称商业文化。商业文化的核心体系就是品牌系统,不能形成品牌影响力和品牌文化系统的设计企业注定立不久、走不远。

设计企业的文化分为企业内部的企业文化和企业外部的品牌文化,企业文化追求的是企业精神的建立,品牌文化的核心是社会价值的创造,而打造设计企业文化的管理理念并非一味为了赚钱,而在于为社会提供至上的服务和奉献,唯有懂得回报社会、反哺社会的企业才能深得社会热爱并获得更多的经济利益。

4.5 设计伦理文化的重建

随着工业化进程的深入推进和现代各种新型设计的涌现,设计伦理问题越来越凸显出来,也越来越受到人们的关注。而设计伦理问题的彰显是由于现代设计对人、对社会、对自然等都形成了前所未有的挑战。

最早提出设计伦理问题的人是美国的设计理论家维克多·帕帕奈克(Victor Papanek),他在他最出名的著作《为真实世界的设计》(图 4-14)中首次就设计的服务性问题提出了三个层面上的思考:①设计不应当只为少数富裕国家服务,应该为全世界广大人民服务,特别是为第三世界的人民服务;②设计不但要为健康的人服务,更应该充分考虑到残疾人和弱势群体的需求并通过设计改善他们的生存状态;③设计不仅仅只考虑人类的需求,更应当注重对环境生态的保护性服务,处理好地球上有限自然资源的保护问题。

图 4-14 《为真实的世界设计》的封面

设计的伦理性究竟是以什么为中心进行价值体系的构建?普遍观点认为应当是以"人"为中心进行价值体系的建构,设计要为人服务,但这一观点人类欲望不断膨胀、人类对商业利益过度追逐、人类对自然环境一再的破坏正受到各种各样的质疑。笔者认为,设计伦理的中心价值体系应当是一种"人—自然—社会"三位一体的中心主义价值体系。自然提供了设计原料,人提供了设计创意,社会提供了设计生产关系,我们可以用图 4-15 来表示设计。

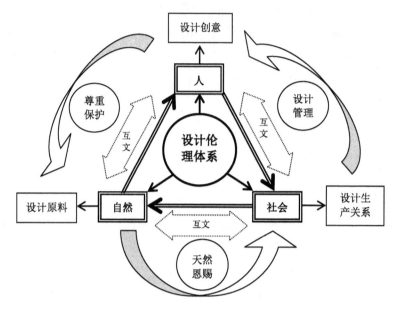

图 4-15　设计伦理价值体系三位一体中心模式

大自然将设计原料恩赐给社会,社会创立了独特的设计生产关系用来组织、策划、管理人,人运用自己的设计创意改造、修复和保护着自然生态。自然生态是人类的家园,所以需要人类的保护,从而构建出人类社会发展的"人—自然—社会"的中心主义价值体系。设计物是一种很重要的媒介,是人、自然、社会合力的伟大创造,是创意、原料、生产关系联合作用的结果。设计物作为媒介充当了人、自然、社会彼此之间的"互文"关系。"文"指"纹饰",即装扮、美化、丰富的意思,所谓"互文"就是相互支持、相互爱护、相互美化的意思。如果这种三角伦理关系被打破了,整个自然生态、人文生态都会走向毁灭。

中国古代就有"格物致知"的设计思想,它体现了中国古人在人、物的关系上的伦理价值观,即自人心出发,达到"格物"的状态——用心造物,通过"格物"实现"致知"——致良知。这既体现了古代的造物道德观,又体现了社会阶级统治的伦理道德体系的构建与表现。今天的设计生态更为复杂,设计风格也多种多样,设计的影响因素也极为多元,特别是工业化生产技术和商业世界功利主义的高速发展,导致人跟人之间陷入激烈的竞争、人跟社会陷入紧张的对立状态、人对自然形成了掠夺和污染,从而严重违背了"人—自然—社会"中心主义的设计伦理价值的要求。

既然挡不住工业化发展的脚步,包豪斯就倡导了后来称为"国际主义"风格的简约设计,以此来减少过度的装饰和一味的豪华,从而减少对大自然的索取和掠夺,减少对社会重装饰轻设计的不良影响。这与中国古代墨家提倡的"俭""用"思想不谋而合,不图奢侈浮华,只求实用与节俭,从而减少对资源和能源的浪费,也可以减少对自然和社会的污染。保护自然就是保护人自身,这就是包豪斯倡导的"设计的目的是为了人"的曲线回归式逻辑思维。

在"设计的目的是为了人"的指引下,后来的设计师普遍开始关注各种各样的消费者,特别是残疾人更是大家关爱的主要对象。美国设计师文森特·哈雷(Vincent Harley)设计的"残疾人用电脑操作器",极大地方便了手不方便的残疾人;三位设计师大卫·李(David Lee)、金妍儿(Yuna Kim)、李汉燮(Hansub Lee)共同设计了一款专为解决盲人阅读难题的产品,只要把这款盲人阅读器放在对应书本的文字上面,它就可以自动扫描文字并转换为盲文,既小巧轻便,又充满关爱;萨利文(Sullivan)是一个上肢截肢者,美国西北大学的科学家和设计师为他设计了一副假肢,但这副假肢很特殊,它截肢断口处的神经是与萨利文胸部肌肉联系在一起的,这样萨利文的大脑思维可以自由地控制假肢,使假肢如真正的手臂一样灵活自如,这比参加2012年伦敦奥运会的短跑名将——"刀锋战士"奥斯卡·皮斯托里乌斯(Oscar Pistorius)的一对J式腿部假肢更为先进和智能化,是人工智能在残疾人事业中的一次历史性重大突破。以人为本的根本要义或最终旨归就是以自然为本,因为大自然提供了人类生存的一切资源。例如,没有新鲜的空气和水,人类就无法生存。而人又是社会的主角,脱离了人就不可能有社会,所以是自然创造出了人,人又创造了社会。归根结底,自然才是设计创造观照的根本,设计只有落实到对自然的尊重和保护上才有意义,对残疾人的关爱就是对自然生命的尊重。

爱美是人心天然的特征,美也是大自然组合的神秘法则,即比例尺度的最佳组合形态,所以设计取意于大自然鬼斧神工的设计方式,以美学的组合形态为创造的旨归。意大利设计师扎维·沃根(Zev Vanghn)于20世纪80年代设计的Bra椅子,虽然采用了传统椅子的结构形式,但椅背却表达了自己的构思与态度,即采用女性形体的曲线形式使椅背贴合了人体的坐姿,给人坐上去之后感觉柔软舒适而又浮想联翩,极富趣味性。1994年意大利设计师设计推出的Lucellino壁灯,运用仿生学的手法仿造了小鸟的造型,灯盏两旁还安上了两只非常逼真的翅膀,壁灯造型活泼生动、可爱有趣,给生活提供了无穷的想象和自然的情调。由MAD建筑师事务所、北京市建筑设计研究院联合设计的哈尔滨大剧院(图4-16)曲线流畅、形制上起伏有致、色彩上银装素裹,从空中俯瞰犹似两瓣花瓣,从远处平视又如两峰山丘,站在建筑

图4-16　哈尔滨大剧院外景

面前仰视又层层叠叠,颇为壮观。美感,是大自然赋予人类的启发和财富,设计是人类对自然、对社会的回馈,所以设计应当以追求美为目标,这样才能对得起大自然对人类的厚爱与恩赐。同时,材质美、经济美、功能美、形式美还远不能概括设计之美,其终极之美应当是伦理美,只有符合伦理道德法则、善良大爱精神的设计才是美的设计。

人类的世界是复杂的,谷歌自动驾驶汽车在设计、实验的过程中,设定的法则就是采取最谨慎的设计以保证驾驶员、乘客以及路人的生命安全,这是一个最基本的设计原则。但谷歌自动驾驶汽车在数百次的实验中没有一次获得成功,因为过于复杂的路况阻碍了驾驶程序代码的书写和输入。为了所有人的安全,谷歌自动驾驶汽车投放道路之后与路上的行人和车辆格格不入,因为随意加塞、闯红灯、紧急停靠等现象比比皆是,这让可以敏感地感受路况的人工智能系统陷于瘫痪。大自然本身有其相辅相生的特殊规律,但人心却更为复杂和千变万化,为了迎合人心而不是遵循自然法则才是现代设计无所适从的根本原因。所以,设计伦理文化的重建就在于向自然规律学习,在于重构天人法则,从而维护和彰显自然之道。

真正好的设计是能够从设计哲学向设计伦理学回归与反思,设计精神理念和文化含义的选择应当从综合、系统、可持续的视角,探寻真正有价值的、美的境界。什么叫真正有价值的、美的境界,就是在更好、更高效、更高水平

地使用大自然赐予人类的材料资源的同时，人类运用自己的设计最大限度地减少与自然环境之间的矛盾，最大限度地维系自然的原生态，这就是能够为社会创造正向价值增量的设计，是推动社会总价值量扩大的设计，同时也是最美的设计。

在"人—自然—社会"三位一体的设计伦理价值体系的催促下，"绿色设计"(Green Design)开始出现。"绿色设计"又被称作生态设计(Ecological Design)或面向环境的设计(Design for Environment)等，简单一点讲，就是指产品设计应当要减少污染、保护环境，具体一点说，就是指将产品生命周期与设计生产过程结合起来考虑，设计生产过程既体现对产品生命可延续性的尊重，又体现关爱和保护环境的责任心，而这种尊重、关爱和保护是借助并行设计、均衡设计、延展设计等先进的设计理念、设计技术、设计方法而得以实现的，从而使产品与环境在互动交流过程中达到一种彼此均衡、相辅相成、协调发展的状态。

绿色设计最早源于人们对于现代工业技术大面积破坏环境、扰乱生态的反思，特别是西方工业文明在飞速发展过程中大量消耗资源、大量污染环境并给地球生命带来了严重的伤害和生存危机，于是人们开始深刻剖析工业文明的逆根性，对现代设计精神和设计使命产生了空前的质疑并引起热议。随着"有计划的商品废止制"的推行，人们对现代商业思维垄断一切的工业文明越来越厌倦，设计师开始率先对自己的职业观和功能进行重新思考和定位。

绿色设计不但注重产品的形，还要彰显产品的意，形、意结合就是文化，就是产品的精神内涵，能准确体现产品文化内涵的设计必然不会误导消费者、伤害消费者，这同样是一种绿色，精神上的绿色。设计依赖社会和自然提供的创作素材、实践经验、审美环境以及一切生产原料，设计离不开社会和自然，反过来，设计又统领着社会和自然的发展，因为设计思想、设计理念属于精神层面的哲学，突出体现了人类对身心之美的渴望和追求。有什么样的精神追求就会指引产生什么样的行为规范，美的人是由于拥有美的心灵，丑的人是由于拥有丑的灵魂，所以只有将设计、伦理、自然均衡观照、平等对待、协同发展的生态观才能创造出更加绿色、健康的设计世界和人类社会。

关于设计的精神性，人们或许会说精神意蕴似乎是无用之物，但恰恰是这种"无用"才是"大用",这里的"大用"究竟是什么?就是设计创造的价值在一定程度上改变了社会,进一步改善了人们的生活状态[①],不断突破传统,不断探求人类生命和社会价值的真正归宿,这才是设计的大用。"自由且无用的灵魂"是复旦大学的民间校训,"自由"容易理解,那么"无用"又是指什么呢?实际上指的是无实际的功利之用,在热衷于追求眼前利益的当前,长远利益、人和自然的根本利益、生命归宿的终极利益就成了"无用",如此可见无用乃大用实在千真万确。绿色设计关注的正是生命的安在和归宿,所以绿色设计自然正是大用,能创造出人类的新精神、新理念、新习惯远远难于创造所谓的材料和物质,那么绿色设计尚能成为一种思潮,足见其大、其远、其永在的正义。所谓"无用"的设计,设计的是人类的精神和理念,设计的是生命永续的道理和法则,设计的是世界和自然前进的方向,这才是一切商业创意品牌的生命和消费者追随的价值内核。

2018年,范冰冰偷税漏税事件搞得沸沸扬扬,留下永久的污点和骂名;同时,香港著名影星古天乐,2018年在四川、贵州、云南共捐助修建了起码10所中小学的校舍,截至2018年年底,古天乐捐赠和亲自参与过监督修造的学校已达到117所。试问,我们每一个中国人是不是都欠古天乐三张电影票?第一张是感恩之情,第二张是支持之义,第三张是爱心接力。创造社会真情、建立社会大义、传承社会永爱,这就是设计的终极价值和至高文化品牌。对千万年流传下来的物质文化遗产的传承,其实传承的不是形态,也不是技艺,而是物质形态中永远凝聚着的人类灵魂之根和生命之门。忘了来处,人类就将失去去处。

---

① 邓焱,李中扬.设计中的"无用"之道[J].包装工程,2015(6):109-112.

第 5 章　设计企业管理

设计企业是设计市场的主体,亦是设计生产具体的执行者、落实者,另外,设计企业还是设计技术的革新者、设计技术的直接应用者,所以设计企业管理在设计管理中占据着较为核心的位置。这里的设计企业包含了设计产品的生产和营销企业即商家,属于生产制造类宏观的"大企业"概念。因为商家的市场反馈意见直接影响到设计创意的改良与发展,所以,商家才是设计创意、设计生产技术创新的逆向式策动者。

5.1　设计项目管理

设计项目运营是设计界最为普遍和广泛的工作,设计活动发生与运营的主要形式就是设计项目,没有项目就不会有设计活动,对设计的考查其实就是对项目执行过程的考查。一个完整的设计项目包含了设计创意的产生、设计创意的实现、设计的投资行为、产品的生产活动、产品的包装活动、产品的商业宣传、产品的售后维护和服务、二代或三代产品的改良等,由此可见设计项目可能是一个非常漫长的过程性行为,涉及的部类也是非常的庞杂。

设计项目(Design Project)是设计活动的主要方式,换句话说,设计项目的运营往往就是设计的主要活动,没有项目就不存在设计活动。"项目"作为一种具有专用意义的词汇产生较晚,甚至属于一个年轻词汇,多方资料显示"项目"一词最早也就是 20 世纪 50 年代才在汉语中出现,即"对共产主义国家的援外项目"的表述。由此可见,设计项目一词的使用应该更晚,中国台湾云林科技大学设计科系教师、英国曼彻斯特大学设计管理博士邓连成在 1992 年出版的专著《设计管理:产品设计之组织、沟通与运作》[①]中还没有正式使用

---

① 邓连成.设计管理:产品设计之组织、沟通与运作[M].台北:亚太图书出版社,1992.

"设计项目"一词,书中多次、反复出现的"设计专案"一词实际上即"设计项目"的代名词。如书中围绕这一代名词提到"设计专案组织",特别有意思的是邓连成对其做了一个界定,所谓设计专案组织,即"企业体临时设计部门组织",这就是一种设计项目组——临时性的设计组织,设计任务一结束,设计组织就宣告解散。此外,邓连成在书中还提及"专案管理与设计委托案",这显然就是项目管理与设计项目委托;"设计专案经理",显然就是设计项目经理;"交叉专案",显然就是交叉性项目。进入 2000 年后,中国大陆作者写作的设计管理类书籍中才普遍出现"设计项目"一词的身影,2014 年,笔者写作并出版了内地第一部设计项目类专著——《设计项目管理》。

在英语世界里,设计项目一词最早是由英国学者(Peter Gorb)在其著述①中正式使用的,即 Design Project。而"项目"作为 Project 的中文翻译应当是由 Project 的日语"プロジェクト"一词转译而来。虽然设计项目作为一个特定称呼出现得较晚,但作为一种设计活动,设计项目的实践却自古有之,万里长城、京杭大运河、坎儿井、都江堰等都是重大的设计项目,埃及金字塔、宙斯神殿、巴比伦空中花园等则是国外同样巧夺天工的巨型设计项目。

设计项目就是将各类社会资源整合起来以图有效实现一个或几个预定设计目标的过程性设计活动。

设计项目管理(Design Project Management,DPM)既是设计学的分支,也是管理学的分支。与"设计项目"一词出现得很晚一样,"设计项目管理"作为名词直到 1958 年才由美国首次使用,当时美国发明了计划评估和审查技术(Project Evaluation and Review Technique,PERT)来推进美国北极星导弹(Polaris Missile L. B. W.)潜艇项目②的快速完成,在这一事件过程中,美

---

① Peter Gorb. Design Management: Papers from the London Business School[C]. Hoboken: John Wiley & Sons Inc., 1990.
② 北极星导弹潜艇项目——美国的"北极星"是世界上第一种真正能威慑全球的潜射弹道导弹。该导弹的正式研制开始于 1958 年初,到 1959 年 11 月,"北极星"经测试宣布大功告成并于当月正式投入军事使用。北极星导弹的射程为 2 500~4 600 千米,圆概率是 927 米,可携带热核式核弹头 1 枚,装载核弹头的北极星毛重 3 万磅,约合 1.4 万千克。此前美国海军大量使用的海上导弹是液体推进剂,液体推进剂在海上使用时不便于贮存和使用。北极星导弹完全克服了这一弊端,当从水下发射时,运用压缩惰性气体充当发射动力将导弹射出水面,然后再利用随携式火箭发动机点火推动北极星在空中高速飞行、打击目标。北极星导弹于 1961 年正式装备于核潜艇,该潜艇当时是世界上最先进的核潜艇之一,可以在 15 分钟内发射 16 枚导弹,导弹长 9.4 米,射程 4 625 千米,时速可以高达 13 000 千米/小时。

国正式使用了"Design Plan""Project Management"等称呼。设计项目管理是由设计项目管理者将所有临时性的团队、随机性的资源、整体性的策划整合在一起,在既定时间内为实现明确的目标而完成规定性任务和步骤的管理活动与管理过程的总和。关于这一定义,需要作如下几点解释:

(1)设计项目管理者通常是由设计项目策划者、设计项目投资人、设计项目受托方共同组成的临时性管理团队;

(2)设计项目的被管理者即设计项目的管理对象包含临时性设计项目团队、随机性资源、设计项目计划、设计流程,具体包括人、财、物、时间、信息、策划方案、设计运营活动、规定性设计目标等;

(3)既定时间预示着对设计项目的进展、设计项目的阶段性计划、设计项目的管理与活动范围等都有初步的企划或策划,设计项目所要达到的目标和任务规定了设计过程和各种各样的节点;

(4)共同的目标是设计项目的行动指南,目标的实现是设计项目的根本意义和价值所在;

(5)规定性任务和步骤决定了设计项目的细化流程,是设计项目可行性的保证和依据,一个无法确定步骤、无法细化的设计项目往往并不具备可信度,也不会获得大家的支持与忠诚;

(6)设计项目管理是设计管理活动、设计管理过程的总和。

设计项目构成了设计企业的每一次创新实验、设计策划、生产制造、产品推广和营销活动,众多的设计项目构成了设计企业完整的行为系统与发展历程。而设计企业管理的全部内容就是众多设计项目管理行为的集合。

设计项目管理是一种整合管理:任何一个设计项目都是由众多临时参与人共同合作完成的,这些临时参与人组成的战队尽管像随机凑合的"杂牌军",但战斗力却不可小觑。例如,成吉思汗的陵寝一直是世界之谜,据一项史料记载,为了使墓葬地面更加平整,曾动用一万骑兵进行踩踏;另一项史料认为其墓葬地上种植了一片森林,一条河流也因此被改道。一个汇集了美国与蒙古国众多考古学家的项目组首次找到了成吉思汗的埋葬地点以及蒙古国皇室墓葬群的位置,确凿的证据表明该地点位于蒙古国西北部偏远地区的一个山脉之中。地点锁定在肯特山脉,800年前,成吉思汗

图 5-1　成吉思汗画像

（图 5-1）离世前曾亲自下达禁入令①。这些伟大的帝王不仅是征服者，同样也是妄想症患者，尽管他们试图将整个世界带入他们的陵墓供他们永远地享用，但也总是理所当然地失败，哪怕他们的陵墓广大到与一片树林重叠、与一条河道同长或者与一条山脉完全吻合，但也不可能封存整个的现实世界。然而与此同时，这些伟大而宏远的妄想症患者也创造出了人类最伟大的工程项目，金字塔、古罗马斗兽场、秦始皇兵马俑群、阿房宫等就是如此产生的，这些伟大的设计项目成就于亿万的士兵、工匠、工奴和农民之手，而亿万双手、亿万颗心能汇聚成一种力量，能开启人类物质和精神世界的神秘和宏大，靠的仅有一个法宝——设计项目管理。越大型的设计项目涉及的人、财、物、时间及各种资源就越多，各方力量需要整合才能统一为有机整体并发挥出整一性的功能。这种无形的整合过程就是设计项目管理最为核心的价值。

设计项目管理是一种分化管理：设计项目往往具有明显的不确定性和不可预知性，资金的短缺、人才的缺乏、技术的断裂、政局的改变都有可能导致一个宏大项目搁置甚至瓦解，因为设计项目就是时间段的生产和运营，设计项目团队就是临时性和松散性的组织，世事和计划的非延续性以及多变性让设计项目管理与一般常规管理有了本质上的区别。例如，世界著名的三峡水力发电工程（图 1-6），从 1994 年正式动工兴建到 2003 年开始蓄水发电，最终于 2009 年全部完工，表面上看只用了 15 年时间，其实这是中美技术界的一次伟大合作，而中美水利界对该工程的合作接洽要推溯到 1930 年代。1932 年 10 月，国民政府建设委员会派出一支长江上游水力发电勘测队，这是我国专为开发三峡水力资源进行的第一次勘测和设计工作。勘测的结果是，该项目总预算达到了 1.665 亿美元，对于当时积贫积弱的国民政府来说无疑是天文数字，资金不足致使项目搁浅。1944 年 4 月，在国民政府战时生产局任专

---

① 奥利弗·斯蒂德.成吉思汗的陵寝之谜[J].海外文摘，2013(3)：80-81.

家的美国人潘绥,提出了一个利用美国贷款修建三峡工程的计划,并向时任美国总统罗斯福写信。1945年春,美国垦务局(世界著名的大坝设计组织)开始研究三峡工程的有关资料。1946年4月,国民政府资源委员会与美国垦务局正式签订合约,由该局进行三峡大坝的设计,中国派技术人员赴美参加设计。随着内战日渐扩大,国民政府无力进行三峡工程研究,1947年5月,国民政府资源委员会正式通知美国垦务局,中止三峡工程设计。直至1982年,中美双方才在华盛顿签署了《水力发电及有关的水资源利用合作议定书附件二》,其中第四项即三峡工程技术合作。至此,中美两国再次在三峡工程上进行合作正式被确定下来①。1932年,因为资金缺乏,三峡工程计划作罢;1947年,因国内战局升级,三峡工程二度作罢;1980年,美国考查团的考查意见让邓小平同志意识到按中国的财力,可能三峡工程再等十年也上不去,这反而促使小平同志加快了推进三峡工程上马的步伐,但14年后才在美国经济和技术的支持下,三峡工程正式开工。

设计项目管理虽然是一种单体性、一次性、任务性管理,但其管理的内容却五脏六腑样样俱全。任何的建设工作、生产工作、营运工作都是通过设计项目运作来进行的,设计项目管理是设计企业中最基本的管理,但设计项目管理同样涵盖了一般常规管理的主体内容,绝不因为着眼点小、落脚点具体而显得微弱和渺小。事实上,设计项目管理的内容框架结构可以包含如下具体内容:①设计项目的策划管理;②设计项目的范围管理;③设计项目的合同管理;④设计项目的招投标管理;⑤设计项目的人力资源管理;⑥设计项目的信息管理;⑦设计项目的成本管理;⑧设计项目的沟通管理;⑨设计项目的过程管理;⑩设计项目的质量管理;⑪设计项目的风险管理;⑫设计项目的营销管理等。

另外,就设计项目产品和设计服务的类型而言,从大的方面来看,设计项目管理可以分为产品型项目管理、服务型项目管理。其中产品是指具体的物质化成果,可见可摸的物化形式是其主要特征,如建筑工程、工业制造、环境建设、生活用品、书籍文献、视觉传达、包装产品、可视化理财投资等皆是产品型项目;设计服务主要指无明显性物质化成果的设计项目成果,如设计信息

---

① 魏廷玲.美国参与三峡工程始末[J].百年潮,2011(4):4-9.

咨询、发明创意活动、设计教育、设计理论研究、影视节目制作、娱乐体验设计、虚拟性理财投资等成果皆属于设计服务。这样我们可以用图 5-2 来大致表示出项目管理的类型。

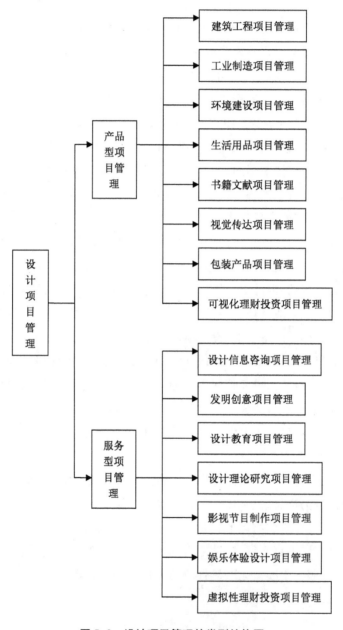

图 5-2　设计项目管理的类型结构图

产品型项目显然要比服务型项目具体而实际,因为有固定型的物化产品可供观察和测定;而服务型项目显然更加难以把握和测算,许多设计服务仅仅是靠语言沟通甚至内在智慧以及体验就能一以完成,如设计信息、设计创意、设计教育、设计理论研究、设计体验等很难进行实质性的量化和测算。但这并非表示产品型项目更容易管理,服务型项目就更难管理,两类设计项目管理各有各的特点和难处,起码对于设计产品消费者更容易找到破绽、更容易提出具体的要求,同样消费者对设计服务更具有主观性、个性化的认知和判定,设计服务项目组也需要列举更多的数据或证据证明自身设计服务的效果。设计项目管理究竟能不能算作成功,与最终的成果形式并无太大关系,仅与自身的设计管理理念、设计管理要求、产品或服务的质量标准、设计管理的品牌意识和行业定位紧密相连。

5.2 设计人力资源管理

人力资源(Human Resources,HR)是指在一个国家或地区中,处于劳动年龄、未到劳动年龄和超过劳动年龄,但具有劳动能力的人口的总和。设计人力资源自然就是未到劳动年龄、处于劳动年龄、超过劳动年龄且具有设计创意、设计技能或设计管理能力的人口的总和。由此可见,设计人力资源起码可以分为三大主要类型:设计创意人才、设计生产人才、设计管理人才。

设计创意人才主要是拥有设计想法、设计灵感的人才,他们能提供设计所需的新点子、新思想、新功能、新形式,是设计智慧的拥有者。设计生产人才包括经过专业、系统训练并熟练掌握了绘图技术、电脑操作技术、产品生产技艺、上机操作技术、制模技术的人。设计管理人才包含拥有设计策划能力、设计组织能力、资源调用和分配能力、与设计人才加强沟通的能力、拥有管理设计人才的能力的人。体力、智慧力、想象创造力、管理力、情感控制力、沟通协调力今天已不仅仅是一种简单的生物力,更是能为社会创造更多、更大、更新价值的生产力和生产资源,所以称之为人力资源。设计人力资源是设计生产中活态的创造力,是人类设计得以延续的核心力量,失去了设计人力资源,再多的土地、机器、矿藏、资金都等于死去的资源,毫无意义。人力资源是今天企业做大做强的法宝。

内化的设计人力资源具有如下特征:

(1) 不可剥夺性。设计才华、设计能力、设计灵感包括绘图技术、生产操作技术、理论研究能力、管理理念与管理水平是隐藏在人才大脑中的资源,与拥有者的生命和精神状态紧密相连,不可分割,具有不可抢夺、不可骗取的特点,几乎完全属于一种内化的生产力。

(2) 生物性。因为一切设计知识、设计创意、设计技艺、设计理论研究、设计管理知识都是一种不可剥夺的内化资源,所以,只与人的生物生命紧密相连,这种生物生命包括活着的身体、正常的脑力思维活动。活着的身体可以是不健康甚至残缺的,如斯蒂芬·威廉·霍金(Stephen William Hawking)尽管瘫痪在轮椅上,但丝毫没有妨碍他伟大的想象力和思考力。而正常的脑力思维更为重要,一旦失去了正常的思考力或心智不健全,内化的设计人力资源或许也就被迫中止或消失了。

(3) 社会性。内化的设计人力资源也具有广阔的社会性,因为一个人知识结构、思维能力、技术训练、创意水平、管理经验、情感世界、意识信仰包括伦理道德的养成是整个社会合力长期地培养而形成的,这些内化的资源最终又通过个人的努力、奋斗、创造而作用于社会,只有为社会创造了新价值、正价值的设计才是有意义的。

(4) 资本积累性。内化的设计人力资源的形成是一种积累的过程,内化的设计人力资源对社会的贡献也是一种积累的过程,一个设计成果、设计企业、设计品牌、设计名声包括著名设计师、设计理论学者、设计管理高手的形成也是一个不断积累的过程。

(5) 激发性。内化的设计人力资源具有强烈的激发性,灵感可以激发设计创意的形成,成熟的设计创意可以激发设计项目的诞生,熟练的生产技艺可以让无形的创意或点子化身为精良的、真实的物质世界,高超的设计管理水平可以迸发出更大的社会性生产能量,推动整个社会浩浩荡荡地向前进。

(6) 载体性。内化的设计人力资源具有可学习性、可传承性,所以这样的人力资源成为人类物质世界、精神世界的双重载体,承载着两类世界再创造的使命,所以,内化的设计人力资源实际上创造了人类尊严、人类精神和人类文化的发展史,是人类历史最重要的核心载体。

而外化的设计人力资源主要就是人的生物生命的延续以及设计产品的

产出，具有明显的物理性、外显性和可感知性。

人力资源是设计企业、设计项目最为核心的生产力或生产资源，只有依靠众多的人才才能推动设计企业的长足发展，也才能创造出一个又一个经典的设计项目和设计产品。现代的设计人力资源管理主要分为六大模块：①设计人力资源工作规划，主要是围绕人才所做的组织架构；②招聘与配置，遵照人力资源工作规划，分阶段、分类别地进行招聘和人才配置，也就是设计项目团队的组建工作；③培训与开发，按照人力资源工作规划，对招聘进来的设计人才进行企业内部的再培训，以求使各个独立的人才个体能够形成组织观念、产生合作意识、组成有机整体，从而使设计人才成为社会人、企业人；④绩效管理，对设计人力资源进行工作绩效的考核，从而据此判定设计人的设计能力、设计水平、工作状态以及这一阶段的内心情绪变化等；⑤薪酬与福利，通过对绩效的考核，配以相应的薪酬和福利，这既是对设计人力资源的报偿与维护，有时候也可以通过绩效、福利的调整实现对设计人力资源的激励；⑥劳动关系，与设计人才签订劳动合同，缴纳各种劳动保险，通过劳动关系的建立，使设计人才与企业或设计项目团队形成较为稳固、持久、合法的合作关系。

设计人力资源是设计管理对象中的人格维度或创意维度，设计管理者如果能将设计人力资源管好，可以这么说，设计管理就有70%的成功的把握了。智慧力每个正常人都有，但设计智慧力毫无疑问以设计人才最丰富、最全面、最专业，也就是说设计智慧力或创意力主要集中在专业从事设计工作的人群里。这类人群具有高超的视觉感受力、丰富的想象力、灵巧的动手能力、强大的学习力，加之有着多年设计专业的熏陶和培育，毫无疑问这个人群关于造物的工作能力无论是形式创造能力还是动手制作能力都应该算得上出类拔萃。

设计企业或设计项目团队依据设计水平、设计能力的高低和设计经验的多寡将设计师分为主设计师、辅助设计师、设计技师、设计助理四大类，在任何一项设计项目、设计工程、设计活动中，主设计师都一定是人数最少，名气最响，因为他们是设计行业金字塔尖上的设计师，经验足、成果多、水平高、专业强、名气响是他们主要的身份标签，这样的人从总量上来说必然较少；辅助设计师通常是主设计师最信任的人或最主要的助手，在很大型的设计项目中,其数量也比主设计师要多很多,但也不可能太多,辅助设计师也许名气没有主设计师那么响,但在某一设计或设计的某一方面应当可以独当一面,甚至已经是独树一帜的成功者,跟主设计师相比,他们尚有提高的空间和提升的潜力,所以甘愿跟随主设计师学习更多、更全面的本领,以期在项目运行过程中,如果出现意外,可以成为主设计师的备选人或继任者;设计技师有时候也被称为设计员,往往是项目中动手最多的人,创意呈现、产品完型、模型制作、沙盘制作、施工现场或车间里的生产指导等主要是由设计技师来完成的,如绘图人员、电脑设计软件操作人员、产品生产技工人员、项目施工操作人员等皆属于设计技师,这些人具有很强的动手能力和熟练的手头技术,好的设计技师能将设计创意、设计思想完整细致地注入进设计产品之中;设计助理也可以称为设计外围工作者,如设计财务人员、设计材料选购人员、设计市场调研人员、设计项目报批人员、设计信息宣传人员等,设计助理通常在自己的工作领域内有一定的经验和工作方式,对自己的工作领域比较熟悉。在此可以如表5-1来区分出这四大类设计人员:

表5-1 设计人员分工情况表

人员职称	主设计师	辅助设计师	设计技师	设计助理
人员类型	产品整体的策划和设计师	产品局部设计师 部分产品设计师	电脑软件操作人员 产品生产技工人员 机械操作工 工程施工人员 绘图员等	设计财务人员 设计材料选购人员 设计市场调研人员 设计项目报批人员 设计信息宣传人员等
工作分工	创意提供 思想把控 整体决策 方向引导	创意贯彻 思想落实 局部审核 图纸整合 产品监控 产品协调	模型制作 产品生产 产品测试 产品修检 机械操作 技术运作	信息搜集 材料选购 后勤保障 外围公关 产品宣传 设计推广 各类服务

进一步将表5-1中四类设计人员的功能和作用用图示法来表示的话,可以发现从主设计师到设计助理,实际上是呈辐射状的向外扩散的形式,也就是说主设计师像爆发核,辅助设计师更像裂变环,设计技师就成了冲击波,设

计助理无疑就充当了惯性能①(图 5-3)。

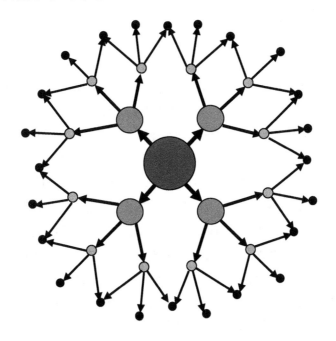

图 5-3　设计人员功能的辐射式图

从图 5-3 中可以看出,主设计师就是爆炸核;辅助设计师就好像四大金刚一样,对外威慑、对内护卫,同时也起了一个裂变生发的过渡作用;而设计

---

①　惯性能——物理学上"惯性"概念的延伸义,人们把物体保持运动状态不变的属性叫作惯性,那么要想改变一个物体的运动状态,就必须给予它能够打破惯性状态的外力,而这个作用于该物的外力同时又会受到物体本身发出的抵抗力的影响,这个抵抗力实际就是该物体所具备的惯性能转化而来。目前在物理学上对"惯性能"尚无有体系性、统一性的界定,通俗一点讲,如果惯性是物体的本质属性,那么一切物体都具备相应的惯性能,因为惯性能就是惯性所具有的本能。如星体的自转和公转就是惯性能的作用,这种惯性能来自于宇宙大爆炸时期的原初动力,爆炸产生的星体承载着爆炸形成的惯性能已经运转了亿万年而不歇。所以,惯性能实际上指的是一个物体受前期或初始力的影响所储蓄在身体上的能量,运动的物体储蓄了惯性动能,相对静止的物体也储蓄了惯性势能。设计助理本身可能具备了一定的能量,但这种能量在平时是一种静态的势能(如既定的社会关系、专业素养、工作经验、人品素质等),且可能与设计毫无关系,但在设计项目、设计计划、设计师、设计技师、设计团队的爆发下促进了设计助理本身势能的转化,即设计项目的冲击波增强了设计助理的工作动能,这种强大的动能储蓄进了设计助理的身心中,从而推动设计助理产生了一种运动的惯性,这里的运动就是一种高负荷工作运转的状态。工作要求和工作动力产生的惯性动能克服甚至融合了设计助理静态的势能,从而通过设计助理产生了延伸出去的社会影响力、社会调动力,这种社会影响力和社会调动力反过来成为服务、成全设计项目的各种有利力量。

技师(图中小灰点)、设计助理(图中小黑点)其实就成了从事实际设计、生产工作的具体操作人员并促成设计系统工程的全面完成。

在具体的设计管理过程中,对于不同的人员应当采取不同的管理理念和管理方式。从图5-3来看,尽管从内往外依次是放大和扩散的模式,但实际的管理中恰恰呈现反向的思维和行动,也就是说对外围的人要选择紧凑管理或加强管理,对越往内里的人就越要选择松散管理或放松管理。

主设计师的散养管理。主设计师是拿主意、出点子、给创意的人,他们的思想和观念是影响整个设计企业、设计项目成败的关键,主设计师偏颇、马虎了,后续的一系列工作可能就会彻底泡汤。所以对待主设计师,管理者不但要更为尊重、更为友善,甚至应当采取散养的管理方式,让主设计师在完全放松的状态下充分调动自己的知识、能力和状态,从而爆发出最佳的创意水平和创新成果。主设计师的"收"应当是一种自觉自为的"收",而不应当处于一种赶工状态,所以大多数的设计项目在设计启动初期的进度和力度采决于主设计师的工作进度和工作表现,而不是采决于管理者所谓的工作计划。

辅助设计师的放养管理。放养管理强调放,是人为主观上的放手,实际上既然有放手,就一定有收和控制。因此,放养管理在程度上要比散养管理相对紧凑、严格一点。一旦主设计师拿定主意、给出策略和方针,辅助设计师就有了方向,就必须在工作计划的轨道上延续和贯彻主设计师的主张。辅助设计师的补缺功能是局部行为,大方向上的完善和细化明确了工作的紧凑度,提升了工作的速度,所以对辅助设计师提出工作效率的要求基本是可行的。设计创意的细节化和完善可以由设计管理者和辅助设计师共同商讨并设置必要的工作计划和工作进度。

设计技师的圈养管理。设计技师一旦拿到辅助设计师提供的简略的设计说明、施工流程、项目计划书等策划方案,那么设计技师实际就开始正式开工了。这种开工是一种绘图、一种思维的视觉化复制、一种概念的实物化呈现。所以,设计技师或技术工没有理由拒绝计划表上的时间安排,设计管理者也有了监督、监测、监管的依据,计时管理或计件管理在这一过程中将发挥重大效能,同时时间和产品质量的双重约束、双重把控在设计技师身上表现得最为明显,设计技师加班加点的现象普遍存在。

设计助理的笼养管理。照理说,设计助理往往承担着设计外围的工作,或者更多的时候表现为一种后勤服务工作,不涉及设计核心层面,但对他们的管理其实也不能有任何松懈,恰恰相反,对设计助理一定要按时、按量、按质地完成最严格意义上的监督管理活动,圈养都嫌宽大,如果要保证一切工作的周密运行、有条不紊,恐怕更严谨的笼养管理模式更适合设计助理们的工作要求。因为设计助理从事的活动实际上是一种日常性、固定性、重复性活动,也是时时刻刻需要提供最准确信息、最准确现状、最准确趋势的工作。这种工作看似具备很大的随机性,但却极为强调及时性、精确性,作为信息、素材、材料、市场、政策公关、财政支持、生活保障等的提供者,牵一发而动全身、错一招而败全局,恰如一台机器上的一个螺帽松脱、一根线路断裂,不但不易发现,而且很可能造成机毁人亡的惨剧。所以细节的管理有时候远比宏观的管理更加重要、更加具有价值,所谓"兵马未动,粮草先行"即为此理。细节决定成败的实质就在于对细微信息有准确把握和恰时运用。细节管理,就是对人力资源的细致管理,细节管理无论对于创业型设计企业、成长型设计企业还是成熟型设计企业,都能决定其成败。

5.3 设计组织管理

本节的"组织"是名词,指的是设计企业的组织架构,也就是大家常说的单位内部的部门构成。而动词的"组织"指的是营建、构建。设计企业的组织架构以及对内部部门系统的管理模式,就是设计组织管理。

设计企业的核心是人,因为设计企业的创造力就是设计师的设计能力,离开了设计创意和设计智慧,设计企业就会失去存在的意义,甚至破产或倒闭,没有设计能力的企业起码与设计已没有什么关系。

所以说,设计企业的核心就是设计能力,也就是说,设计师是设计企业的命脉与身份标志。一切组织管理都应当是为设计师提供服务和展示的平台,而最大限度地激发设计师的创造力是设计企业的中心工作。

招聘、使用、服务、激励、培养是围绕设计师展开的具体的人力资源工作,但设计企业内部的组织部门远不止人力资源部,还有如财务部,项目1部、项目2部、项目3部甚至到项目n部,企划部,行政协调部,采购部,市场营销部,甚至拥有类似于工厂的生产制作部等。其中,人力资源部、财务部、项目

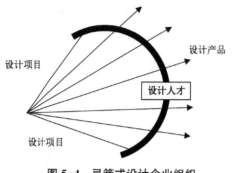

图 5-4　弓箭式设计企业组织管理架构模式

部、生产部、市场营销部是最重要的核心部门。这就形成了以人为中心、以产品为媒介的价值输出型组织管理架构，这是一种"弓箭"式组织管理框架模式：

从图 5-4 可以看出，如果说一个企业就是弓箭的话，弓背就是设计人才，弓弦就是设计项目，设计产品就是箭。弓背的材质、长度、硬度、韧性决定了箭的射程、射速和冲击力。材质相同时，弓背越长，箭的射程越远，长度相同时，弓背的材质越硬，箭的射程越远，弓背就是一把弓的能量大小的决定性因素。对于设计企业来说，决定设计企业实力的本质要素就是设计人才，设计人才的能力和层次直接决定了设计企业的潜力与层次。弓弦的材质、松紧度、弹性、韧性也是箭的射程、射速和冲击力大小的决定因素，但弓弦本身能够拉多长、有多大的弹射力又取决于弓背的长度、硬度和柔韧度，总的说来，相同材质的弓弦的能量大小取决于弓背，在此基础之上，弓弦才成为箭的运动状况的决定要素之一。而设计产品其实就相当于射出去的箭，把弓的势能转化成动能并传递出去。这种原理可以图 5-5 表示。

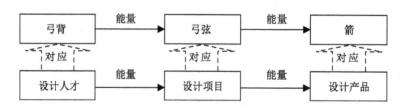

图 5-5　设计企业组织管理架构的原理结构

设计产品投放市场就像箭射出去一样，箭是要射中靶子或猎物，而投放市场的目的就在于击中消费者并获得盈利。设计企业天生就是盈利组织，即主要依靠经济手段参与市场竞争并从中获利的组织，民营设计企业便是国家微观经济运行的主体和宏观经济政策调控的主要对象，可以分为法人型设计企业、合伙设计企业、个人独资设计企业，合伙设计企业、个人独资设计企业属于非法人型设计企业。

法人型设计企业的特征如下：

(1) 具有国家工商行政管理部门的正式身份,属于正式法人;

(2) 有比较稳固的工作组织和工作团队;

(3) 有制度化的企业章程和工作模式;

(4) 劳资之间有稳固的合同契约关系;

(5) 必须遵守国家的企业法且往往比较明显地处于国家企业法的监控下;

(6) 负有定期纳税(增值税和营业税)的义务与责任。

几个设计人员、几个施工人员、几个技术人员可以共同出资在工商行政管理部门登记合伙设计企业,合伙设计企业有如下特征：

(1) 一种在工商行政管理部门登记注册的设计企业;

(2) 不具备法人资格,但可以刻制和使用企业公章;

(3) 由几个自然人或家庭组员合伙成立的从事设计工作的企业;

(4) 合伙设计企业承担的是无限责任;

(5) 合伙设计企业也可以推举一个总的负责人,但债务共担、债权共享;

(6) 合伙设计企业人员一般大于2人小于50人;

(7) 合伙人的变更要到原登记部门变更记录并换取新的合伙企业营业执照;

(8) 合伙设计企业常常以临时或固定设计团队的方式从事设计活动;

(9) 不用缴纳企业增值税,但需要缴纳营业所得税。

由一个自然人独立出资成立的设计企业就叫作个人独资设计企业,个人独资设计企业有如下特征：

(1) 由单个自然人在工商行政管理部门登记并领取个人独资企业营业执照;

(2) 主要从事设计活动,也可以从事相关的文化生产活动;

(3) 企业将以自己个人的所有财产对企业债务负无限责任;

(4) 不具备法人资格,但可以刻制和使用企业公章;

(5) 不用缴纳企业增值税,但需要缴纳营业所得税;

(6) 可以雇员组成临时团队从事设计活动,也可以单兵作战从事设计活动。

还有一种需要登记的组织不是企业，叫个体工商户，如果是从事设计活动的个体工商户就可以叫作设计类个体工商户。个体工商户不能叫企业，但经营活动与个人独资企业几乎相同，只是个体工商户可以以家庭为单位进行登记并以家庭财产负有无限责任，个人独资企业只能以个人进行登记。许多设计项目或设计事务碍于设计团队的实力与诚信度，不愿与个体工商户合作。设计企业一定要遵守国家企业法，而个体工商户只需要遵守普通的民法。个体工商户不在本节讨论之中。

凡是设计企业，都需要通过组建设计项目组或设计团队从事设计业务。原来的设计团队只在本企业内部临时组建，但随着设计项目越来越多元化、设计技术和形式越来越丰富，更多的跨企业、跨地区形式的设计团队开始出现，即由多个设计企业分别抽调部分人员来组建一个企业合作式的设计团队或设计项目组。跨企业、跨地区设计团队基本都会涉及一种合作方式，即"虚拟设计团队"。

所谓虚拟设计团队，可以将其定义为一群来自于不同设计企业的工作者在某一个主管人或联络人的联系与组织下建构而成的工作团体，团队成员在该工作团队组成前分别属于不同的设计企业，他们可能从来没有合作过，且一旦团队完成其特定的共同目标后，虚拟设计团队就会随之解散，属于临时性的团体[1]。一方面，虚拟设计团队脱胎于"虚拟团队"，作为一种新型的工作组织形式，目标一致、利益一致、协约一致是团队成员的"三一致"基础，然后必须依赖现代通信、相互信任、契约精神来完成团队的任务。"虚拟"跟现代网络、现代通信的关系密切，甚至要求团队成员在不见面的情况下能顺利完成任务。另一方面，无论是网络通信衔接下的虚拟团队，还是实际工作环境下合作的团队，都是未注册、临时性、完成任务即解散的组织形式，所以称其为"临时团队"更准确。

多个企业组成临时设计团队的设计任务主要是围绕具体的设计项目而展开，它们没有长期维持运转下去的必要性和理由，如国家体育场"鸟巢"（图5-6）和国家游泳中心"水立方"（图5-7）的设计建造、上海世博会会馆（图

---

[1] 赵伟军.创意产业中的创意团队——以虚拟设计团队评价体系研究为例[J].艺术百家，2008(2):45-49.

5-8)的设计建设、国家大剧院(图 5-9)的设计建设等作为国家大型项目,来自各行各业的设计专家组的创意设计过程其实就是一种临时组织的临时行为,项目完成就各自解散。实际设计活动中,这种临时设计团队的作战模式其实司空见惯,尽管是临时的,但其管理过程又是完备的。参与设计市场竞争的临时性设计团队也可能是几个设计企业派员形成的独立式设计项目组,该项目组的一举一动都受到参与企业的支持和监督,也可以由其中某一个企业承担主要的管理职责,但设计成果必须由几个设计企业所共享。

图 5-6　北京国家体育场"鸟巢"夜景图

图 5-7　北京国家游泳中心"水立方"夜景图

虽说设计企业很看重经济利益,但企业跟企业之间还是有高下之分的,有的企业目标就是赚钱,有的企业就是要打造百年、千年老字号,它们自然不一样。

图 5-8　上海世博会中国馆

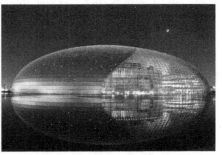

图 5-9　中国国家大剧院夜景图

企业天生也有服务社会的功能,即服务性功能。

企业作为服务组织时,其服务对象有如下四个:政府、社会、同行、消费者。

政府是靠税收支撑的公务机构,税收的大头就来自企业缴纳的营业税、增值税,换句话说,企业是最为重要的纳税人之一。在税制没有改革之前,中国的税收共设有7个大的税收类别和30个税种:

(1) 流转税类,包括增值税、消费税、营业税和关税;

(2) 所得税类,包括个人所得税、企业所得税、外商投资企业和外国企业所得税;

(3) 资源税类,包括资源税和城镇土地使用税;

(4) 财产税类,包括房产税、城市房地产税和遗产税;

(5) 特定目的税类,包括城市维护建设税、耕地占用税、固定资产投资方向调节税、土地增值税、车辆购置税、燃油税和社会保障税;

(6) 行为税类,包括车船使用税、车船使用牌照税、船舶吨税、印花税、契税、证券交易税、屠宰税和筵席税;

(7) 农牧业税类,包括农业税和牧业税[①]。

上述七大类税收类别几乎没有哪一类税收完全与企业没有关系,某些税类的税种全都与企业有关,如流转税类,当然这里的企业包括生产企业(如工厂)、销售企业(如商场)、营运企业(如物流公司、运输公司)等;特定目的税类所列税种几乎都可以并入对企业征税的种类里,也就是说这些税种无一可以脱离企业而论之。税制改革后,原财产税类和行为税类并称为财产和行为税类,去除了农牧业税类,增加了关税类。改制后的税收与企业的关系实际是进一步加强了。

企业提供的社会性服务对于社会的发展也是功劳巨大的,社会的经济财富、精神风貌、就业状况、局势稳定性、文明程度等方面都有绝大部分的功劳必须归于企业。如设计企业对城市的规划和设计的高楼、设计企业推出的精美而优良的生活日用产品、设计企业对人类生态自然景观和生活环境的改造和完善、设计企业对广告以及各类视觉传达艺术精益求精的追求毫无疑问都

---

① 李绍荣,耿莹.中国的税收结构、经济增长与收入分配[J].经济研究,2005(5):119-120.

丰富了人们的生活,强化了社会的视觉效果,改善了人居环境和人居空间。最根本的社会性服务就是企业加强了社会的稳定,促进了社会资源和社会财富更为有利、更为合理的分配,加强社会组织部类、社会中人与人之间的合作精神,提高了合作实践水平。

消费者无疑是企业最为关注的服务对象。尽管消费者和企业之间往往是通过货币和商品的交换关系而维系在一起的,但毫无疑问,要想满足企业长期盈利的目的,企业和消费者之间的耦合状态就变得极为重要,即消费者对企业的好感度、消费者与企业的合作度、消费者对企业的信任度、消费者对企业的支持度仅仅靠简单的商品和货币的交换是很难长久、稳固地维持下去的,企业要精益求精地研究消费者的需求,及时等观地满足消费者的需求,引导消费者的需求发展,两者才能建立长期的良好关系。进一步讲,企业要将自己当成服务者为消费者提供有效的服务,而不是仅仅当成商品销售者。消费者行为学上有一个知识体系叫"市场细分",为了更为体贴地为消费者提供相应的个性化的产品和服务,如今的消费市场划分越来越细化和精确,这就叫市场细分。市场细分的一个亮点就是发展了"数据库营销",数据库营销是利用现代计算机网络技术、数据库技术搜集、处理、分析企业的客户资料,包括既有客户组成,产品购买分布,客户购买时间、方式、金额分析等,寻找最有价值的客户群体,并与之建立稳定、长期的关系[1]。为什么要建立"数据库营销",只有全面、系统、动态发展性地掌握了客户的资料和信息以及市场需求数据,企业才算是真正获得了成长的主动权。

企业还是社会的改良组织,即创造一种社会学意义上的具有多元价值的功能,这要求企业必须将为社会创造更多、更大、更新的正向价值作为自己的责任。

设计企业通过为社会创造物质财富,从而实现提升社会精神价值、哲学价值的目的。设计企业理应是社会价值的创造者,如设计企业设计、生产出来的所有历史文物、历史古迹构建了整个人类伟大的文明史,尽管当时设计企业可能没有意识到自己的所作所为有多么伟大和神圣。

一切社会价值的创造,都来自于设计企业,并通过设计产品传递、辐射、延伸出去的。设计产品就是一种载体,承载着设计理念、造物思想、生产技

---

[1] 李付庆.消费者行为学[M].北京:清华大学出版社,2011:13.

艺、文化积淀以及企业管理的价值取向甚至哲学信仰等。其中设计人才、设计创意是核心生产力,而设计项目的策划、选择、运营是"弓之弦",是动力源。设计企业中的一切组织架构、部门管理、生产关系的建立、资源的配给等都是"弦",都是为了给设计人才创造最佳的工作环境、最大的工作动力,然后充分调动设计人才的创造性思维与工作积极性。否则一切设计项目都没有最合适的设计团队去承担,也就谈不上能够创造出最优秀、最高品质的设计产品。

5.4 设计营销管理

设计营销(Design Marketing)是设计企业除了设计生产之外最大的任务和目标。任务是执行产品推广和销售的工作,目标是实现尽可能优异的市场利润和社会口碑。对于设计企业来说,卖不掉的设计产品毫无意义。

设计营销者主要就是设计商品的中间商,包含商场、商店、批发商和零售商等。经营和销售是营销者的主要职责,其中,经营又包含商业组织的管理、商业模式的建构、货品的选择、货品的宣传等,销售就是直接性的商品贸易,包括批量产品的批发出售、单个商品的零售贸易等。今天成功的设计营销者都是在创造设计市场,买卖商品不过是其生存的手段,引领市场的潮流,走在社会时尚的前沿以及创造新的设计和生产的动向是他们追求的最佳状态。

图 5-10 天猫"双十一"购物狂欢节中文版海报

设计市场是需要不断创造的,其中"互联网+"的模式曾引起世界商业的震动,网络贸易形式的发达不是削弱了营销业的发展,而是扩大了营销工作的影响力和存在感。随着淘宝、天猫(图 5-10)、亚马逊、当当、京东、苏宁易购、赶集网等网络贸易平台的建立,整个商

图 5-11 微信收款二维码

业模式以及人类的生意正在发生着翻天覆地的变化,少量的注册资金甚至零注册资金的网店开始大面积扩张,最便利的贸易形式甚至开始在手机上大行其道,如微商,交货、支付、对交易的评价甚至售后服务都可以通过手机微信(图5-11)轻松完成,余下的事情就交给物流公司和售后了。设计市场的规模开始冲破传统的实体单一形式,产生出实体与虚拟、私人与集体、金融与商品、生产与消费、物流与服务融合的大市场,这种现代化的大市场冲破商场和商业街的束缚,延伸进入家庭、厂矿、政府机关、学校以及白领的办公室甚至课堂,任何会摆弄手机的人可以随时随地做生意,贸易营销就这么简单,这完全得益于现代信息网络、智能交互技术与个体商户、大型商业机构、民间资本的有机结合和协同发展。

现代科技催生了设计营销和设计市场的花样翻新和贸易革命,传统的商场模式依赖的是进货渠道和资金储备,财大气粗者就能以商场规模和货源垄断来控制或者引领市场,大商场如供销社式的商业模式往往形成价格垄断,商业品牌没有追随市场而是追随体制由计划确立。一个不能促生竞争品牌的商业机制仍然应该算作小农经济的范式,是国家集权的经济表现。供销社体制解体之后,市场是放开了,民间资本也准许进入商业流通领域,但换汤不换药、新瓶装旧酒,国家企业的改制只是改变了企业的名称,并没有改变国家商业运行的方针政策,许多地区转制过来的大商场仍然带着浓厚的政府背景、地方政治色彩,仍然可以控制地区性的货源和消费动向。是科技的革新打破了政治对市场的控制,全球化电子商务的快速发展已经突破了地区间因地域文化、地缘政治造成的隔阂,大型商场体系在不经意间被亿万小商户冲破,特别是民间法人制度的建立和放开,国企只能选择与民企平起平坐、同台竞争。

设计营销者是个广义的概念,核心的设计营销者是设计中间商,包含设计策划中介、设计产品销售商、设计咨询服务商、设计金融机构等。设计策划中介往往是设计项目的策划人,他们销售的是设计创意或设计项目方案,这些未成形的想法往往是设计新时代的开始,就像保罗·艾伦(Paul Allen)(图5-12)当初死命地纠缠尚在哈佛大学读书的比尔·盖茨

图5-12 微软创始人之一保罗·艾伦

(Bill Gates),力劝他投身新兴的 PC(Personal Computer,个人计算机)革命,最终将比尔·盖茨"拉下水",成立了后来的微软(Microsoft)。亚马逊创始人杰夫·贝索斯(Jeff Bezos)"拉拢"谢尔·卡芬(Shel Kaphan)一起创业时就容易得多了,那完全是因为贝索斯给卡芬画了一个很大、很诱人的"饼"。设计产品销售商大家容易理解,就是销售设计产品的商人,以商场、批发商、个体商户、超市、专卖店、直营店、网店、电话销售商等为主。设计咨询服务商类似于设计信息、设计商品、设计生意、设计知识的介绍人或牵线人,这个职业出现得并不晚,如先秦两汉的"驵侩"、唐五代的"牙人"、宋代的"捐客"等,他们都有一个共同的特点,自己不直接买卖商品,完全靠个人关系在买卖双方间进行游说谈价,促成生意并从中收取一定的佣金即介绍费,是依赖人脉、口才、经验而出卖劳务、信息和专业知识的职业,接近今天的产品经纪人。设计金融机构,显然就是银行、基金会、投资公司、证券交易所中专门为设计、研发行业进行投融资的项目团队或部门,投资设计行业、买卖设计公司的股票与有价证券的活动都属于设计金融活动。

　　未来的设计商业世界是一种地球文化,即各国的设计商业范式都在现代信息科技的促进下趋向同质化,从而创造出人类千篇一律的设计商业文化,用梁漱溟的理论来说,人类千篇一律的设计商业文化是由共同的社会设计商业构造形成的:"一时一地之社会构造实即其时其地全部文化之骨干,此外都不过是皮肉附属于骨干底。若在社会构造上,彼此两方差不多,则其文化必定大致相近;反之,若社会构造彼此不同,则其他一切便也不能不两样了。这里并没有说其他都是被决定底意思。在决定或被决定上每每是互为主客底。我们不过指出这里是文化要领所在。"[①]"社会构造"是"文化之骨干",梁先生甚至认为这就是"文化要领所在"。今天的社会主义国家在弱化计划经济模式,推进市场经济发展;今天的资本主义国家在有意控制市场经济泛滥,同时在强化政府计划经济政策的改革。国与国之间的合作、互访,洲与洲之间的对话、交流越来越频繁,独守一隅的政策显得异常不合时宜。商业上的往来、市场上的交错已经冲破立场和主义的限制出现前所未有的融合,无论是分散式生产还是结盟式营销都在促进商业世界语境和语法的统一,全球性职业的增加和教

---

① 梁漱溟.中国文化的命运(珍藏版)[M].2版.北京:中信出版社,2013.

育的通行都在为一致的商业文化做着充分的准备,而国家内部的文化区分永远抵不过国家外部的商业融合,随着设计产业的大行其道,流通起来、经销出去、消费兴旺才是传统设计文化发扬光大的硬道理。人类的社会构造在设计商业层面上正在趋同化,其结果就是未来的设计商业文化将没有本质区别。

像设计师经纪人、设计消费者经纪人、奢侈品时尚"买手"、服装陈列师、家居陈列师、验车师、职业策展人、时尚咨询师、明星经纪人、艺术品拍卖行、艺术家代理人等在实质上正在趋向国际化,国与国之间的理解和实践几乎已经没有商业运作上的差异。很多情况下,设计生产者没有精力去寻求大买家、开辟大市场,而拥有消费实力和消费欲望的买家又缺乏产品的专业知识和对于产品的判别能力,设计活动中介就爆发出沟通两边的超常能力并有了用武之地,特别在"个性设计""私人定制"越来越发达的今天,设计活动中介几乎即将进入繁荣的白热化期。设计商品流通规则和设计商业买卖关系直接决定了今天设计世界的社会构造,各国的设计产品流通规则、设计商品买卖关系大同小异。

是不是任何人或组织都可以担当设计营销者?答案是否定的。如果说造型、外观、装饰设计对人体的伤害还不是那么明显,但许多设计产品是物用至上的,如日常生活用品的生产和经销、房地产的建设和经销、机械产品的生产和经销、工业产品包括生产资料的生产和经销等就一定要保障设计产品的功能能够满足实际需求,否则很容易造成消费和使用者的人身损害与财产损失。特别对于设计经纪人、奢侈品时尚"买手"、服装陈列师、家居陈列师、验车师、艺术品拍卖行等都应当拥有一定的资质,如对所经营的产品非常熟悉,对市场走向和消费规律有十足的了解,有强烈的职业道德和事业责任心,关注设计产品新工艺和新技术的发展,看中产品的质量和品质等,没有一定的职业素质和专业水平就必然会给消费者带来不必要的麻烦。一个珠宝商店一定要有珠宝鉴定和识别的团队,一个房地产开发商一定要有建筑设计和建筑安全性能测定方面的专业团队,卖汽车的不懂汽车和驾驶技术如何向购车人推介汽车,开网店的不懂网页维护和网页图文设计如何推出有个性又符合网络营销规律的产品展示页面,时尚"买手"不懂时尚潮流和时尚产品怎么说服委托人,军火商不懂安全法则与军械管理政策和军械的常规使用就不能取得军火经销权。设计营销者严格意义上来说应当要取证经营和挂牌开张,这个证包含法定性的营业执照和专业资格证,这个牌包含管理机构发放的经营范围牌和营销规模等级牌,尽管这只是一种笼统的说法,但这个资格审查程序应该要严谨甚至相对苛刻,因为设计营销应当对设计消费者负责到底。

诚信教育在设计营销行业最为重要,因为做生意就应当严格按照合同来完成,营销行业是契约型行业,做生意不讲诚信与行骗就无二致。

设计市场和设计产业是复杂的,设计市场上和设计产业中利益诱惑实在太多,如何抵制黑色或者灰色利益的诱惑是一个严肃且十分重要的问题。许多设计营销者最初是通过合法的手段获得入市资格的,开始一段时间也能兢兢业业地搞经营,但看到同行竞争者通过种种非常手段获得更大利益之后,心理慢慢会失衡并对不法行为进行效仿是很常见的事实。例如,在瓷器上刻花纹是瓷器设计与制造商最正常不过的活儿,机器刻花效率高、艺术价值低且价格也不会很高,手工刻花艺术价值稍高,工艺美术大师的刻花艺术价值更高且价格更加昂贵,可是效率很低,不可能量产,但为了获取更大的市场利润,许多瓷器经销商常常用机器刻花冒充手工刻花,甚至要求制造商在机制品上刻上名家印章。市场上大量在瓶底印有"景德镇制"(图5-13)字样的瓷器与景德镇毫无关系,此类欺诈行为在整个设计市场上比比皆是。设计营销者的诚信构建需要从三"立"入手:①树立服务意识;②确立品牌观念;③建立长效战略。而设计产品供给侧和营销过程的严加管控是一个重要的、系统性社会管理工作,不应当仅仅是商业管理。

图 5-13　加印了"景德镇制"字样的瓷器

品牌观念在中国设计产业中的地位尚不是那么突出和明显,但设计品牌化战略的重要性不言自明。2016年1月27日注定是中国服装设计界重要的一天。这一天,华人设计师郭培女士(图5-14)作为中国设计师的代表登上了法国巴黎高定时装周这个国际最高服装设计的舞台(图5-15),发出了中国服装设计的最强音。这不仅是中国高级定制时装在法国高定舞台的首场发布会,也是法国巴黎高定工会成立158年来首次给一个第一次做申请、未曾在巴黎举办过一次秀的中国设计师发出大秀邀请。在本次的大秀上,郭培不负众望,一鸣惊人,成为本次巴黎高定时装周炙手可热的焦点人物。郭培发现,中国的定制正越来越深入地进入中国各阶层。2015年可以说是出现了"定制风潮",不仅是服装行业,定制产业在各领域百花齐放,家居定制、理财定制等都如此。"但是这与法国'高级定制'有很大的区别与差异,中国目前的定制只是一种服务方式与手段,以满足消费者个性化需求,无关产品品质的高低"。郭培解释说,而后者,是遵循一定高标准的(比如所有时装及配饰均为私人客户设计制造,按订单生产,纯手工完成等)时装工艺精品,体现了专业设计师非凡的创造力。而郭培的成功源自其多年来对自身的高要求和深刻领悟:"我认为自己的作品不受限于传统服装,我也不在创意或商业上跟随潮流。我的作品展示非常珍贵的感受和情绪,它们应该代代传承,还有我与客户们直接改进礼服设计的经验,也应该传承下去。那些礼服反映出我自己、我的客户们、我宏大的梦想以及我对中国文化的自豪感。"[①]巴黎高级定制时装周作为时装界顶级的设计经营者、设计推广者、设计包装者和设计营销者,实际上强调的是产品的品质,从面料、款式、做工、文化内涵、时尚程度等方面都已经形成了自己独特而顶尖的行业评判标准,设计师可以来自全世界各地,但标准只能是一个,那就是必须认同并遵循巴黎高定协会100多年来精炼而成的品牌战略和价值体系。

既没操守又没底线的设计营销者就必须请它退出设计行业和设计市场,因为他们是中国大国战略的绊脚石。通过法律手段勒令其关门的做法可以称为被动退出;如果是因为经营不善或者在竞争中落败而无法存活下去的设计营销者可以自愿申请退出设计市场,这种通过市场竞争机制而被淘汰出局的做法称为自动退出。无论是被动退出还是自动退出,都需要走既定的法定流程,如接受法定的财务审计、向工商管理部门申请摘牌、向税务管理部门申请税务清缴、向债权人进行债务清偿或债务转移、向市场发布公告、向消费者发布诸如售后服务的持续或转移承诺、向员工进行相应的劳务清算等,手续

---

① 向升.中国设计师的作品闪耀巴黎高定时装周[N].金陵晚报,2016-02-07(T20).

图5-14　服装设计师郭培

图5-15　中国新娘装《龙的故事》
设计款式（设计师：郭培）

不清不准退出，如出现财产转移、携款潜逃等行为将进行立案侦查、处理甚至列入"老赖"黑名单并进行国内外通缉。设计营销者的退出机制应当是一种社会责任和社会义务的有效履行，绝不是推卸责任或拍拍屁股一走了之，更不能成为捞取一票的恶意抽逃。这对建立诚信、契约型新兴社会主义国家至关重要。

另外，国家在制定营销者准入制度和退出制度的时候，不仅仅要限定盈利能力和创税能力，关键更要考量经销者的社会口碑和社会效益，像那些在经济上赚得盆满钵满、而社会效益约等于零甚至呈现负数的营销者首先应当被清除出局，因为他们可能不仅仅是为富不仁，也有可能是市场秩序、消费者权益与社会风气的破坏者。对于那些在盈利增幅上虽然缓慢，但社会口碑、社会效益稳居良好级以上的营销者应该放宽政策，给予更多的支持和照顾。许多设计企业的退出并非是经营不善造成的，很可能是因为社会产业格局、社会产业模式的演变带来的结构性调整而被逼出局的行为，有人预言现代数字艺术将挤迫传统画家出局："广州苹果专卖店开店前，一幅300平方米的巨幅木棉花水墨画遮住了苹果店的面纱。这幅水墨画的创作手法与传统的方式不同，其中运用了很多科技元素，它出自当代艺术家陆军之手。'它不是传统的水墨画，而是数字水墨。'陆军多次实验用手机捕捉墨水在水中形成木棉花质感的过程,然后通过电脑、软件的后期制作呈现出数字水墨的另类美感。陆军说,科技削减了艺术创作的门槛,人人都可以是艺术家,只是能不能成为大家就要看个人的修养、眼光和表达的意境。他预计,未来科学家可能跨界走进艺术圈,抢走传统艺术家的饭碗。"①随着高科技的发展,传统技艺被挤迫出局甚至失传是人类的通病,我们用"通病"来形容不是想排斥高科技,而是为传统技艺的流失深感惋惜,传统技艺是人类文化记忆的根脉。面临这种无奈的退出,我们同样需要预先建立保护和发展机制,延缓甚至避免这样的"退出"。

设计企业就是生产和销售产品的,生产和销售方式是决定企业层次与前途的关键,产品的新颖度、质量与定价策略是考量设计产品的三大主要指标,前两个指标针对生产,定价策略是针对销售的主要方面,设计企业一定要严格要求,拒绝以次充好、以假乱真。在加大市场广告宣传的同时,同样需要设计商家注重广告的品质和诚信度,营建良好的社会审美时尚和契约精神是设计商家特别是广告设计商的从业道德,不负责任的虚假广告泛滥是一个国家商业文化没落的开始。设计产品的售后服务质量决定消费者对设计产品、设计品牌的信任度,贴心而又强大的售后服务能使消费者不纠结于新产品的品质如何,树立的是社会消费的自信心与积极向上的价值观,从而能够营造出放心消费、快乐消费的氛围和多元化的衍生消费,这是一个伟大的设计品牌诞生的社会基础。

5.5 设计品牌管理

品牌(Brand)原意为"烙印",起源于欧罗巴(Europe,即现在的欧洲)。中世纪的欧洲,佩剑的贵族风行决斗,把个人尊严看得高于一切,一言不合便拔剑相向。但当时还没有建立质量认证体系,铸剑市场相当混乱,剑的质量参差不齐。对于决斗者来说,如果使用劣质的剑,就意味着剑损人伤,甚至剑损人亡。有一位聪明而又有责任心的铁匠,为使自己铸的剑能够脱颖而出,以示与其他铸剑的区别,便在锻造的剑上打上自己的铁匠铺的徽记,这就是商标,是最初级的品牌意识。

---

① 李华.数字艺术将抢画家饭碗?[N].广州日报,2016-02-02(A22).

发展到今天，设计品牌已经成为一个综合范畴，它包括了：

（1）设计产品品牌，即设计产品的品质、设计产品的功用、设计产品的审美、设计产品的市场占有率、设计产品的知名度与口碑等；

（2）设计精神品牌，即设计理念、设计思想、设计主题、设计哲学、设计美学的高度和成就以及其广泛的精神性影响力；

（3）设计服务品牌，即服务理念、服务内容、服务形式、服务水平、服务的及时性、服务的准确性、服务效果方面的成就和影响力；

（4）设计管理品牌，即关于设计企业内部行政管理、生产管理、市场营销管理、售后服务管理的水平和成就，这些管理的成效最终会通过设计产品、设计服务传递给社会和消费者，是设计品牌成形的保证力；

（5）设计企业品牌，即一种组织品牌，是设计企业作为一种社会组织的知名度和影响力，知名度和影响力属于企业的无形资产，是一个能够唤醒公众对企业组织信任意识与认同情感的价值体系。

综上所述，设计品牌应当是一个完整的体系，包含了服务层面、精神层面、物质层面和制度层面。服务层面主要指设计企业树立的服务理念和表现出的服务行为。设计企业不但是创造性组织，还是服务性组织，创造价值是一方面，让价值延续并发扬光大同样意义重大。一种持续的服务责任意识的诞生是企业树立品牌理念的源头，这已经超越了单纯的赚钱，创造、生产和服务是设计企业的本质要义（即本性界）。品牌是企业文化浓缩的符号化，这就涉及精神层面，主要指设计产品暗含的想象化部分（即精神界）。物质层面主要指设计产品表现出来的物性化部分（即实像界）；而制度层面当然就是指设计企业的规章制度、管理模式和管理水平，重在对企业的制度化建设（即制度界）。这是设计品牌的空间构成。从时间维度上来说，设计品牌必须是持久和可持续发展的，它应当包含设计企业发展的历史和经历的生命旅程（过往世界）、设计生产呈现的在线状态（现时世界）、设计创造的发展动力和未来的走向（未来世界）。前述七大设计层界构成了设计品牌的整个内容体系。在时间轴上，设计品牌需要考虑过往、现时和未来，在空间层面上，设计品牌需要构筑或寻找它的本性特质、精神世界、实像依托、制度规范，可以用图5-16来表示设计品牌的构成体系。

如图5-16所示，设计企业制度规范即设计企业管理是脱离于设计产品

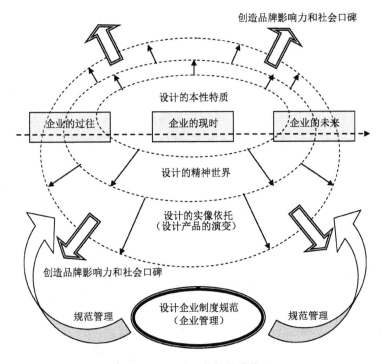

图 5-16　设计品牌的构成体系

的、企业内部的规范性活动体系,所有的企业员工都必须遵守企业的这套制度规范,大家在日常工作中必须拥有相同的行为准则、相同的行动指南、相同的操作规范、相同的游戏规则,不认同企业制度规范的员工等于不认同企业的价值观和战略方向,那么这样的员工很可能就需要退出该企业。设计实像其实就是视觉可见的设计物理形态,也就是实际生产出来的设计产品,设计的实像依托即设计产品会随着时间的推移而不断退化、磨损和减弱,时间推移将导致设计产品因物理或化学反应遭遇损坏、氧化、消耗乃至最终消亡,就像空气中的建筑会遭受风化、土壤环境能降解埋在其中的化工产品一样。但设计品牌一旦确立,其精神世界会不断增值,其神秘性、想象性、内涵性、文化性都将随着时间的推移而呈现变幻莫测、多姿多彩、广阔无边的形态和空间且会逐渐积聚。

设计品牌是设计企业得以昌盛和繁荣的保证,因为设计品牌一旦为大众所熟知,投资者会从中获得更多的投资回报,所以,投资者更乐意对品牌商品、品牌企业进行投资或赞助。设计品牌的建立需要依赖广告宣传,电视传媒、电影、出版物、网络传媒、交通移动影像、户外广告牌、报纸杂志、手机传媒等可以成为设计项目、设计产品或设计企业广告宣传的工具和方式,通过广告宣传将大量的信息重复地传递给公众,反复刺激公众的记忆和思考,慢慢就会在公众脑中产生记忆效应。品牌就是海量信息的聚合体,是公众反复记忆形成的心理印象和情感认同,品牌不仅仅是一个视觉商标。

设计品牌的核心价值体系就是设计产品、设计服务所辐射出来的社会影响力,它凝聚着企业的历史、当下和未来,而其中的精神内涵和外在实像就构成了设计空间上的价值层级,这种时空交错的联合作用共同构成了设计品牌的社会号召力和影响力。

设计的核心价值体系同样需要营销,否则设计品牌同样有老化、消亡的危险。大量设计老字号、设计遗产、设计技艺的流失和消亡就是由于缺乏连贯的、持续的营销。设计品牌的营销要注意四大出新:①创意要出新;②核心价值要出新;③市场范围要出新;④信息传播要出新。

当今的经济形式应当是一种内化经济①,即创造价值的生产力是与生产主体——人统一在一起的,即生产力内化或凝聚在了人体、人脑里,绝不会被轻易剥夺。而崇尚民主、平等、自由、共享的生产关系决定了社会生产方式和经济形势的多元化、多向化发展,每个主体将自己独有的、内化的资源发挥好和运用好,都能转化成生产力并能为自己创造财富、为社会创造价值。

所谓设计品牌其实就是独特的、内化的、与主体完美融合的无形资产,无形资产相对于设计产品、设计企业的实体来说也是一种强大的生产力、创造力和盈利能力,于是,品牌战略就成了内化经济时代的必然产物。谁能将自

---

① 内化经济——即不与生产主体分离的、新兴的经济形式。传统的体力或狩猎经济(原始社会和奴隶社会)、土地或农业经济(封建社会)、机器或工业经济(资本主义社会)、金钱或货币经济(帝国主义时代)都存在生产力与生产主体即人本身的分离。要么是生物性的分离,如土地、机器、金钱作为生产力都是脱离于人的生物体而独立存在的;要么是生产关系性的分离,如体力尽管属于奴隶的生物身体,但作为生产力,体力却不能给生产主体即奴隶带来等价的收益,而是成为奴隶主获取财富的生产力,这由当时剥削性的生产关系所决定。相较于历史而言,今天的生产力多种多样,且无论从生物性还是从生产关系上来看,都与生产主体紧密相连、有机融合,即呈现一种内化的、独享的特征,如智慧、美貌、创意、体能、功夫、血统、学历、头衔、技能、名声等,而这些资源在今天都可以创造价值甚至引领新时尚,如模特经济、美女经济、富二代经济、眼球经济、智慧经济、创意经济、明星经济等都已经成长为一些新兴的经济形势。

己的内化资源的功用发挥到极致谁就是独一无二的,谁就拥有了某一方面的名声和口碑。名声、口碑就是一种无形的品牌。

一个战略型的设计企业应当致力于创造自己的设计品牌,用品牌的凝聚性、整合性、协同性来将自己丰富而庞大的信息内涵传播出去,以打动人心。散乱的资源不能自动变成生产力,只有经过严谨认真整合过的资源才能转化成创造财富、赢取成功的生产力,品牌正是这种多元生产力、群体性生产资源最终端、最有力、最易于识别的标志。明星与普通人最大的区别就在于明星的知名度、辨识度更高,传诵面更广,别无其他。

在内化经济的时代,一切资源都可能成为生产力,而前提就是这些资源必须成为公众关注的对象,受公众关注力关注的资源才能转化成生产力,抖音、头条等平台就是唤起公众注意的技术手段。公众的关注力是稀缺资源,海量信息的泛滥分散了大家的注意力,所以品牌战略应运而生,就是以最简洁、最便当、最直接又最富内涵的形式来获取公众关注力,让大家记住品牌中隐含的有效信息。

品牌战略的目的就是制造新闻,传播有效信息,最终能为公众所熟知。

所谓熟知就是知道的人多、知道的程度深、内在的情感认同强。知道的人多指覆盖面广,知道的程度深指理解深刻,认同感强指价值取向一致以及亲和力强。这就是设计品牌追求的方向。如当代解构主义建筑大师弗兰克·盖里(Frank Gehry)因其作品与设计才华而享誉全球,其名字本身就已经成为建筑界响当当的设计品牌:弗兰克·盖里不仅是一位建筑大师,更是一位艺术巨匠。项目和奖项蜂拥而至,著书展览更不在话下。他被誉为"天才",而且受之无愧。盖里为什么能享负如此盛名?他用金属构筑博物馆(图5-17),用曲线勾画演唱厅;他设计出的家居住房,极尽奢华;他笔下的企业总部大楼,浮夸夺目。盖里在古根海姆基金会和德国中央合作银行等客户的资助下,无疑比其他艺术家

图5-17　西班牙毕尔巴鄂古根海姆博物馆

更具备优势。这些客户想要的,是在全球市场中获得品牌效益,而盖里本身也变成了品牌效益的一部分,这位设计师的名号本身就已经能够吸引企业和政府。再加上他的设计本身就可以作为一个品牌标志在媒体圈内流通,这一切都使他得天独厚①。这就是设计品牌效应。

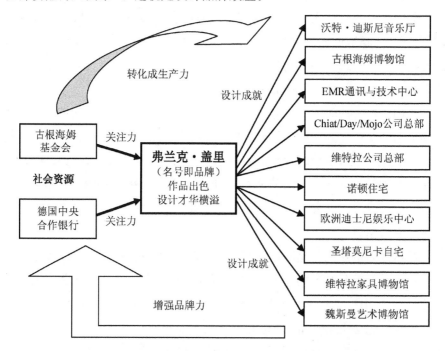

图5-18　设计品牌促进社会资源生产力化的过程

从图5-18可见,设计品牌具有吸引社会资源关注力的功能,这种功能是通过设计才华和设计成就而实现的,社会资源对品牌提供资助,从而促进设计品牌创造出更多的设计成就,越来越丰厚的设计成就将不断为设计品牌集聚能量,从而引来更多设计资源的关注和资助,设计品牌力由此也得到持续的巩固和升温。这就是设计品牌促进社会资源生产力化的内在机制和一般规律,从而构成社会资源、设计成就、设计品牌之间的良性循环圈。

只有形成了设计品牌,才能被人们真正接受和记住,而只有被人们真正记住了,人们才会产生了解、关心的兴趣,有了兴趣就会乐意去接受、认同和

---

① 哈尔·福斯特.设计之罪[M].百舜,译.济南:山东画报出版社,2013.

消费,这就是快乐消费的理念。创造设计品牌的号召力的目的在于创造快乐消费,即创造社会正价值。这是一个快乐消费的时代,没有一个消费者在这样一个时代愿意被强迫、被压制、被欺骗着去接受不想拥有的事物,心甘情愿、兴趣盎然地获取体验是现在这样一个时代最大的消费特征。

不论产品多么普通或品牌多么知名,也不论企业规模多么大,除了制定全球地域性拓展的战略方案并锲而不舍地努力,别无选择。例如,同可口可乐公司一样,柯达胶卷公司(图5-19)就在全球范围内针对不同的市场设计了多元化的广告策略,然后由当地广告公

图 5-19　柯达原装进口的黑白负片胶卷

司精心设计广告词,这使得柯达一度成为一流的知名品牌。木材出版公司(Harlequin Enterprises Limited)用20多种语言为100多个市场出版浪漫小说,其独特的市场定位为该出版企业赢得声誉立下汗马功劳。《读者》(图5-20)以17种语言,推出39种不同版本,使该杂志传遍世界。佳能公司的照相机(图5-21)在日本面向旨在更新换代的购买者,在美国面向首次购买的高收入顾客,而在德国则面向掌握复杂摄影技术的顾客,全球化错位发展战略使佳能依然是相机市场上的畅销品牌。派拉蒙电影公司(图5-22)也于1993年转向地方化广告,为的就是深入全球各地市场,该公司全球营销负责人亚瑟·柯汉说:"我们花费的每个美元,都能通过当地广告代理网产生15～20倍的促销支持收入。"[1]全球地方化、全球分众的营销模式正是尊重亚文化的广告策划理念和品牌营销战略,品牌竞争已进入白热化的历史期。

在内化经济时代,设计品牌无疑就是产品和服务的指路明灯,它凝聚了一个企业、一个组织方方面面的实力和表现,如商品的品质、内部管理、市场占有率、市场名声、公众印象、服务质量以及其他一切的社会资源占有情况,

---

[1] 弗兰克·费瑟. 未来消费者[M]. 王诗成,译. 沈阳:辽宁教育出版社,1999:215-216.

设计管理概论

图 5-20　杂志《读者》2019 年第 12 期的封面设计

图 5-21　佳能 EOS-80D 数码单反相机

图 5-22　派拉蒙电影公司企业形象标识

　　它是依靠多年锲而不舍的全球化战略铸造而成,任何的投机取巧都创造不了持久的名牌。设计品牌不是物品,不是金钱,不是人,它来无影去无踪,但它却像空气,真真切切存在着[①]。设计品牌的确立靠的是设计信息的传播和渗透,而且应当是广泛性、重复性、递进性的传播和渗透。将一个设计组织、一个设计机构、一个设计创意、一个设计服务、一个设计项目、一种设计内涵等的人们无法看见、无法触摸的背后的信息和故事通过深度分解、加工、组织、简化、提炼、协同等手段转变成视觉符号、认知概念即品牌形象反复传播

---

① 成乔明.艺术产业管理[M].昆明:云南大学出版社,2004:166.

和渗透给受众。

重复记忆是大脑记住事物的规律,反复刺激大脑就会增强记忆,形成深刻印象,深刻印象一旦形成就不容易忘记并逐渐成为指挥言行的内驱力,从而形成身心自觉的反应。设计品牌效应就是这种反应的呈现,而这种反应的形成就是信息反复刺激所要达到的目标,即品牌的概念化。

为何说品牌竞争是内化经济时代的必然呢?这不仅仅是由于设计信息的传播和渗透的目的就是要建立设计品牌,关键是品牌意识保证了设计创意、设计生产、设计产品的品味,设计的本质要义在于创立公众品味,有品味的生活和世界就预示着美好。因为确立了品牌意识,设计企业才有了不得不追求精品的毅力和高度的社会责任心,如此设计企业才会认认真真、一板一眼、长效发展下去;在品牌战略的指引下,广告设计商才会把最准确、最可靠、最赏心悦目、最负责任的设计产品和设计服务的信息传递给受众;因为形成了品牌效应,所以设计师、设计企业以及广告设计人才能受到全社会的关注并能因此获得更多的社会资源为自己所用;因为是设计品牌,其散播的信息才具有广泛而深刻的号召力,才具有超强的公信力,才能爆发出更大的社会价值和经济价值,才能为社会提供更高级、更精致的服务;也因为有自身完整的品牌形象,设计企业和设计师才能确立自身的价值体系和社会地位,才能在同行中卓尔不群、出类拔萃。

设计品牌的公信力来自于消费者对品牌的信任,这种信任源自商品符号的表征引诱,而它的内在动力是消费者的情感决策和意识依赖:

> 品牌无论对消费者还是公司、组织来说都具有重要价值。对于消费者来说,品牌就是产品原料、生产者素质的表征,品牌旗帜鲜明地预示了产品的性价比一定能让消费者获得最大满足而且风险会降到最小。对于公司和组织来说,品牌传达了有关该商品独一无二的信息:它强大的市场竞争力和独特的合法地位。最为重要的是,品牌的市场忠诚度一旦确立,除了开辟新客户,在老客户的维持上花费寥寥。

格勒德拉(2002)与赫汪(2002)认为品牌是消费者头脑中的一种精神构造。这种精神构造总体上看来是关于商品特征的经验、感觉和理解,它表现了一种象征义。品牌是"一种存在于消费者意识中的承诺,就是向消费者承诺我是谁、我要做什么"(格勒德拉:2002)。值得注意的是,品牌与品牌之间的差别并非总是合理的、切实的和与各自产品品质有关的。根据赫汪(2002)的理论,品牌的高下之分更像是一种"符号的、情感的、无形的"意识之争。①

品牌竞争其实就是"符号的、情感的、无形的"意识之争,说到底就是用一种"表征"和"象征义"来进行竞争者彼此综合实力、掌握的社会资源、社会公信力之间激烈而无情的较量。谁能把对自己庞大的社会资源网络的利用发挥到极致,谁就真正实现了消费者头脑中的"精神构造"。

国际间的设计交流活动越来越多,这是一个非常重要的广告宣传的渠道。如中国与俄罗斯、意大利、法国、英国、德国、葡萄牙、西班牙、印度、埃及、罗马尼亚、斯洛文尼亚、牙买加、南非、韩国、日本等多个国家和地区都建立了定期的、长久的设计交流活动,中国绘画、舞蹈、杂技、戏剧、戏曲、工艺美术、雕塑、设计创意、平面设计、环境设计、影视设计、动漫设计等通过这样的设计交流活动多次远渡重洋,在异国他乡获得了一致好评,为世人所赞叹。同样通过这样的设计交流活动,国人也对世界设计有了众多的感性和直观的认识,学习到了许多异族、异邦的设计知识。设计通过各类竞赛或展示活动得以传播和被认识已经成为了全球通行做法,在一国内部,这种方式也几乎成为了国民认识和了解本国设计成就最为直接的方式。如中国人民抗日战争胜利 70 周年时,南京国防园历时半年,对园内军兵种馆、军史馆进行了改造升级,其中,军兵种馆展出近 200 件当时最新的军事武器模型(图 5-23),让人震撼;"军事体验乐园"内 5D 影院、真人 CS、定向越野、射击打靶、激光战车等十几项游玩项目②随后相继推出,吸引了大量的游玩者,创造了非常可观的经济效益和社会效益。

设计品牌的经营除了要有好的核心设计品牌价值,还要有成功的商业营销,另外,设计品牌还需要精心的维护和持续性的经营。设计企业的可持续发展必须走品牌化发展的道路,设计品牌的建立虽然远比设计一种新产品、

---

① Ruth Rentschler, Anne-Marie Hede. Museum Marketing: Competing in the Global marketplace[M]. London: Butterworth-Heinemann, 2007:172.

② 徐岑.南京国防园十几个游乐项目春节正式开放[N].现代快报,2015-02-12(都1).

图 5-23　南京国防园展出的退役飞机

新功能难得多,但设计品牌蕴含的巨大的商机和潜力也是不可估量的,它足以让设计企业赢得源源不断的经济效益。"中国制造 2025""工匠精神"、"中国创造"等其实就是大国战略中的设计品牌战略,这是中国设计企业走向现代化、创造新的历史辉煌的伟大契机,而"一带一路"倡议的推行和发展也为中国设计企业创造了更大的国际化发展的新视野,剩下来的就是要设计企业精心谋划、全心探求、诚心转型,以改革者的担当、以创造者的智慧、以征服者的气魄延续中国历史的辉煌,建立全新的中华文明,树立中国文化的新形象。

第 6 章 设计市场管理

设计市场是设计企业的主战场,也是设计产业集中活动的主要的空间领域,设计市场的繁荣程度表征着一个国家设计行业的发展水平。在设计市场上活动的主体有很多,核心的市场主体有设计师、设计生产者、设计营销商和设计消费者;辅助的市场主体包括各类面向核心主体的服务机构,如原料供应商、物流服务商、仓储服务商、广告设计商、设计培训机构等;而外围市场主体包括工商、税务、海关、公安、消防等部门以及金融等机构。设计市场的管理既包含了设计企业的自我微观管理,也包含了设计行业协会针对设计市场中观上的专业性的技术指导、行业标准的制定、秩序的监督以及政府对设计市场宏观上的统筹规划与规范。

6.1 设计市场的内涵

市场是一种经济学概念,它指的是商品流通、营销以及消费活动的总和。如果当成空间概念来说的话,市场指的是商品从生产制造到商业营销以及消费的完整的活动场所,体现了商品从策划设计到消费完毕的整个产业链系;从时间的角度来考查的话,市场是围绕商品产生的各个历史阶段的总称,即包含了设计生产阶段、商品流通阶段、商品仓储阶段、商品消费阶段等全过程。无论是活动场所还是过程的总和,都可以看得出市场是一个集合概念。通常意义上说,市场就是钱货互换的场所,这是最为狭义的解释。

市场有三个最为重要的特征:①所有参与者互通有无、平等交易;②所有参与者各取所需、获得共赢;③社会总的剩余价值在市场上获得了增加,这也是市场的基本原则。如果虽然进行了交换,但不是双方或多方自愿的平等交易,或者说大家并非共赢,有人赚了,但有人感觉非常亏,那么这样的交换行为也不能算作是市场行为,这与掠夺没有多大区别,对别人财富和资源的抢夺只能算强买强卖的霸权行为,与市场交易无关。

武力掠夺和恶意的欺骗也能促成交换行为的发生,但它只是导致被掠夺的价值从一方流向另一方而已,社会的总价值并没有提升,即社会的剩余价值没有获得增加,所以通过战争获得的不义之财,全人类都会予以鄙视,而明显的欺诈交易、逼迫性贸易活动都得不到法律的保护,原因就在此。

对于市场,最关键的就是要切实感受到价值增值的全过程,这才是解释市场对社会的经济增长起促进作用的至关重要的核心内涵。因为是平等贸易,所以贸易双方如 A 和 B 都在交易过程中获得了满足,而且双方原本的剩余价值都各得其所,没有造成浪费。如果没有对剩余价值增加的清晰感知,市场的供应将趋向类同,价格也随之下跌,投资将走向萎缩,市场的多样化甚至会逐渐消亡。因此,对市场核心内涵的把握和认知到不到位,关键在于对市场的发展和演化是否有公正的认识,对市场的兴衰规律是不是真的理解[①]。市场整体上总剩余价值上升是必然的趋势,也是所有市场参与者追求共赢的必然结果,只有当市场的总财富上升了,所有人的福利和需要才能得到满足,仅仅是某些人获利而其余人亏损的市场必然将崩塌。

对上一段再解释一下,大家可能就会更深刻地了解笔者所说的意思了。例如,原本 A 拥有某类剩余产品 a,B 拥有某类剩余产品 b,如果不用于交换,a 和 b 都会放置在仓库里造成浪费甚至过期变质,但拿到市场上之后,a 或许正好就是 B 所需的,b 或许正好就是 A 所需的,于是 A、B 就可以进行平等的交换,然后 a、b 不但没有浪费,还满足了 B 和 A 更多的需要,从而实现了社会剩余价值的增值。

美国市场营销协会曾给市场营销下过这样的定义:"市场营销是对理念、产品和服务的设计、定价、促销和分配进行系统策划、贯彻的执行过程,通过这样的策划和贯彻执行,实现个人或组织的交换需求。"在这种严格的定义中,市场营销起于产品的生产,止于消费者的购买。在竞争越来越激烈的今天,市场营销应当起于对某种商品或服务的构思和企划,而止于消费者购得

---

① Philip J. Kitchen. The Future of Marketing: Critical 21st-Century Perspectives[M]. New York: Palgrave Macmillan, 2003:44.

商品后的数月甚至数年之后,因为至此消费者才真正全面、充分地了解被购商品。所以,在竞争加剧的环境中,这样一个有关市场营销的概念或许更加准确、更加适用:市场营销是一种活动过程,在一个完整和内部关系紧凑的商业交换环境中,这一过程简化、促进了所有交换活动,从而使所有的对象消费群满足了需要并实现了预设目标[①]。也就是说,在剩余价值产生之后,交换是使剩余价值创造更大效用且节约社会资源最有效的办法。市场就是一个节约资源、增加剩余价值的活动场所和过程,其中活动场所体现了空间概念,过程体现了时间概念。总之,应当用全局眼光、系统眼光来看待市场,如此才能居高临下,整体把握人类总财富的不断增加和合理分配。

设计市场也分为空间概念和时间概念。

从空间上来说,设计市场是产品设计、生产、流通、消费活动发生场所的整体;从时间上来说,设计市场是设计产品策划阶段、设计生产阶段、流通交换阶段、消费阶段的全过程。所以,设计市场是设计产品从策划到消费全时空观的集合式概念。

设计市场上的总财富主要由六个部分组成:设计技艺、设计创意、设计商品、金钱、物质功用、精神体验。所有设计都需要设计技艺、设计创意,而设计技艺只在两种情况下才会被当成直接的商品进行交换:设计劳务贸易、设计培训贸易。例如,聘请匠人到家里制作家居、家用物品等或是匠人的劳务输出。工厂招聘熟练的技术工等活动就属于设计劳务贸易;设计培训贸易自然指的就是设计技艺的社会性培训行业,古代的师父带徒弟也属于设计培训贸易。

仅仅贩卖设计创意的贸易指的就是狭义的纯设计公司的市场活动,纯设计公司日常也被简称为设计公司,就是只出设计图纸或设计效果图,而不负责生产制作过程的公司。贩卖设计创意的贸易即卖方案、卖策划的贸易。

设计商品是指已经成形了的物质商品,是终端产品,一般由生产性企业即传统的工厂完成,大中型的生产性企业或工厂基本跟设计是不分家的,即都成立有自己的设计部门,如大型的房地产开发公司、服装制造厂、机械制造

---

① Robert D. Hisrich. Marketing[M]. New York: Barron's Educational Series, Inc., 2000: 2-3.

厂等可能都是如此,因为没有设计者的加盟,许多生产过程会造成产品"走样""跑形"。所以,生产制造过程并不能离开设计创意者。很多时候,许多设计创意并不完善或者不符合实际的生产条件,此时就需要设计师配合生产部门不断对设计创意型进行修改、完善并最终生产成功。如此说来,商品的生产制造过程其实也是一种半产半设的过程,复杂产品的生产技工也需要很强的设计思维、设计灵感、设计技巧,才能准确贯彻和体现设计师的意图,如复杂的建筑、复杂的机械工程皆是如此。毫无疑问,设计管理应当包含对设计生产过程的管理,而不是只对纯设计公司的管理。

金钱是一般等价物,是贸易交换中最普遍和最常用的购买力。

物质功用是依附于设计商品的,只有雕塑(图6-1)、工艺美术品(图6-2)、装饰品、绘画的功用性弱一些,其他生产、生活用具和器械包括基建工程类的设计商品都有很强的功用性。

图6-1 南京大屠杀纪念馆的主题雕塑(设计者:吴为山)

图6-2 浙江省海宁市的民间手工艺品:茶壶形状的硖石灯彩

精神体验的贸易中消费者主要是通过视觉审美感受和使用中人体的感知性而实现精神性满足的。每一种设计商品都可能带来精神上的体验,如果没有任何精神上的满足,通常这种设计不会给人留下太深刻的印象。

一般情况下,设计劳务贸易中,设计师主要是听甲方或主家的意图进行设计、制作,设计师很难有真正的主观的创意。今天,甲乙双方通过签订合同的方式进行设计项目的设计委托基本属于设计产品贸易,但甲方会提出自己

设计管理概论

基本的诉求,然后由乙方独立完成创意。复杂的合同项目,如大型建筑项目、大型机械项目、特殊用品项目虽然要服从于甲方的需求,但由于产品技术参数特别复杂,所以基本必须由设计师和技术专家共同出设计创意,但简单商品的合同项目设计过程中,甲方有时候也会参与设计创意活动中。另外,设计产品贸易最主要的形式就是销售现成的设计产品,即产品已经制作、生产完成,设计师的创意已经成形,不容更改,而买家或消费者只有被动接受产品的份儿,顶多可以在同类产品中进行挑选,但无法改变设计师和厂家预先设定的功能与形制,商场里或市场上绝大多数待售的商品都是如此。

根据甲乙双方权利分配的属性来看,设计市场就大致可以确定为两大类:设计劳务市场、设计产品市场。其中,设计劳务市场基本就是一种私人定制式设计市场;而设计产品市场就是一种自由贸易市场,即产品预先生产好,任由消费者自由挑选的市场,或复杂工程和产品的委托设计。

设计产业的生存环境是设计市场;设计产业的商业主体是设计生产机构(包括设计师);商业活动的客体是广大的设计消费者;联系设计生产机构与设计消费者的中介是设计传播商和设计营销商,基本可以统称之为设计中介;设计市场上的流通物是设计产品和金钱。这就是设计市场的大致格局。在设计产品市场上,设计技艺、设计创意、物质功用都是凝聚在设计产品中发生转移、参与交换的;而设计劳务市场上,设计创意基本是由甲方主导、乙方即设计师辅助完成的,当然,当甲方无心参与设计创意的时候,乙方可以严格按照甲方对物质功用的需求而独立完成设计创意。

对两大类设计市场的特征等情况,可以用表 6-1 来表示。

从表 6-1 中可以看出,设计劳务市场、设计产品市场既有相同点,也有明显的区别。大型工程项目、大型机械项目、特殊用品的设计虽然首先必须满足甲方的各种需求,但由于产品的专业要求很复杂,所以,甲方在设计创意上必须服从乙方即设计方的设计创意,所以这种项目委托设计基本属于设计产品市场;但在一般性民宅或普通的、简单的项目委托设计中,就设计创意问题,甲乙双方的沟通、合作与博弈就会变得复杂起来,因为不需要那么复杂的技术参数,甲方哪怕是行外人士,也会有自己的想法和意见,这时候就需要看设计师的智慧和沟通能力了。

表 6-1　两种设计市场的特征

组成部分	市场类型	
	设计劳务市场 (私人定制市场)	设计产品市场 (自由贸易市场)
设计技艺	是主要的贸易对象 制作技艺本身就是商品	凝聚在设计产品中 本身不是独立的贸易对象
设计创意	甲方提供主创意 乙方提供辅创意 乙方的创意服从甲方的需求	凝聚在设计产品中 消费者服从设计师的创意
设计商品	按甲方的需求制作完成 设计师被动生产	由设计师和生产厂家提供 是主要的贸易对象 消费者被动接受
物质功用	凝聚在设计产品中	凝聚在设计产品中
精神体验	视觉形制上产生精神体验 使用过程中产生精神体验	视觉形制上产生精神体验 使用过程中产生精神体验
金钱	主要以酬劳的形式 由甲方流向乙方	主要以产品价格的形式 由消费者流向商家

6.2　政府对设计市场的宏观管理

政府对设计市场不但有管理权限,而且甚至是一种宏观的行政管理权,范围最广、内容最丰富、强制性最大、管理手段最齐全、管理层次自然也最高,如国家基础设施建设、城市规划设计、军用物资的市场化营运,必须得由政府统一规划,任何社会组织都无权突破政府对区域、行业设定的政策性底线。

设计市场与社会的关系是非常密切的,其实任何市场都不能脱离社会而存在,设计市场就是社会的一个重要组成部分。换句话说,设计市场无论如何发展都不能脱离政治、经济、教育、科技甚至自然生态环境而浮游于社会之外。迈克·威尔森(Mike Wilson)(图 6-3)曾将市场

图 6-3　美国股票策略师、投资官
迈克·威尔森

置于变化的世界中进行参考并对其进行定位[1]：

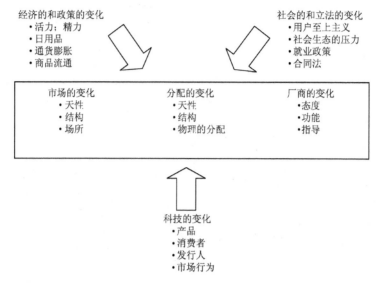

图 6-4　迈克·威尔森的"社会中的市场"结构

其中，"政策的变化""立法的变化""通货膨胀""就业政策""合同法"等都与政府的管理行为和指导方针息息相关。所以说，设计市场的发展与繁荣离不开政府的支持和引导，设计市场管理理所当然包含了政府对市场所做的计划性、宏观性干预与规范和引导等。

> 在市场经济条件下，政府的职责本来就是，平时维护市场经济秩序和社会公平，面临危机时动员各种资源抵御灾害、战争等危险。政府应当有面临危机时动员一切必要资源的能力、权力和效率，这在各国皆然。这种职能和作用是法律赋予的，社会赋予的，人民赋予的；与"计划经济"体制无任何必然的因果关系。[2]

从引文中可以读出，政府对市场经济秩序、社会公平等具有法律管辖权，

---

[1] Mike Wilson. The Management of Marketing[M]. Aldershot：Gower Publishing Company Limited，1900：5.

[2] 陈淮. 大道至简——讲给 EMBA 的经济学[M]. 北京：中国发展出版社，2004：105.

也就是说，法律是一个很重要的政府干预市场的管理手段。换句话说，政府对设计市场的干预与引导权也是法律赋予的权力，政府具有依法行政权，对设计市场不管反而是不作为或失职。

通常情况下，政府管理除法律之外的管理手段首推行政管理手段，当然，行政管理权也是由法律和行政法规赋予的。

政府对设计市场拥有的行政管理权或行政管理手段是指国家艺术、工业制造、基础建设、经济和社会行政管理部门等依法履行其行政管理职能，对进入设计市场的当事人、企业及其交易行为和交易活动实行计划、组织、引导、协调、监督和控制的权力或行为方式。其中，按照法定权力对设计市场进行的计划、组织、引导、协调、监督和控制就是设计市场行政管理机构主要的行政手段。

行政手段是依法实行的，它不等同于政治手段和权力手段。政治手段和权力手段基本都属于官员号令式的强制手段，是属于以领导个人或领导群体的喜好为核心的一种管理手段，往往体现了领导的意志而非法律、社会和人民的意志。真正的行政手段是由行政法规定的，以维护和增长社会利益、人民利益、全局利益为目的，以行政法规定的程序和允许的方式方法履行权力和职责的一种做法。当然，行政管理由于是由政府职能部门代人民实施的，所以人们总是误以为行政管理就是政府一方的意愿和做出的指示，其实，政府不过是老百姓的代言人，人民通过人民代表大会制定了行政法，再授予相应的政府职能部门按照行政法依法行政的权力。一切政府职能部门是没有权力篡改或违背行政法的精神和条款的。所以，行政手段包括行政管理不是人治、权治，而应该是法治。

政府还可以通过经济手段对设计市场进行管理，这些经济手段主要包含投资、税收、价格管理、经济处罚等。设计市场从宏观上来看，可以分为强势、中势、弱势设计市场。像影视设计、动漫设计、游戏设计、服装设计、时尚设计、日用产品设计、建筑设计（图6-5）、城市规划设计、基础设施设计、娱乐设计、艺术品拍卖市场等就是与市场流通结合紧密、消费势头强盛的强势设计市场，像这样的设计市场由于其市场谋生能力强，政府和行政管理机构完全可以放手让这些市场自由发展，不要过多干预和插手。减少投资、加大税收征管力度、监管其价格的过度涨跌、监督其质量的达标情况、对市场违规者加大经济处罚力度是政府对待强势设计市场的基本态度和做法。如果政府过多地依靠行政权力来干涉本身已相当发达的商品经济下的设计市场的发展，势必会造成商品经济规律的紊乱和对其的破坏。

图6-5　苏州博物馆新馆（设计者：贝聿铭）

而对于中势设计市场，如戏剧戏曲市场、文物古董市场、博物馆产业、美术馆展览业、传统建筑市场、传统园林市场等，既有一定的市场，又普遍受到现代同类市场的冲击，政府应给予一定的资金资助和生产、营销、消费上的引导。

对于弱势设计市场，像民间美术、民间手工艺、民间传统制作技艺、高新技术研究产业、现代核心科技产业、现代生命科学技术的研发、非物质文化遗产中传统技艺的产业化发展等，政府就应该大力给予资金投入、减免税收、帮助其开拓市场销路、培育消费环境、加强其与海外市场的交流等。尤其关于民间物质遗产、技艺遗产的保护和抢救工作已经成为世界性的课题，政府的职能和作用在目前仍然需要加强，事实上，中国政府也正以极大的热情投入这一伟大的文化传承工程：

　　2002年是联合国文化遗产年，中国文化部、教育部、中国民间文艺家协会、中国社科院、中国艺术研究院，以及许多高校也开始投入或支持、参与到无形文化遗产的抢救与保护工作中来。2002年春天，由中国民间文艺家协会倡导并发起的"中国民间文化遗产抢救工程"经过论证于2003年2月开始启动,这一工程将历时10年,若能正常开展和运作,无疑对中国民间文化的抢救和保护有着积极的贡献。……2002年是联合国文化遗产年,也是中国民间艺术旅游年,在中国,包括了民间艺术在内的民间文化遗产保护也开展得轰轰烈烈,可以看作与国际社会文化保护的呼应。[①]

如我国政府自2005年起,为中国世界文化大遗址保护设立了每年2.5亿元的专项保护资金,加大文化大遗址保护措施的实施力度。自2007年起,北京明十三陵(图6-6)每年有超过1亿元的收入,其中超过50%专项用于文物保护工作;北京颐和园(图6-7)每年用于文物保护的经费超过了1亿元。而2010年后江苏省政府每年都会有400万元资金投入到民族民间文化艺术保护工程中去,其中有约40万元的资金是拨给民间工艺传承人的。另外,像杭州市也一向重视物质文化遗产的保护工作,从2006年以来,每年用于历史文化名城保护的专项资金高达1.3亿元,有321处文物古迹先后被公布为各级文物保护单位。而在非物质文化遗产保护工作上,杭州市也成立了专门机构,并投入了相应的保护经费。

图6-6 北京明十三陵俯瞰图

---

① 唐家路.民间艺术的文化生态论[M].北京:清华大学出版社,2006:215.

图 6-7 北京颐和园一景

但是,在全球化进程中,政府和经济政策的制定有时候存在重大的悖论:

  当所有国家都意识到全球化会带来巨大收益并能全面提升人民的收入水平时,社会成本的递增也一定是不可否认的,而许多发展中国家或许就此会更加落后。发达国家中众多的失业者和低收入者,特别是那些因为缺乏技术和资历而处于不利位置的人们,处境将会堪忧。[①]

这就提醒我国政府,在加大对弱势设计市场、设计产业的投资时,需要严密注意不要增加弱势手工艺群体的生存成本,弱势设计产业特别是一些民间工艺、民间技艺的市场化、产业化不应当被当作漏斗,而应当把它们变成储蓄罐,这样才能保证良性资本的积累、切实地改善弱势手工艺群体的生存境遇。

依法治国,依法治设计市场,法律仍然是最具有公信力和公平性的管理手段。

设计市场的法制化势在必行,依法治市无疑是设计市场健康发展的必由之路。设计市场的法律手段就是国家通过立法、执法和司法手段,协调市场

---

① Guillermo de le Dehesa. Winners and Losers in Globalization[M]. London:Blackwell Publishing Ltd.,2006:98.

经营和管理活动中的各种社会关系,建立有序的市场运行秩序,保护合法的交易行为和经营活动,取缔非法的交易行为和经营活动,解决市场经营和管理活动中的民事纠纷和行政纠纷,惩治市场领域中的各种犯罪行为[①]。其中,执法是最重要的环节,特别是对于房地产开发与销售、汽车销售与养护中的种种不法行为等要严加惩治,因为房子、汽车都不是廉价商品,刚需消费者要为此支付大额甚至半辈子、一辈子的积蓄,这是民生问题,不是简单的商品买卖。而对于基础建筑设施建设中的偷工减料、贪污受贿的行为绝对要严查到底,因为这些设计项目都是关乎人民生命安全、财产安全、家庭幸福的问题,绝不能有丝毫闪失。

例如,2017年7月14日,新加坡樟宜东路上段往泛岛快速公路(PIE)入口处,一个正在施工中的高架桥部分结构坍塌,造成1人死亡、10人受伤;2018年3月15日,当地时间星期四下午2点,位于美国迈阿密的佛罗里达国际大学校园内一座在建人行天桥发生坍塌,当场就造成6~10人身亡;2018年5月15日,印度瓦拉纳西康特火车站附近一座在建天桥倒塌,造成至少12人死亡;2018年7月,位于俄罗斯伏尔加格勒市的伏尔加格勒竞技场在刚刚举行完2018年世界杯足球赛之后,在一场暴雨中直接坍塌,震惊世界;2018年10月9日,巴基斯坦伊斯兰堡国际机场一座登机桥突然无故倒塌,一名男子在事故中受伤;2018年12月29日,美国巴尔的摩-华盛顿国际机场的一座伸缩式廊桥因机械故障发生倒塌,导致7人受伤。这些事故虽有些是意外或临时性事件,如登机廊桥的倒塌,但也说明技术检修人员可能存在失职现象,而大多数建筑的倒塌发生在正常状态下,就说明存在质量或结构设计上的隐患,倒塌是必然的结果,只是时间问题。豆腐渣工程背后总会隐藏着不可告人的管理上的漏洞,如2009年6月27日发生的上海"倒倒楼"事件,虽有在楼旁过高堆放建筑土方、挖坑、河道塌方的偶然性,但也存在管理上的必然性,因为在建住宅楼的开发商——上海梅都房地产开发公司的资质有效期是2000年10月1日到2004年的12月31日,也就是说,到事故发生的时候,开发商是无资质地经营了将近5年。政府和法律部门对于这样的现象应该要严惩到底,对违法行为的宽容是最大的罪恶,对罪犯的宽恕是对人民最大的犯罪。

---

① 赵玉忠.文化市场概论[M].北京:中国时代经济出版社,2004:472.

6.3 行会对设计市场的中观管理

设计市场涉及社会生产、生活的方方面面，政府不可能对市场管理的点点滴滴都事无巨细、亲力亲为。特别在精兵简政的政策引导下，政府人事编制、行政经费都有所缩减，另外，市场千变万化、防不胜防，只有生存于市场第一线的设计企业才能感受到商场上的风云突变，所以，设计市场的政府管理终究只是政策上的规划和指引。具体的政策执行、行业标准的制定、市场秩序的监督与整治、企业发展引导、地域设计市场的布局与推进等等，还必须依赖专业性更强的设计行业协会（以下简称"行会"）对设计市场的中观管理。

关于行业性管理，岳宗泰先生曾对此做过界定："所谓行业管理，就是按照社会主义市场经济规律，打破地区、部门和所有制界限，由精干的政府综合经济部门和众多的行业自律组织（行业协会），在本行业组织实施的管理。社会主义市场经济是企业按市场规则，公平、公开、有序竞争的法制经济。维护市场经济秩序，既要靠相应的法规和执法部门的监督管理来进行规范，又必须依靠行业协会这样的组织进行行业自律。党的十四大确立了建立社会主义市场经济体制的基本框架和宏伟蓝图，明确要求发展行业协会、商会等中介组织，发挥其服务、沟通、公证、监督的作用。十四届五中全会进一步提出要把专业经济管理部门逐步改组为不具有政府职能部门的经济实体，或改为国家授权经营国有资产的单位和自律性行业管理组织。国务院机构改革总体思路是加强宏观经济调控部门，调整和减少专业经济部门，发展社会中介组织。这就是说，政府职能转变的方向是将国民经济宏观调控的权力留给综合经济部门，把企业的生产经营权交给企业，大量的服务、协调、公证、监督、自律职能转给行业协会等社会中介组织。由此可见行业协会是市场经济的必然产物，是承担自律性行业管理职能的重要社会组织，是政府转变职能的重要组织保证，没有行业协会，政府需要转出的自律性行业管理职能就无法转移出去，机构改革的成果也难以巩固和发展。"根据岳宗泰的总结概括，可以明显感觉到行业管理是有别于政府行政管理的社会中介、行会的市场化专业管理，行业管理部门即为"不具有政府职能部门的经济实体""自律性行业管理组织""行业协会等社会中介组织"。行业管理可以由政府职能部门参与指导而非全权代劳,而且政府职能部门要积极"转变职能",最终达到将"政府需要转出的自律性行业管理职能"顺利转移出去的目的。所以行业管理不是政府行政管理,两者不等同,更没有从属关系。

设计行会的行业管理有如下几个政府管理所不具备的优势:

(1) 设计行会行业管理中的管理者往往是设计行业的专家、学者以及一线工作者,他们在设计方面的知识比较丰富和专业,能真正理解设计这个行当;

(2) 设计行会行业管理者往往是出于兴趣爱好或专业情结而参与到行会中的,对设计行业抱有真挚的情感,管理起来也更加地投入和用心;

(3) 民间的设计行会很多是民间自发组成的,他们不领取政府的薪资,不受政府政令指挥,却又能深入准确地把握设计行业的发展局势和发展方向,并做出自发的、有效的调节和纠偏,确实起到了政府所不能为的作用;

(4) 很多设计行会也是由众多设计企业、设计界人士推举产生的,由于没有官僚习气和权力垄断,所以具有公开、公正的管理理念,真正体现了民治民事的民主性;

(5) 设计行会的会长、副会长、秘书长、理事长、常任理事单位往往是设计行业中的专家、学者和龙头型企业,所以,这是一种内行管理行业的格局,绝大多数行业中的组织机构对他们的管理心服口服,有利于整个设计行业的有序发展,同时也避免了政府深入行业后有可能产生的官商勾结现象。

设计市场的设计行会管理是对政府行政管理的补充。

设计行会对设计市场的管理实际上属于一种中观管理。

什么叫中观管理?就是介于政府宏观调控与企业微观管理之间的地域性、行业性、层级性的管理,介于宏观与微观之间的管理,所以是一种"居中"管理。行会是来自民间的自发力量,没有政府行政权力的法定性效力,但又比单个的企业具有更为宽广、全局与高层次的地域性或行业性眼光,它是政府法定权力的有益补充,左右着地区企业集群的发展格局,不是站在某一个企业的角度看社会,而是站在全社会的角度看企业集群,所以属于自发的社会化管理。从权力的法定性、权威性和强制性来看,行会不如政府行政管理更加有力,从社会经济格局和市场发展的角度来说,设计行业协会的眼界和权力空间又远远强于企业,所以行会的市场管理是一种中观管理。中观管理的实质在此包含两层含义:区域性管理、行业性管理。从管理主体的角度考查,对于设计市场的中观管理强调的是摈弃了政府行政管理的区域性行业管理,其管理主体主要是行会等专业的行业性管理机构。

行会的发展历来已久:

> 行会制度是随着封建社会内部商品经济的发展而产生,同时也是商品生产不充分,市场狭小,社会分工不发达的产物。一般认为,行业组织产生于隋唐时代,称为"行",宋元至明初称为"团行",由明中叶至清代以来又称"会馆"和"公所"。在封建社会,各市镇的手工业者为阻止外来手工业者的竞争和限制本地手工业相互之间的竞争,凡属同行或手艺相近的都组织成各种行会。小商品生产者对竞争的恐惧,是行会产生的根源。……据调查,明清时期的苏州工商业行会大约162个,其中公馆40所,公所122所,属于手工业范畴的有80多家。所属行业包括刺绣在内有丝织、印染、造纸、冶炼、木器、漆作、钟表、眼镜等几十种。①

> 如果说行会是封建时代的产物,那么如今的行业协会则是新时代的产物。行业协会是随着市场经济的发展而成长起来的社会经济团体,是同行业企业为维护它们共同利益而自愿结成的社会团体。社会团体是一个特定的概念,是指以协会、学会等命名的,由一定数量的自然人、法人或其他社会组织,依照法律,遵守一定的宗旨,自愿持续结成的,从事社会公共事业,不以赢利为目的的民间社会组织。作为一种社会团体,行业协会最主要的任务是服务企业,维护企业利益。②

设计市场上的行会是依法登记成立的民事机构,它不具备政府机构的职能,它的管理行为是同行业企业赋予的,并非政府授权,它代表广大市场企业主的利益而非统治阶级的利益。行会更了解设计市场和设计行业,其管理行为往往是针对市场的变化做出的及时、有效、直接的计划、协调、规范、分配等活动。由于设计行会更加了解设计行业的特征和市场第一线的情况,所以,

---

① 叶继红.传统技艺与文化再生:对苏州镇湖绣女及刺绣活动的社会学考查[M].北京:群言出版社,2005:209.

② 同①,217.

行会的管理也是政府行政管理的得力助手,在实际操作中,行会与当地政府往往都建立了良好的合作关系,政府在适当时候也会将行政管理的某些职能转交给行会来具体执行,从而有效弥补了政府对行业、企业管理不能面面俱到的缺点。

如全国各地现在都致力于助力设计创意产业、时尚设计产业、生态环境保护、产业业态的历史性转变和新布局。尤其在增强"文化自信"的感召下,各地政府都不遗余力地保护和发展本地民间文化艺术、民间传统技艺、民间非遗技艺。各地经常举办"民间文化艺术人才论坛""民间文化艺术技能竞赛""民间工艺美术展览""民间非遗技艺的集中展示"等活动,这是地区性民间文化技艺品牌创新的手法;同时,政府在建立保护著名民间文化艺术大师及培养传统技艺人才的制度上也是全策全力,希望借此能为保护中国传统文化、民间传统技艺做出时代性的贡献。这些工作不但庞杂,也非常琐碎,需要耗费大量的人力、物力、财力去做摸底、梳理、评选、排名、总结、授牌甚至研究,仅仅靠政府是无法做到的。这时候,遍布在民间的工艺美术协会、传统技艺传习所、非物质文化遗产协会、民间工艺研究学会、传统建筑研究会、传统园林艺术研究院、地方性文化联合会等一大批行会发挥了巨大的作用。他们了解传统技艺、民间文化资源的布局情况,他们跟这些民间工艺美术、传统技艺大师相识甚至是朋友,他们对地方上的文化生态、人文背景、市场经济状况、设计艺术教育资源了如指掌,他们手头上掌握着各种设计技术的第一手数据资料,他们还掌握着对本地区民间文化艺术资源所做的学术研究的理论成果,甚至这些行会中的领导、成员本身就是教授、研究员或博士生导师,他们本身可能就是这方面的理论研究专家,如冯骥才、乌丙安(图6-8)、吕品田、马炳坚、潘鲁生、徐艺乙等人就是非遗方面的理论研究专家、学者,研究范围涉及民间剪纸技艺、传统家具制作技艺、民间纺织和刺绣技艺、金银器制作工

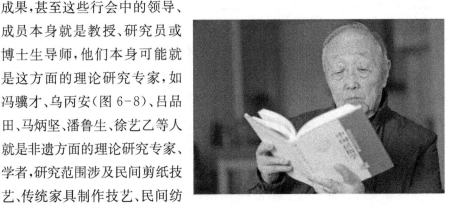

图 6-8 中国著名民俗学家乌丙安先生

艺、古建筑设计和制作技艺、民间制船和制车技艺等。

传统设计、制作技艺的保护、传承和发扬工作脱离了专业性的行业管理就会在政府管理和企业管理之间形成重大的脱节，因为，民间的设计技艺信息、文化生态情况也只有设计行会最为清晰明了，所以，设计行会天生就是政府对设计市场进行行政管理最有力、最有效、最有情的辅助力量，对梳理中国文脉、树立中华民族的文化自信至关重要。同时，设计行会都是由设计类企业、事业单位组成的，政府就是设计行会最大的依靠和支撑，因为一切的行业政策、财政拨款、资源调配、法律保护、社会地位的确立都需要政府的大力支持，没有哪一种文化、艺术、设计行业能脱离政府而独立生存。

大致说来，设计行会主要是通过上传下达国家的设计政策、设计信息、行业布局等，协助政府做好地区性、行业性具体的研究、标准制定等各类管理事项，为地区性、行业性设计企业集群的发展出谋划策。制定保护措施、寻求资源帮助、拓宽企业的市场销路、帮企业牵线搭桥寻求更多的合伙人甚至投资者、成立基金会并筹措发展基金、平衡地区性行业发展局面、为企业的发展提供各类所需的智力要素、举办行业内的技艺竞赛和评比工作、协调本地区或本行业内的竞争关系、打击行业垄断、惩治恶意竞争等都是设计行会常做的工作、常用的管理方法。

设计市场的行会管理是设计市场政府管理与设计市场企业管理间承上启下的重要管理部类，虽然它没有拿到政权授予的"尚方宝剑"，甚至还是民间"草根式"的自发组织，但其巨大的民间声望和民众给予的信任几乎令它成为设计市场中的"无冕之王"。"无冕之王"不能被小看，更不能被忽略，设计市场要想真正高效、全面地发展，不能不扩大和加强行业管理，在区域、行业之间建立联合作战、互助前进的局面，这样才可能形成茂密森林、巍峨群山、浩瀚海洋。毕竟，政府的行政管理不能事无巨细，企业自身的管理又无疑是市场上的"沧海一粟"，呈现"散兵游勇"式的各自为政。唯有设计行会管理才是沟通上下、凝聚左右最为得力的中坚力量。

例如，中国园林行业协会的主要职责在设计行会管理职能中就具有典型的代表性：

（1）研究探讨园林绿化事业改革发展的理论与实践，协助政府拟定行业发展规划和法规；

(2) 制定园林绿化行规行约，建立行业自律机制，规范行业行为，协助政府开展行业管理，维护行业整体利益；

(3) 参与制定行业技术、经济、管理等方面的各种标准，组织标准的贯彻实施；

(4) 组织本行业技术人员和管理人员的培训，提高行业从业者的素质；

(5) 组织行业会员企业之间的经济技术交流与合作，提高行业经济社会效益；

(6) 开展行业检查和评比活动，推动行业技术、管理、服务进步和精神文明建设；

(7) 开展对国内外园林绿化行业有关信息、资料的调查、征集、整理和分析，组织国内外园林绿化技术、管理、市场信息交流，为行业发展、政府决策提供依据或参考；

(8) 拓展与国内外园林绿化行业的联系和沟通，开展技术、经济等方面的学习、考查和合作交流活动；

(9) 组织技术协作攻关、课题研究、成果推广、项目评估等活动，为园林绿化行业协会会员单位的改革发展和技术进步提供咨询服务；

(10) 开展园林绿化行业市场咨询、中介服务，会同有关部门协调处理市场运作、行业往来中出现的问题、矛盾和纠纷；

(11) 编辑出版刊物、资料，开展有益于本行业的其他活动。

这一个职能体系非常系统，也非常清晰，明确了对政府、对行业和地域经济发展、对企业三个层级上的全部职能，完整地呈现了设计行会存在的意义、价值、工作内容甚至工作方法体系。

6.4　企业对设计市场的微观管理

设计市场的企业管理强调的是设计企业自身自为的企业化内部管理，即社会上通常所说的狭义的"企业管理"的内涵，只不过这里的"企业"是设计企业，包括设计生产企业、设计商业机构、设计消费组织等。

设计市场的重要主体之一就是生存、发展、活跃在设计市场上的设计企业，它们主要是生产、营销、消费设计产品的营利性机构。作为企业，利用设计产品来盈利是它们的主要目标,当然追求社会效益的宣传、传播人类的设计创造也是它们不可偏废的重要职能,但它们与社会公益性机构的重大区别就在于它们更为强调设计产品的功用性和经济特征以及市场的盈利能力。如房地产开发商、园林建筑设计公司、广告设计公司、机械类设计制造企业、服装制造厂、工艺美术厂、商业性设计院、电影拍摄制作公司、装潢公司、家具厂等,都属于设计企业,如果这些企业拥有自己的设计团队、设计项目部,那么这些企业就进一步属于核心性设计企业。

相对于设计市场的政府管理、设计市场的行会管理,设计市场的企业管理实际上是一种微观管理,即设计市场主体自主的经营性管理。

设计企业主要是以项目的形式来维持发展的,而每一个设计项目都有自己特定的目标,没有目标的设计项目通常不成立,也不会出现。设计项目管理的本质就是为了实现目标而从事的一系列管理过程,这就是目标管理:

> 目标管理(Managemet by objectioes,MBO)是一个体系,一个组织在该体系中所有有意义的管理行为都是为实现组织特定的、一致的目标而展开的。目标管理是促进目标实现、明晰组织活动并以此加强组织成员结合自身利益而努力奋发的管理。尽管在文献资料中,目标管理一般的参数是有一定标准的,但在目标管理的具体运用中,其参数仍然是根据不同组织而有适度调整。

目标管理本质上看来有如下特征:

(1) 制定清晰明确的目标;使多目标体系得到公认。
(2) 鉴别、区分相冲突的目标;实行分权式管理。
(3) 建立目标实现的反馈和测量机构。
(4) 培植管理责任心,对管理者进行管理效果的评估。
(5) 构建小型的、正式的管理机构。①

设计人才是设计企业的"弓背",也是主心骨一般的核心资源,设计项目

---

① Marc L. Miringoff. Management in Human Service Organizations [M]. New York: Nacmillan Publishing Co., Inc., 1980:123.

就是设计企业的"弓弦",是策划和推动设计人才发挥价值的源动力,然后才能创造出"箭"一般的设计产品。"箭"射向哪里?当然是目标所在的地方,有目标的设计就有价值,没有目标的设计很多时候是毫无意义的,这就跟射箭一样,漫无目的地射箭毫无意义。

首先需要确立目标、明确发展方向,这才是设计企业的成立之道。

有了目标和方向,设计企业基本就有了较为准确的定位(Position),才知道该招聘什么样的设计师和什么层次的设计人才,然后才具有选择设计项目或创造设计项目的依据。不是什么设计项目都要接,也不是什么设计项目都能接,符合自己的目标和定位的项目才能激发自己的创造力,也才能充分发挥自己的特长。总之,设计人才和设计团队的实力是设计企业策划设计项目或承接设计项目最重要的依据,与项目潜在利润的诱惑力没有关系,因为搞砸项目远比成就项目容易得多,宁可不接做不了的设计项目,也不去故意搞砸设计项目,这是设计企业的职业道德和职业底线。

设计项目管理是设计企业管理的基本形式和主体内容,这在第五章已有论述。设计项目管理同样也是设计市场管理的主体内容之一。

本章第1节中将设计市场分为设计劳务市场和设计产品市场,这两类设计市场其实都是以设计项目的形式运营的。如设计劳务市场基本就属于一种私人定制市场,甲方通过项目合同的方式购买设计师的劳动,设计师按照甲方的要求去进行设计和生产,最终按时完成项目内容。这样的项目运行本身就是一种"商品",过去,匠人被请到主家干活、宫廷设计师为皇帝设计物件都属于这种类型,设计创意由设计师和主雇共同协商确定。而设计产品市场上的设计项目是采用由设计企业自己策划、自己设计、自己生产,然后将产品拿到市场上卖给消费者的运行方式,消费者不参与设计项目的具体运行,只为制成的成品买单。不管是哪一种形式,项目管理都贯穿了设计生产管理的全过程,包括设计产品的市场营销也属于设计项目管理的后半段内容:把项目成果卖出去。

但这不是说设计市场就比设计项目时空范畴小,某种意义上说,设计项目的参与者、存在的时空领域、对社会持续的影响力远不如设计市场大,设计市场对人类社会的推动作用更为巨大,特别在市场经济和消费时代,市场贸易活动几乎就是社会生活的全部,包括教育、文化在内的一切资源都可以成

图6-9　上海中心大厦仰视图

为市场化的商品。如上海中心大厦(Shanghai Tower)(图6-9)绝对算得上国内著名的地标性建筑,建造的总费用高达150亿元人民币,建筑主体为119层、总高度为632米,设计成"青龙"旋绕上升的形制,这座由美国Gensler建筑设计事务所设计、耗时近8年完成的时代性超高建筑,设定的寿命却只有50年,50年后呢?它可能就不复存在。再伟大的项目总有寿命,自然的、人为的因素都有可能损毁设计项目、设计成果的存续,正所谓"南朝四百八十寺,多少楼台烟雨中"。但是,只要人类社会存在,设计市场就会变着法子以各种可能的形态延续下去,设计市场就是一种人类文化的活态化演变方式,雅典帕特农神庙、印度泰姬陵、中国故宫、意大利比萨斜塔如今不过都是旅游市场上的消费商品而已。

任何一个设计项目的策划运营,都相当于一次重大的设计投资,有时候,因为项目实在巨大,无论是投入的资金、人力、物力、时间都难以准确计算。例如,上海迪士尼乐园的建设投资达到55亿美元,而且这只是主体建筑的建设和装潢成本,还不包括其他方面的花费。这不算什么,2018年,恒大地产在全国多地同时投资、开建了多个"恒大童世界"——全球最大的全天候室内游乐世界,每一个游乐世界预估投资高达1 050亿人民币,建设工期都在10年以上。而一个城市开发区的规划建造、一个生态新城的建设项目的投资可能要接近天文数字,时间也会更为久远,但在今日中国,这些新型项目的落地、开建正方兴未艾。

投资是设计项目的基石,没有投资,设计项目只会夭折在大脑里或图纸上。

投资同样是设计市场上的基本动作,没有投资,市场将失去活力。

设计投资可以是个人的行为,也可以是设计企业的组织行为,设计投资作为设计企业的组织行为既可以说是设计生产,也可以说是设计消费,反正都是设计市场繁荣的必要条件。

设计投资催生新的设计项目,当然属于一种设计生产;但任何设计项目,特别是大型工程类设计项目也属于一种设计消费,大型工程项目的建造过程需要采购大量建筑原材料,需要采购大量食品供养众多的建筑工人,还要租赁或修建简易房供工人们住,购买或租赁各种建筑器械、脚手架、吊塔、运输或建筑用机车、对讲机等,光起码人手一只的安全帽就花销不小。一个大型建筑工地附近就是一个生机勃勃的小社会、大市场,各种各样的生产性、生活性配套生意会自然而然地形成,从而推动该地区的蓬勃发展。

设计投资同样开拓了更大的设计市场,作为这个设计市场上的消费者,设计企业一定会想方设法地控制它的消费,只有这样,它才有更大的利润空间:

> 消费和投资之间也有重要的差别。主要的差别就在于投资比消费更加具有风险性、变化性和爆发性……企业在销售额上不断的追求正是企业永远信奉的金科玉律。对利润最大化的渴望刺激着企业不断加大投资。如果消费并非投资的一部分,投资上的增加永远比不上销售上的增加。实际上,一旦一个公司决定增加销售就证明了该公司已经购买了一台新机器或已经建成了一座新厂房,它要在短期内快速地想方设法赚取到比投资额大得多的销售利润。①

所以说,设计投资的本质在于追求设计产品销售利润的最大化,作为设计市场上的一个消费者,设计企业一定会严加管控自己的消费,从而减少不必要的额外付出,减少额外成本就能为将来获得更大的利润奠定基础。这其实就涉及设计企业或项目组的成本核算和财务管理问题,尽可能减少支出,从而"节省"下更多的利润。这就像建筑工人们也必须在个人消费时精打细算,才能获得"更多的"收入和工资。

设计企业在进行设计投资时要目标明确、调研充分、行动果断并能积极主动地去创造商机和有效地控制额外的消费成本,只有这样才能提升自己的获利本领,赢得更多的获利空间。就像设计企业的投资总额是既定的,而在设计项目的运行中出现意外的风险,如需要给受伤的工人治疗、需要重复采

---

① Olivier Blanchard. Macroeconomics[M]. London: Prentice Hall International, Inc., 1997: 159.

购损坏掉的原材料、需要添置消防部门规定的消防器材、需要赔偿施工中意外损伤的公共设施等,都是常有的事情,这些支付不在计划内,但又不得不支付,最终必然压缩了盈利空间。所以设计企业除了对市场投资本身做严密的规划和考查之外,一旦项目上马就得更加严谨地开始一系列的管理,通过管理减少自身在市场上的额外支出来保证盈利空间。这就是市场风险控制与成本控制的双重管理。

今天的设计原材料、设计人力成本、各种管理和运营成本越来越高,这大大缩减了投资人的利润空间和投资热情,这就要求设计企业对待设计项目的投入应当更加谨慎和全面。例如:

> 绘画和出版作品的成本之高已经超出了想象。类似于画材,其他艺术家的原材料包括音乐和戏剧所需的花费也在飞涨。艺术家依靠技师、手艺人、艺术管理者来最终达到销售艺术作品的目的,当技师、手艺人、艺术管理者的生活成本越来越高,通货膨胀加剧,艺术商品的销售利润也被相应地侵蚀掉了。所以,艺术家必须提高自己作品的价格,而且还必须不断地提高……如今的艺术已被名正言顺地视为一种投资品,作为一种抵制通货膨胀的保增值投资,投资人已学会不再轻率地跟风而上、盲目随市(除非艺术家的姓名本身已经具有了很高的投资价值)。①

设计师虽然设计创意能力很强,但如果设计项目选择错误或设计产品属于政策禁止性产品,那后果可能就不容乐观了。设计项目要选对,在设计项目选对的情况下,设计产品、设计服务的质量和品味就成了决定利润空间的关键性因素。好的产品总会给人带来无穷的满意,也就会给企业带来源源不断的名气和利润。例如,作为古建筑的遗存,中国山西的王家大院现在已经成为名扬海内外的旅游景点,其以"礼"为准则的建筑布局以及精湛的"三雕"建筑艺术从艺术品质上给了旅游者、欣赏者无以伦比的精神享受,堪称中国优秀民间传统建筑艺术的代表,而其巨大的规模在中国私家宅园中也是颇为少见的,这些产品的独特性为王家大院(图 6-10)经营者赢得了巨大的经济

---

① Nigel Abercrombie. Artists and Their Public[M]. Paris: Unesco Press, 1975:38.

利益。王家大院历经明、清两代的300多年才修建而成,修建之初就是作为建筑和艺术的精品而进行设计的。1996年政府对其重新进行全面修复,2002年对外正式开放,其艺术价值、文化价值、历史价值以及经济价值一并获得了市场的认同。修复开放了仅仅6年就已经在国内

图6-10　山西灵石王家大院大门

外拥有很高的知名度,2002年初被国家旅游局评定为AAAA级旅游景区(点)和中国"质量万里行"全国示范单位,2003年被评为"中国(首选)十佳文明示范旅游景区",2006年被国务院列为"全国重点文物保护单位",同年又被列入《中国世界文化遗产预备名单》。截至2018年12月31日,王家大院已经累计接待游客2 600万人次,2018年的经济收益达到4 310万元。王家大院甚至被国内外专家、学者誉为"民间故宫""山西紫禁城"和"华夏民居第一宅"。这一切成就都来自于其设计产品的高品质与独一无二。

设计企业是设计市场上最核心的主体,没有之一,设计企业既是设计市场的投资者,又是设计项目的策划者、设计创意的提供者,还是设计产品的生产者与经营者,可谓是设计文化的创造者与最重要的传承者,所以设计企业的微观管理对设计市场的繁荣程度具有举足轻重的决定性作用。设计企业招聘一流的设计师、组建一流的设计团队、策划一流的设计项目固然是为了获取最大的市场利润,但仅是如此尚不能保证设计企业一定会千古长存,事实上,无数的设计珍品在历史的长河中还是保留下来了,但有多少个超过五百年的设计企业、设计组织、设计机构、设计团队的名号流传至今的呢?这种"人去楼空""物是人非"的景象说明设计企业需要"风物长宜放眼量",不要总是盯着那么短短的金钱利益、市场利润而斤斤计较,要用品牌战略建立自己的企业名号和行业声望,同时要保持不断的理念革命、技术革新、技艺创新,企业活得越长,市场盈利才会越多。

6.5 设计市场的国际性交流

今天的设计市场已不是一个国家、一个民族、一个地区自娱自乐的设计市场,全球化、国际化设计市场的发展格局已初具雏形,整个世界的融合在现代高科技的推动下势不可当,通过小小的手机、电脑就可以随时随地了解全球的各种讯息已经是生活的一种常态。在此背景下,设计市场的国际性交流不可避免。

历史上,曾经辉煌的文明古国,如古巴比伦、古埃及、古印度、古希腊、古罗马等的灭亡不是经济不发达、不繁荣,亦不是文化不先进,恰恰是因为国富民强造成了自以为是的故步自封或闭关锁国,一种狂妄自大的心态导致了统治阶级养成娇奢淫逸的生活习惯。富裕和发达导致这些古国自视为世界的中心,交通的不便、八方来贺的外交局势使他们误判了国际形势,于是他们开始重享乐轻军事、重基建轻科研、重玄哲轻国谋、重防御轻进攻、重腐化轻廉举。所以,突然之间当一个落后但野蛮又勇猛的异民族杀进来的时候,娇奢淫逸的统治政权瞬间就如土崩瓦解一般而化为灰飞烟灭,文明古国就这样消失且再无复活的可能。

印度的远古文明主要是"哈拉巴文化"(Harappa Civilization),公元前2300年至公元前1750年的时候,哈拉巴文化应当能够代表当时最发达的城市文明,但存世数百年就被周边的游牧民族给蚕食了。到公元初,古印度高GDP的历朝文明无一不是被低GDP的游牧、野蛮人给消灭的。一个不能保护自己文明的国家算不上真正的强国,一个没有抵抗力的GDP是弱不禁风和毫无意义的。关键是这些古国轻视了国际关系的往来,忽视了或根本不了解落后国家的野心,于是大量的经费没有用在军事建设上,没有用在进攻力的研发上,而是用在了享乐和不动产的各种建设上,使设计投资发生了重大的偏离。

中国古代历史中这样的情况屡屡发生,原因大致相同。例如,中国古代人均GDP的峰值是在北宋时达到的,GDP总量也是世界第一,约占全球的22.7%。根据税收体现出来的黄金折价,当时的人均GDP已经高达2 280美元。但当蒙古人杀来时,犹如秋风扫落叶般,宋朝被废了,从而给后人留下令人扼腕的"弱宋"之呼。鸦片战争爆发时,中国GDP约占全球三分之一,却被八国联军打得体无完肤。19世纪中期,中国的GDP约为英国的7倍,却在1840—1842年的第一次鸦片战争中被英国击败。1870年中国的GDP仍是英国的1.8倍,而且大于英法的总和,却没能阻止英法联军在1860年火烧圆明园。1894年甲午战争的时候,中国的GDP是日本的9倍,但战争的结果是中国战败并把中国的台湾地区割让给了日本。极富的清王朝成为极弱的被打击的对象,在于它的GDP就是朝廷炒地皮炒出来的,皇家园林、私家园林以及价值连城的艺术品是其GDP的主要构成,圆明园、颐和园、承德避暑山庄等皇家园林及其中无数的珍宝成为外寇作乱的祸根,而闭关自锁的国策使清政府丧失了对国际政治动向、经济动向、军事动向、科技动向的准确洞察,所以,腐朽的清政府就这样在一味追求享乐的自娱自乐中葬送了国运。清朝政府害怕民间的军事反抗,限制了现代工业、现代军事的发展,这直接导致中国的防御力、进攻力跟国际列强相比相差了十万八千里,当洋枪洋炮冲进来的时候,骑马抡刀的清军瞬间都成了炮灰。

今天,欧美国家、日本的GDP是由成熟的机械、电子、造船、航天、汽车制造等传统产业和领先世界的现代产业如通信技术、生物工程、计算机、新材料、新能源、核技术等构成,这些新型、轻便、快捷的技术应用于任何一个产业包括军事产业,都会让该产业突飞猛进。这是一个值得当下中国密切关注的方面。好在今天的中国已觉醒并正在高速发展,同时,开放的格局使中国已经融入了世界大家庭,对国际形势以及西方强国的熟悉程度甚至超越了对自己历史和祖先的熟悉,这不但让国外霸权无法渗入,也在与国外市场的竞争中找到了自己前进的方向和追求的目标。今天的中国正在做三个方面的重点投入,一是军事技术的研发和生产制造,二是民用基础设施的设计和建设,三是高科技的研发投入,其中高科技的研发投入主要依赖的是民间企业、民间市场的运营模式。这一设计创意产业战略极为正确,几乎是与国际同步的抉择。

真正的强国有两个重要的特征:强大的军事力量和文化实力。

强国之强不在于国土之广、人口之众、GDP之高,而在于硬实力、软实力的双重强势,硬实力就是军事力量,软实力就是文化力量,这双重实力都需要高超的设计创意力来做支撑。

中国一直以来都是全球关注的焦点,不仅地大物博、人口众多,还有五千年的文明发展史,更有近现代惊天动地的社会主义制度建设、壮烈的抗日战争、伟大的抗美援朝、出色的对越反击战、完胜的中印边境自卫反击战等。不稳定因素不会消失,世界空前的竞争格局将会给中国带来更大的挑战,国际上的霸权主义还会不断对中国发起挑衅。例如,有人提出以美国为首的发达国家阵营对中国已经形成了"C"形包围圈,有人断言如果海上防御受制于人的话,对中国就会形成"O"形包围圈,总之未来世界战争的热点地区,中国肯定算潜在的一个。同时,美国正在制定"常规快速全球打击"计划,旨在让美国获得1小时内打击全球目标的能力,一旦实现这一计划,美国称霸全球几乎不再是空想。中国虽然不宣扬军国主义,但维护和平是要实力保证的,我国强调不对外诉诸武力,必要的军事科技、军事设计和产业研发还是必须要加大投入、加紧推进,绝对的和平从来都没有,在相对和平的年代里,这些军事科技、军事产业可以转向民用工业的发展,推动民间设计市场、科研市场的全面繁荣。

设计创意、生产制造水平决定了一国硬实力、软实力的根本状况。

强国的软实力就是民族精神、民族文化的生产成果。

中国正在大力推进文化产业、设计创意产业的发展,这又是一个正确的抉择。其中文化产业包括电影产业、演艺产业、出版产业、动漫产业、旅游产业、传媒产业、体育产业等,而这些也一直是欧美国家包括日韩这几年重点发展的行业,欧美国家、日韩的文化产业在全球具有较广阔的市场,而中国的文化产业发展可谓任重道远。

未来,一旦战争真的爆发,文化不仅可以凝聚国民精神、鼓舞国民斗志、团结国民力量,也必定能从宣传、道义、信心上分化敌人、瓦解对手,从而让敌方的人民和军队在未出战之前就丧失信念的支撑和心灵的坚守。真正的文化要起到固心或者攻心的作用:加固本民族、本国的信心和信念,攻击敌对民族、敌国的信心和信念,大凡立志做强国的国家无一不是这样来推进自己的文化战略的。

不管是军事还是文化,其根脉都是设计创意和设计实践,包括科技研发、文明形制等,其实都属于设计。

今天的设计市场整合,首要的就是国内设计市场和国外设计市场的整合。加强国内外设计市场的交流和对话,可以让国内设计界清楚国际设计的演变、动向和前沿,从而确定自身的设计定位,调整自己的设计方向,有针对性地创造自己的设计成果,通过错位发展、个性发展、特色发展,可以更大数量、更大范围、更大程度地占领国际设计市场,诚如今天的华为手机、海尔冰箱、格力空调、腾讯游戏等正在做的努力。

通过对国际设计市场的考查,中国的设计产业一方面需要跟最前沿的国际潮流接轨,另一方面,通过整合传统意识、整合传统技艺、整合历史文化,将中国悠久的文化成就融入现代设计创意之中是打造中国特色的现代设计创造最有效的办法。

整合,可以是对对象的顺应,如将传统的符号特征无删减地保留下来,融入现代表现之中;整合,也可以是对对象的颠覆,将对象标榜的优势逆反设计之后给人看。例如,周星驰主演的电影《大话西游》就是对传统"西游文化"的颠覆,从而创造了中国电影后现代主义成就的至高典范;而美国好莱坞电影《骇客帝国》(图 6-11)也是运用颠覆性手法,赞扬了电脑黑客对冷冰冰、数字式的现代网络技术的嘲讽与批判。整合,也可以是顺应加逆反,如《大话西游》用尽各种反讽方式讽刺了人们拘泥于《西游记》故事中一成不变的继

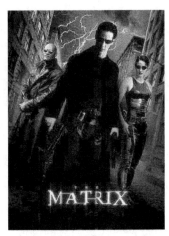

图 6-11　电影《骇客帝国》国际版海报

承之后,最终还是选择让至尊宝化身为孙悟空陪着师父唐僧去西天取经,其实这是对中国传统精神的守护与传播,这是一种文化底线。总之,整合就是对经典、对现实的深刻理解和剖析基础上的再创造,吸收充分、剖析到位之后再出神入化地发挥创意,设计一个新的世界。还可以通过渗透进新的事物来改造整合对象,如将大理石台面嵌入中国古式的八仙桌、用钢化玻璃替换掉中国式古典建筑的屋顶、用中国绸缎做成西服西裤、把缩小版的金字塔和埃菲尔铁塔搬进中国园林等,也是一种整合。整合也可以是对传统文化用现代的形制进行变体后重组,如上海世博会上的中国国家馆就是对中国传统木结

构构造的冷抽象重构，意大利米兰世博会上的中国国家馆又是对中国乡村棚屋形制进行的热抽象的表达。整合首先是对传统和经典的尊重，是对现实世界的深度美化与对尺度的改进，是对未来世界充满期望和祝愿的开拓。

通过现代网络科技，设计市场的国际渗透、国际交流、国际贸易已经变得简单而直接，在此背景下，定位于在国际设计市场上赚钱已经远远不够，传播本国、本民族悠久、深厚的文化和精神应当成为中国设计企业的重大使命。

今天的文化攻势主要就是依靠遍布全球且可瞬间抵达全球的网络。

图 6-12　腾讯游戏《天涯明月刀》的宣传海报

《九阴真经 2》、《战意》、《梦幻西游 3D》、《逆水寒》、《倩女幽魂 2》、《剑侠情缘网络版叁》、《天涯明月刀》（图 6-12）、《三国杀》等在线网络游戏，如果玩家仅仅把它们当游戏玩就损失大了，其实它们还是一种学习和体验中国传统文化的过程，寓教于乐才是这些游戏的文化定位，而网络市场为传统文化的再设计、再包装、再传播提供了无比宽广的发挥空间。网络可以迅速将这些游戏推向全球市场，从而将中国传统文化迅速传遍全球每一个角落，这就是互联网时代最强大的设计市场交流形式。

另外，如电影《英雄》《十面埋伏》《满城尽带黄金甲》《无极》《十月围城》《道士下山》等，是中国第五代导演集体向西方商业电影宣战的"武器"。相对于好莱坞模式来说，这些电影可以称为"东方模式"或"中国模式"：故事情节的设计——武侠恩仇、功夫情结、悲情意识；人物角色的设计——中国传统的帝王、将相、侠客、美女；视觉氛围的设计——空灵、凄美、秀丽、清艳的东方理想；精神想象的设计——儒道佛的交错融合；表演方式的设计——中国功夫与现代科技的完美融合。中国观众对这些武侠片似曾相识却又略微陌生：熟悉的题材、人物、动作，陌生的表现方式和视觉感官。这些武侠片的特征——在情节上都以简单、精练、短小为主；在音乐上都以舒缓、婉约、清新而著称；在画面上时而壮丽、时而艳丽、时而秀丽，追求色调和构图多风格的切换和融合；在武打动作上基本采纳了当下流行的舒缓的慢动作和多角度呈现的方式。这些特征是现代商业电影惯用的包装与宣传的噱头,但故事情节、人物塑造与场景的呈现对于西方观众来说无疑充满神秘、新奇和东方世界特有的诱惑力。事实上,这些中国味道浓烈、中国特色显著、中国风情隽永但又不失时尚感、科技感的电影成为国际电影市场上一道独特的风景线,亦是中国电影人经过对国际电影市场的反复考查、思考、交流之后,寻求到的表达中国文化独特而有效的设计方式。

日本导演北野武(Kitano Takeshi)的电影名作《座头市》(2003年版)(图6-13)就将日本传统文化融入了现代科技,充分体现了他独特的艺术创作风格和设计表现形式。"座头市"是日本小说史上最富魅力的双目失明的民间游侠。同时,"座头"还是一种职称,乃日本盲人组织"当道座"四大头衔中的最末一级,是以弹奏琵琶、筝、三弦琴或以说唱、按摩、针灸为业的盲人的职称。"当道座"是兴起于中世纪、盛行于江户时代保护盲人所从事行业的组织,其中的四大头衔分别是检校、别当、勾当、座头。"市"是一个盲人的名字。"座头市"应当理解成"名字叫市的盲人"。

图6-13 电影《座头市》国际版海报

《座头市》堪称国际电影史上的经典之作,因为它运用独特的设计手法创造了一个奇特而丰富的文化世界,整部电影就是刀、音乐、舞蹈、日本民间工艺和飙血镜头形成的综合艺术,既是日本特定时期人文生态的完整再现,又充斥着现代高科技的时尚感。刀是影片中最主要的兵器,座头市的刀长长的、细细的、雪亮雪亮的、冷冷的,像剑,但又的确是刀,因为有刀的弧度,这把刀锋利、无声、寂寞而又滴血不沾,算得上是标准的日本武士刀。座头市的刀不会随便乱拔,不到迫不得已不会拔刀,但你逼他出手时绝对快、准、狠,绝不拖泥带水、绝不犹豫不决。最潇洒的动作莫过于座头市出刀杀人之后必定会抖一抖刀锋,这样一种细微的招牌动作如果非要说有什么实际意义的话,就是为了让血滑落,从而保持杀人后的刀依然干净光亮。电影用CG(Computer Animation,计算机动画)技术将刀划过身体之后的飙血镜头做了后期处理,从而弥补了传统日本电影中伤口呈雾状喷血的浮夸和虚假，CG处理之后的飙血镜头使血在空气中缓缓地飞舞，北野武这么设计并没有降低观众对电影的认可度，而是使画面显得更加真实、更加纯粹、更加洗练、更加唯美，且为观众创造了充分想象的空间。冷冷的刀、冷冷的色泽、冷冷的基调、冷冷的杀与被杀、古老的建筑、古老的服装、古老的舞蹈、古老的各种工艺品、古老的武打场面让《座头市》乍一看就像一部老电影，怎么也不会想到是21世纪拍摄的电影，而飙血的电脑特技的运用让观众相信了它的当下性和时尚性，从而产生了观看中视觉和意识不经意间的穿越性，获得了观看的多元体验。整部电影的音乐是请铃木庆一制作和配曲的，这位日本摇滚乐界教父级的人物在《座头市》中照样发挥出了惊人的创造力。尽管每一段音乐都比较简短，却无比精悍，尽管旋律比较简洁，节奏却无比清脆爽朗。最精妙的是配器不仅仅有日本民间乐器的交错杂成，层次清晰，而且将音乐的鼓点和劳动人民劳作的声音交织呈现又融为一体，这种配乐的编排方式让艺术和生活交融在一起，自然、生动、有趣、活泼又别具一格。北野武这么设计和呈现他的电影是骄傲、是果敢、是自信，他自信他整合的日本传统乡村场景、乡村生活、乡村设施、乡村劳作的技艺一定会征服世界，他做到了。

今天全世界的设计市场不仅仅是要向人们提供各种各样的实用功能，更应当通过国际设计市场向全人类提供共享同乐的艺术设计和文化创意，这是设计企业应当承担的重要使命。而中国设计企业应当加强对中国传统设计、传统技艺、传统文化的学习、研究和继承，以传统的设计成就历练和增强自己的内功，这样才能打造出具有个性、具有特色的企业文化和创意产品。对于现代科技的学习并非难事，只要拥有开放的胸怀、世界的眼光、积极融入国际设计市场，自然不难学习到别人的强势和优势。虽然外国企业拥有先进的技术，但中国拥有古老而博大精深、丰富多样的文化内容，运用联合开发、携手共建的方式可以实现合资市场、合作市场、合营市场的开辟和创造，从而实现在国际市场上的共赢，因为再先进的技术离开了文化内容也不过是空壳子是无意义的手段。中国也可以用内容换技术，这也是一种国际设计市场双边贸易的新思路，就像俄罗斯曾用机器向中国换衣服、换食物一样。

中国的现代化设计生产，有一味追逐欧美的现代科技、时尚潮流、生活体系、价值取向的发展势头，这是不完整的中国式设计产业的发展模式，同样也是非常可怕的。失去中国范的设计现代化不过是步人后尘,而且迟早不堪一击或被人家轻松吞并,只有自己强才是真的强,仅仅是亦步亦趋地学习别人,永远不存在做大做强的可能。当然,关了门自娱自乐就更不可取,"独乐乐"不如走向世界,创造"众乐乐"。例如,可以通过互联网+中国国粹、互联网+中国民间工艺、互联网+中国地方戏曲、互联网+中国民间文学、互联网+中国古建筑、互联网+中国古典生活方式、互联网+设计项目招标、互联网+设计市场合作、互联网+设计产品外销、互联网+设计原料采购、互联网+国际设计学术研究、互联网+东西方设计成就比较与对话等形式,把中国的物质文化和精神文化传遍全世界。"互联网+"有三种思维方式:一是将互联网作为重要的传播媒介和手段;二是将互联网技术作为管理的方式使其成为中国设计向中国创造转型的重要管理法;三是进一步发展互联网技术,用中国传统的哲学理念、人文精神和思想成果、技术成就推动互联网技术的成熟和完善。除了互联网技术的完善和深度运用,人工智能、生命科学、人机互动技术也将是中国设计创意需要密切关注的发展方向。

第 7 章　设计教育管理

设计创意也好,设计技术也好,都是相对比较专业的工作,需要一定的专业技能。所以,设计工作是需要培训和教育的,起码,基础性、入门性的技术训练还是必须的。设计教育的水平代表了一个国家制造业、设计创意业的发展状况和发展潜力,同时中高等院校、社会培训机构承担了主要的设计教育工作。少儿动手能力、设计思维、形象创造思维对于一个国家未来的设计事业、设计产业、制造业发展至关重要,而少儿动手能力、设计思维、形象创造思维的养成与提升应当是少儿培训机构、小学、家庭三位一体式联合培养的结果。

7.1　设计教育概述

设计教育(Design Education)顾名思义,就是围绕设计而展开的教育活动与教育过程的总称。这里的教育内容包含设计思维、设计技术、设计工艺、设计方法、设计管理、设计理论、设计材料等。

设计教育学既属于设计学的范畴,又是教育学的一支,是一门交叉学科。

设计教育既不是单一的技术教育,也不是纯粹的理论教育,而是一种实践与理论相结合的综合教育,它要求学习者通过接受设计教育达到动手能力、设计创意思维与造物体验、造物理论知识等的全面提升。

设计教育可以是一种职业教育,也可以是一种兴趣教育,还可以是一种业余性的技能教育。例如,对于职业技术学校和高校设计专业的学生而言,通过几年专业性学校的学习可以具备职业化的技能,职校的毕业生或大学毕业生能够专门从事设计创意类工作,并到专业性设计公司、工程监理公司、工程施工单位、生产性工厂、机械研发和制造公司任职;而少儿手工、陶艺、纸艺、布艺等培训机构、兴趣班的培训教育旨在培养少儿的设计、制作、手工方面的兴趣，从而增强少儿的形象思维能力和基本性的动手能力，为少儿将来的创造力奠定基础；对于已经参加工作或退休的人而言，他们也可以在闲暇时参加各类技能培训，如针织、纺织、木艺、金工艺、绘画、插画、缝纫、刺绣、书籍装帧等方面的社会培训，从而掌握一些设计类的知识，丰富一下业余生活，拓展一下兴趣发展。

跟音乐、美术、舞蹈、写作等纯艺术类的培训一样，设计培训也属于一种既要建立在兴趣之上，又要强调专业技能系统的学习培训，是技能、知识、理念、文化、智慧、表现力、创造力的综合性培训，对于全民族综合素质的提升至关重要，是全民族教育事业有益的补充和有机组成部分。设计培训和艺术类培训的核心内容是技术、技能包括流程性设计生产的训练，这一点跟设计批评、设计史论、设计美学、设计管理学方面的硕士、博士教育不一样，这些更高层次的教育主要重视设计理论、设计学术、设计研究专业人才、高级人才的培养。当然专业硕士、专业博士与学术型硕士、学术型博士又有区别，前者是以技术的拔高升华为主、理论学术训练为辅的高级化教育。

设计教育有六大原则，这六大原则涵盖了设计的方方面面：

（1）传统理念与现代科技结合：现代设计往往是传统理念与现代科技的结合，如传统的形制、传统的技术、传统造物法、传统手工艺、传统材质等对于今天的设计依然有强大的启发意义，也是今人对传统文化继承的重要方面。时代的发展推动着现代科技与设计的全面融合，计算机辅助设计技术已经成为设计行业的必备科技手段，如环境设计专业常用的计算机设计软件就包括 3ds Max（3D Studio Max；主要做室内装修设计效果图等）（图 7-1）、CAD（Computer Aided Design；主要做建筑平面设计图等）（图 7-2）、PS（Photoshop；主要用于图片、图像、图形的编修工作）（图 7-3）、Lightscape（主要用于对三维模型的光照模拟和可视化设计等）。

图 7-1 运用 3ds Max 设计的室内装饰效果图

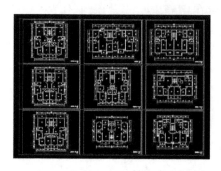 

图 7-2 运用 CAD 设计的建筑户型平面图　　图 7-3 经过 PS 处理过的奥黛丽·赫本像

(2) 自然科学与人文学科嫁接：设计是造物活动，凡造物必然涉及物理、化学以及数学等知识，如青铜器的设计制作不但是物理制造，更是化学工艺——合金的锻造；建筑工程项目与物理、数学紧密相连，建筑材料的选择、运用、组合就是物理学的知识，设计师、工程师、结构师对各种建筑材料要非常精通；运用数学知识决定建筑的尺寸、比例、室内空间体量以及外观形制的最终呈现等；环境设计中的测量、测算、测定几乎都需要数学、地理、物理的综合知识。人文学科主要涉及设计中的美学、风格学、形态学、符号学、艺术学、历史文化学方面的知识。完整的设计创造应该就是自然科学和人文学科的完美组合。

(3) 理论学习与实践活动配套：对于设计师而言，对设计技术、设计绘图、设计制作、设计生产、设计材料的掌握其实还是次要的，设计工作的重心，仍然在于造型、功能、体量、空间规划等内容。设计师与工程师、建造师、技术员、绘图员具有本质的区别，设计师的主要工作是统筹规划，是对设计对象整体形象、功能区划、空间体量、事物格局的整体创造。设计师的理念由绘图员用图像化的方式呈现出来，由工程师、建造师、技术员实现内部结构、建造材料、建造技术上的表达。工人通过熟练的生产技艺、操作技术将设计物最终生产制造出来。由此可见，设计师是提供创意理念的人，是造物文化最精确的确立者和阐释者，对文化、艺术、设计、造物理论方面要有深厚的积累，同时还要精通常用的作图软件、作图技术、材料识别与判定方法、结构与构造的简单表达等，设计师就是精通理论与实践的综合性人才。

(4) 学校教育与社会教育联手：设计师的培养是一个系统工程，既要有学校里基础理论知识的训练,更要有设计项目运作过程中的实训,所以设计师不是由学校或社会单方面培养而成的。今天的设计师靠自我摸索、拜师学艺、实践锻炼很难达到比较全面的专业水准,文化艺术、哲学美学、消费心理方面的理论、认知、学术修养不够,怎么也不可能创造出令人叹为观止的设计经典来。仅仅有理论认知也不够,不完整地参与几次设计项目,设计师是不会知道设计理念向设计实践的转化有多难、不知道设计畅想与现实之间的隔阂甚至对立有多大。设计不仅仅是艺术,还是实用功能,更是需要核算成本与投入的经济活动。所以,设计教育就是学校教育与社会教育联手运作的教育。

(5)"器"与"道"的平衡:设计是造物活动,是形而下的造器运动,但仅仅限于此还远远不够,设计造物其实是整个社会文化背景、历史传承、思维创新、天地自然生态演变、经济发展形势的综合运动,是对天地大道的融入与改良,所谓"天地造化,为而不争"方能创造出尊理合道的设计作品。所谓"人法地、地法天、天法道、道法自然"讲的就是物由人造、人由天地造、天地由自然造就的规律和法则。所以,设计造物既是形而下的造器运动,又是形而上的哲学思维、创造精神。

(6)"以人为本"与"以物载道"融合:设计要以人为本,这是今天被人们普遍认可的设计理念。什么是以人为本？就是所有的设计造物都要为人服务,以人的使用便利为第一准则。果真如此？将人本自私的天性作为造物之原理必然创造出浪费资源、侵害环境、危害自然的人造世界,以图人的功用和方便固然很重要,但这不是唯一的、核心的准则。"以物载道"甚至尊重天地精神、自然法则的设计造物才能促进人与自然、人与生态的完美融合,天地安、自然静才是人之本,自然生态的完备和健康才能保证人类社会的长久生存和合理的延续,图一己之快活必然带给自然生态痛苦、挣扎和报复,精神和理念是能量的一种,宇宙中的能量守恒、资源既定原则要求人在发展的同时一定要兼顾天地生命的生机勃勃、自然生态的有序运转。

从发展阶段而言,设计教育可以分为三重境界:

(1)模拟生命:设计创意是生命状态的实物化、概括化和符号化,所有的设计造物不过都是生命体验、精神理念的物化符号。设计就是对生命的模仿,即模拟生命。这就像儿童画就是对儿童所看、所想的模仿,农民画就是对农村生活的模仿。再复杂、再新颖、再伟大的设计造型,不过都是对记忆深处生活形态的再现,"画鬼容易画狗难",就是因为谁也没见过鬼,于是可以随便画、胡乱画,而狗人人见过,要画得像并得到大家一致的认同就有难度。鬼最终被画成了什么形象?胡乱画也不过还是人的形象,有头、有身子、有四肢、有眼睛、有鼻子、有嘴,或者是动物的形象而已,因为人们缺乏对鬼的记忆,只能模仿动物来画。

(2)融入生命:如果说设计教育的第一重境界是教会人们观察、记忆和再现,那么设计教育的第二重境界,就是教导人们学会想象、沉思和内省。通过想象,力求演化出更多、更新的形象;通过沉思,学会研究造物的目的、方法、技巧、工艺、功能和经济效用,是为了设计而设计,是为了解决问题而设计,是为了造福人类而设计,也是为了造福天地运转而设计;通过内省,赋予设计造物更多的生命体验、精神感动、哲学思考,使物成为人类体验、精神、思想的重要载体和外显方式,使物融入人类命运传承和延续的历史文化的长河之中,从而开辟人类历史的新局面。这就是物以载道。

(3)超越生命:沿着人类慢慢跋涉而来的发展史,设计造物早已超越了一时一地、一人一国的需求和创造,构成了整个人类命运共同体不可重复的集合体,即设计历史、设计文化、设计精神、设计范式的自我完成,这是一个独立、完整且自成一统的历史境界和价值世界,它不为任何政权、人物、思想、财富所压迫、收买和控制,甚至不能被任何一种力量所改变。今人可以买下一个文物,但不能对文物背后的历史记忆、文化背景、价值生态做任何的修改。而设计历史的完整构形凝聚了设计与人、设计与自然、人与自然深刻的关系发展史,人类付出再大的努力,也无法对这种关系史作出篡改,曾经的对也好、错也罢,都已经刻进了古人创造的物质之中,成为启迪人类未来整体命运的使命和象征。

设计教育不能揭示这三重境界,就是失败的教育。

设计教育的类型大致可以分为:

(1)社团教育:政府主导的地区性规模教育、社区化公民教育、农村集体性培训、非教育类团体机构的教育活动等。

(2)学校教育:中小学内部的手工课、创作课、创意课,职业技术学校的专业性教学,高等院校设计专业本、硕、博三层级的教学等,这里的学校包含了公办和民办两大类。

(3) 其他教育：民间师父带徒弟的教育，自学式的研究、学习、总结、训练，国内外同行的交流学习，设计市场上以营利为目的的设计培训企业和机构等。

设计教育的内容有：

(1) 技法教育：设计制作方法、工艺、生产制造流程的教育。

(2) 理论教育：设计史、设计批评、设计美学、设计管理、设计生产、设计营销等各方面知识的理论化教育与理论研究方式、方法的教育等。

(3) 价值教育：设计功能、设计理念、设计精神、设计世界观、设计生命观、设计与人的关系、设计与自然的关系、人与自然的关系等观点和知识的教育，包含了对这些方面理论研究方法、方式的教育等。

(4) 创新教育：设计技法、理论、价值的创意、创新、创造的教育等。

(5) 设计教育管理的管理实践、管理方式、管理方法、管理理论总结、管理理论研究方法、技术、路径、成果等的教育。

7.2 设计教育管理发展史

教育管理几乎与人类教育同时产生。因为，一旦有了教育，就出现了对学习者的管理，哪怕是师带徒，也必须有师规，不守师规岂能成就徒弟的"方圆"？再往前推，人世间的第一个家庭出现在原始社会，家庭的产生实际上就有了教育管理，因为父母都希望自己的孩子能够坚强地活下去，将来能够出人头地，父母就成了孩子的第一个老师，家庭教育的发展产生了"家规"。

没有管理，教育就无法实现知识和技能的传递；没有管理，人就无以成才。

所以，造物教育管理史几乎就是人类的群居活动史。

严格意义上的、系统的设计教育管理思维当产生于周朝，因为周朝的贵族教育体系开始成熟，官方教育将"礼、乐、射、御、书、数"列为贵族必须掌握的六种基本才能。

礼当然是礼仪，乐自然是音乐，射就是射箭，御是驾车（御战车），书是书写绘画之技能，数即算数。每一个学习内容都离不开设计，"礼"要通晓礼器，"乐"要了解乐器，"射"要精通弓箭构造及引弓之术，"御"要求人与马车或战车相融相通，"书"即文字、图画的设计，"数"是数字和几何比例的集合，是丈量术的基本功。《汉书》(图7-4)论"书",设为"六书":"古者八岁入小学,故《周官》保氏掌管国子,教之六书,谓象形、象事、象意、象声、转注、假借,造字之本也。""书"中有形象设计的教育。关于"数",宋朝时期著名大数学家秦九韶在《数书九章·序》(图7-5)中说:"周教六艺,数实成之……爰自河图、洛书闿发秘奥,八卦、九畴错综精微,极而至于大衍、皇极之用,而人事之变无不该,鬼神之情莫能隐矣。""数"简直成了构建天地万物的法则和规律,这就解释了为什么数学至今仍是最基础的理学之根。

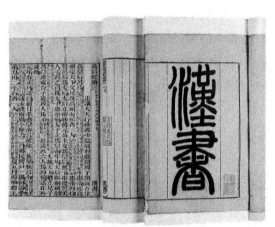

图7-4 蝴蝶装的《汉书》

图7-5 古籍善本《数书九章》内页

谈到中国古代的设计教育或设计教育管理,不能不提及"工艺"一词。在漫长的农耕时代,中国主要的设计活动包括建筑设计、园林建造等统统归于"工艺",如"小木作"是制作家具的,"大木作"就是建造木式建筑的。所以,中国古代的"工艺"一词便是今天"设计"一词最贴切的称呼。而中国古代"设计"用法的本义并不是指造物,而是指计谋和策略,如元代尚仲贤在《气英布》第一折中所言:"运筹设计,让之张良;点将出师,属之韩信。"句中"设计"即指计谋和谋略。

我国古代就有"工艺"的叫法,当时的"工艺"是"工"(工匠、制作)和"艺"(才能、技艺)等多重词义的复合,与近现代"工艺美术"的概念尚有区别,近现代"工艺美术"相较于古代的"工艺",概念范围自然要小得多,特指非实用性的、装饰性的陈设品。1902年,洋务派代表人物之一张之洞奏设"三江师范学堂",也就是今日东南大学等高校的前身,1906年,"三江师范学堂"改名为"两江优级师范学堂",同年,"两江优级师范学堂"正式设立图画手工科。由此,"两江师范"成为中国最早的设立师范美术专科的高等学府,其中就包含有"工艺科",即工艺美术设计专业。

1911—1949年,随着辛亥革命的胜利、封建帝制的覆灭以及这之后连年的内战,中国的传统手工艺品随之进入了发展的低谷。五四运动以后,中国知识分子提出了以"美育代宗教""美育救国"的口号,这一时期,今日尚在使用的概念"工艺美术"常被称为"图案""美术工艺""实用艺术"等,而在数十年后,所有词汇最终被"设计"一词所统一和替代。

西方近现代设计教育管理发展也是一波三折,颇有意味。1851年,英国万国工业博览会上"水晶宫"(图7-6)中陈列的粗制滥造的工业产品,招致了约翰·拉斯金(John Ruskin)和威廉·莫里斯(William Morris)等人的极度

图7-6 英国万国工业博览会标志性建筑:水晶宫

反感,他们批判早期工业机械化大生产所带来的负面影响,提出了对中世纪古典传统手工艺的眷顾与回归。随后,莫里斯通过"工艺美术运动"(Arts and Crafts)在民众中倡导"手工与艺术结合"的理念。此后,法国、比利时相继爆发了将"工艺美术运动"引入欧洲大陆的"新艺术运动"(Art Nouveau),同时期,德国成立了对标准化、大批量工业化生产方式展开热烈探讨的"德国工艺联盟"(Deutscher Werkbund)。而欧洲设计教育最终走向现代化的重要标志,是包豪斯(Bauhaus)设计学校的建立,它促使欧洲现代设计理论研究、现代设计教育教学、现代设计实验与实践正式进入了正规化的学校教育体系,从而改变了现代设计教育的发展方向和整体方案。

包豪斯设计学校由德国著名建筑设计师瓦尔特·格罗皮乌斯(Walter Gropius)在德国的魏玛创立,该校的创立不仅标志着现代设计教育体系的确立,也标志着"设计(Design)"作为一门学科的兴起。包豪斯集中了20世纪

以前欧洲各国先进的设计思想和经验，它提倡"艺术与技术"结合的发展理念和全新统一，从而创立了工业化时代设计教育的基本原则和方法，其中还融进了对经济内容的重视和相关能力的培养，奠定了现代设计在20世纪独领风骚的先锋地位，标志着旧有手工艺装饰思想在未来一百年的彻底转型。包豪斯的教育理念和教育思想随着二战期间向美国的转移，从而与美国芝加哥学派产生了融合，直接导致了20世纪50年代国际主义现代派风格的流行，从这个角度上来说，包豪斯不但引领了现代设计教育的发展方向，还当之无愧地引领了全球现代设计实践的潮流。

包豪斯用自身的实力和成就证明了，学术思潮、理论成就同样也是设计教育管理的重要力量，这是一种通过设计精神、设计理念、设计教育来管理和引导设计实践的方式方法，这也是学术理论对实践活动存在重要引领、指导、规范、推进作用的又一证据。

随后的一百年内，中国的设计教育经历了从"图案""美术工艺""实用艺术""工业艺术""工艺美术"再到"艺术设计"曲折的进化和选择过程。直到20世界70年代末期，湖南大学等部分工科院校开始在我国率先设立"工业设计"类的研究所。20世纪80年代初，这些高校还相继创办了"工业设计"专业。1987年，"中国工业设计协会"正式成立。在这些社会活动的推动下，1998年，教育部颁发的普通高校本科专业目录中首次出现了"艺术设计学"的称呼，"艺术设计"作为"国定"科目为其"名称之旅"正式画上了句号。于是，全国艺术院校的工艺美术专业开始纷纷更名为"艺术设计"专业。1999年11月20日，中国唯一的也是最早的工艺美术最高学府——中央工艺美术学院并入了清华大学，并更名为清华大学美术学院，这是中国高等专业教育中，"工艺美术"被"艺术设计"全面替代的标志。

7.3　设计教育管理的主体

设计教育管理的主体可以分为政府机构、行业协会、企业、学校、其他社会组织、设计消费者等。如"太学""国子学""国子监"等就是古代中央政府对设计教育进行管理的职能部门。今天的教育部、教育厅、教育局等就是设计教育管理的政府机构。

环境设计教育协会、室内装饰教育协会、景观设计教育协会、园林设计教育协会、设计教育管理协会等同样也是设计教育社会化管理的主体,这些协会统称为设计教育管理类行业协会,其实也是设计教育的管理性行业协会。本书在第6章第3节"行会对设计市场的中观管理"中详尽介绍了行业协会的性质和组成方式以及它们的管理职能,此处不再赘述。

企业同样是设计教育管理的主体。例如,企业里存在着大量师带徒的现象,学徒工、管培生等新晋年轻员工都会配备引领其入门的师父,师父将手把手地教导、带领他们入行。年长的前辈对年少的后辈也会起到教育、引领、树立榜样的作用,这是一种隐性的管理。企业制度、企业行政、企业人事、企业技术部门、企业项目管理等构成的整个体系都会对自己的设计师、工程师、技术员产生约束力、规范力、领导力、指挥力,这种对员工的管理过程其实也是一种教育过程,规范的企业管理能让自己的员工进步很快,也会让自己的员工在业务技能、综合素质上强于其他企业的员工,企业管理的水平直接决定了企业员工的作战力和成就的高度,所谓"管理出效益"的说法的奥秘就在于此。

学校是设计教育的管理主体,这一点很好理解。学生在学校里学习、读书、生活,需要全盘按照学校的各项规章制度按部就班地进行。专业教师、教务员、教学秘书、班主任、辅导员等联合决定学生的学习计划、课程安排、课余生活、党团活动等,学校的校外实习计划、校内金工实习、专业发展和职业发展规划等都有既定的安排、统筹的运营,学生必须配合和遵守学校的统一管理,否则可能会被勒令退学。

涉及设计教育管理的其他社会组织还有很多,如设计培训机构对设计学习者的专业训练也非常重要,设计职业者可以按照自己的时间、经济实力、兴趣方向等选择参加设计培训机构的专业训练,从而使自己的设计技能实现提升并达到预期的高度,设计培训机构也会运用一系列的管理手段、管理方法来帮助受训者达到提升的目的;如设计教育类科研院所也是设计教育的管理主体,它们主要是依靠设计教育科研的理论成果对设计教育界、设计界产生思想、理念和精神上的暗示、教导、提醒和改变,使设计教育管理效果得以实现;如设计教育学术研讨会、设计教育高层论坛等对于设计教育工作也有重要的指导功能、提升功能。

设计消费者对设计师的工作也有指导意义,如设计消费者的需求、设计消费者的使用效果、设计消费者对设计产品的反馈意见也能促进设计生产的改进,许多设计生产公司为了获得市场反馈还专门成立了售后服务部门、设计信息调研部门、设计市场公关和服务部门等。

设计管理手段中还有一项很重要的手段便是教育手段,通过让设计师接受再培训、再学习、回炉学习、返校进修等获得设计理念的转变、设计思维的开发和设计技能的提升。

科教兴国是我国的基本国策,而设计教育对一国一民族的设计业、制造业发展作用之大不可估量,所谓"十年树木、百年树人",丧失了设计教育,设计人的成长和发展一定会很不健全。一国之教养直接关系到国民的观念和理性思维能力、设计创造力。创造的源泉来自于对惯常认知和思考方式的突破与叛离,一个教育水平低下的民族无疑是"放养"的民族,"放养"的结果会造成对生活习惯与经验不加批评的沿袭,那么因循守旧就会成为必然。

习惯和经验虽然重要,但某种意义上说也代表了一种保守文化,过分的保守等于误国害民。无论是小市民习气还是小农意识,都堪称是保守文化、害人文化的典型。有人专门研究民族的丑陋性、民族的劣根性,小市民、小农的习气和意识表面看仅是自私的表现,其实质仍然是国家的教化不足、民族的教养不够。一个没有教养、自私自利成性的民族难登大雅之堂,更别说能成什么大器。

设计教育也是治器治道的大作为,设计教育的内容包括设计实践性活动、设计理论性研究、国民创造性的培植、设计真理的探寻等,这些皆是设计教育、创造性教育治世的手段,同时也是设计教育、创造性教育天生的目标和使命。毫无疑问,完善的政府设计教育政策、正规的学校设计教育、繁荣的社会设计培训市场、强大的设计理论研究、实用的企业设计管理方案、成熟的设计市场反馈机制等构成了国家设计教育的完整体系。

在人类处于蒙昧时期以及早期教育尚不全备和完善的时候,师徒这种单体的传授继承方式是设计和造物主要的教化方式,即使在今天设计教育仍然处于争论、探究、摸索的背景下,手工艺、工业生产、建筑建造、服装设计、艺术设计、环境设计、广告设计、机械制造等领域还大量存在着师徒传授制。师带徒的形式相当强调言传身教的技艺传承,这种一对一的方式会永远传承下去,因为这是设计学习者进步最快、学习最深入、实践最到位的教育方式。例如,本科阶段的学习是一对多的教学法,老师无暇去顾及每一个学生是不是都在认真听讲,也不可能不停地叮嘱大家要遵守课堂纪律。听大课的效果自然不如上小课,上小课的效果自然不如一对一的听师父指导。硕士生、博士生的教育就采取了导师制,基本就是一对一指导,这种方式其实类似于传统的师带徒的模式,如此做也是希望硕士生、博士生能在导师一对一的教导下获得更为专业、系统和快速的成长。

设计技艺的师徒传承不是难事,只要师父尽心、徒弟用心,技艺传承很容易做到,但这种教育形式也具有一定的局限性,即难以规模化、制度化。第一,难以让更多的人接受到技艺的教学;第二,如果遇到徒弟愚钝或不用心,也缺乏更有力的管理效能去规范、纠正徒弟。俗话说,名师出高徒,但当诸葛亮遭遇刘阿斗,也会功亏一篑,非师不严厉,实为缺乏更为有效的、整体上的管理妙招和管束机制。

一个技艺精湛的设计师一定是多年浸淫于本行当且不断接受教育、勤于动手和思考的。师父的教诲、同行的设计成就、同伴与合伙人的协助、学校设计课程的教学、社会化的设计培训、职能部门组织的设计师考级、设计作品的参赛参展,甚至消费者的反馈意见对设计师来说都应该是一种教育,这种教育的模式才是全面立体、影响深远的。设计跟其他艺术一样,来源于生活和情感、发展于动手和实践、成就于知识和胸怀,这就是设计的潜性教育①。纵然一谈到教育我们总盯着现代学校和现代课堂,但技艺的传承还得讲究学习者要有较高的悟性、较自觉的学习态度以及有较高的兴趣。

---

① 潜性教育——2002年由成乔明带领的教育研究课题组首次提出的原创概念。潜性教育是相对于学校、课堂面对面教学式的显性教育而言的,指的是与教育具有间接关联或根本没有关联的社会生活、人情世故以及大自然的万事万物对人的教化,许多人事物尽管与教育没有明显或根本没有关联,但通过感受体的自体验、自感悟而生发出情感和认识上的变化并推动自身获得真知和生命完善的过程。潜性教育是自然教育、社会教育、生活教育、生命教育、内体验教育、隐形教育的综合与发展,是与学校显性教育并行不悖的方法论教育,同时也是一种教育观和世界观。(参见:成乔明,李云涛.潜性教育论[M].北京:光明日报出版社,2012.)

对于高校和职校来说，它们今天已经成为设计教育的主阵地或主体之一，但随着设计专业的火速膨胀与热门化，各大高校都纷纷追赶时髦而设立设计专业，结果却囿于资金和场地的局限出现种种不尽如人意的情况。例如，师资力量不足、缺乏实习工厂或合作企业、缺乏专业化的工作室和设计实验室、缺乏资金投入、缺乏科研和理论成果的支撑等都是限制设计专业进一步提升的瓶颈。艺术设计是艺术门类中唯一能与科技学或工科专业结合的专业，许多理工科、综合性高校纷纷开设了艺术设计专业甚至数字媒体设计专业，却没有跟进投入，从而造成了教育资源的浪费和空心化教育。像人工智能设计、大数据设计、高科技设计、数字媒体设计研发的投入更为巨大，但这方面的高级设计人才、专业人才都去了企业，造成高校这方面的师资力量严重缺乏，跟风开办此类新型专业其实风险很大，最大的风险就是容易耽误了学生的青春和前途。所以，国家教育部每每面临新专业开设热潮时，应当尊重实际，加强对申报开设学校资质的认证和考核，严格申报流程，最好指定部分有实力的院校进行实验性、尝试性的开班招生。

设计教育在高校或职校中还体现为理论教育跟不上，这是更令人担忧的问题。设计师是创造美、创造生活的人，一个不懂创意学、美学、哲学、心理学、思维学、文化学、社会学的设计师又能创造出怎样的美、怎样的生活呢？设计师起码也应该精通其中的某一或某两类理论知识。社会不缺能工巧匠，缺的是精通美、创造美的设计师；社会不缺工程师，缺的是具有设计创意和创造力的设计师；社会不缺绘图员，缺的是具有原创精神和独创意识的设计师。根本的原因就在于全社会的设计教育过于功利、过于浮躁、过于轻率，从而流于表象，丧失了对生命、对心灵、对真理深切的爱和尊重。因为功利和浮躁，所以今日的设计事业也流于器、流于技，忽视了道，忽视了对修为与教养的追求。

真正的高校应当拥有前沿的理论成果、设施完备的实验室、体系完整的配套学科；真正的高校是"术"与"道"融合的学术之邦；真正的高校人文氛围浓郁，这是培养设计精神最基本的条件；真正的高校设计成果的转化容易受到社会及时的承认和接受。

对于设计企业来说，经常性地组织设计人员进修计划、设计论坛、设计成果评比、设计成果展示交流、设计能力测试评定、设计创意大赛、著名设计师演讲或开课、设计人员德能勤绩的考评、设计人员综合素质测定等都是行之有效的设计教育手段,起码是能起到教育作用的手段。设计企业的教育功能还体现在通过企业的战略眼光、市场布局、技术革新、竞争力提升计划等一系列管理手段推动员工的成长、激发员工的潜力、拓宽员工的眼界、提升员工的素质,如华为在2004年10月份就成立了一家内部性的公司叫海思半导体有限公司,该公司专门为华为研发、设计智能芯片。2004年,华为总裁任正非对华为总工程师何庭波说:"我每年给你四个亿,由你负责海思,你无论如何都要把华为的智能芯片造出来。"这是一个重大的历史时刻,是中国芯片研发、设计、制造的里程碑,对于何庭波及其团队来说,亦是人生中最为辉煌和艰难的使命。经过十多年艰苦卓绝的探索和奋斗,海思从默默无闻和无人问津,已经上升到全球知名的芯片公司,其麒麟950代表了中国芯片的崛起,麒麟970(图7-7)让华为海思走向全世界。2018年全球IC设计公司中,海思的营业收入排名第五,前四名依次是博通、高通、英伟达和联发科,何庭波(图7-8)也成了世界知名的"芯片女皇"。进入2000年之后,美国政府加强了对华为的制裁,此前美方甚至将2020年9月15日定为华为麒麟芯片断供日,这意味着新一代旗舰芯片麒麟9000将成为台积电为华为代加工的最后一代旗舰芯片。2020年10月23日,据集微网的消息称,台积电再次获美国商务部的许可,继续为华为供货,但只限于部分成熟工艺产品,不包含高端的麒麟芯片系列,华为的"严冬"并未真正过去。市场的竞争是最好的课堂,商场的逼迫是最好的老师,美国对中国的贸易封锁又何尝不是最好的鞭笞,华为一定会挺过去。设计教育管理相对于其他管理来说是讲究更为柔性、情感性、深刻性、智力启发性的管理,是从动心动情出发对动身动手、原创力、独创性起引导、暗示、立范的管理。

图 7-7　海思芯片:麒麟 970

图 7-8　华为海思 CEO 何庭波

7.4 设计教育管理的客体

设计教育管理为的是推动设计教育健康、快速、有效地发展，所以设计教育行业、设计教育机构本身就是设计教育管理的第一客体。例如，国家的教育方针、教育政策、教育法规、教育改革主要针对的就是教育机构，正规的公办学校、民办学校、大型连锁培训机构、个体性培训机构、社会上的兴趣班等都应当遵守国家的教育法律法规和办学方针政策。这属于机构性客体。

设计教育管理需要对设计类的教育规范与教育政策进行管理，如教育部需要与时俱进，不断对过时或不合时宜的法律法规、规章制度提请修正、修改、修订，对学校教育、培训机构的教学质量、教学水平的考量标准、考查指标、考核体系做不断的动态性调整，这样才能真实反映全国学校和培训机构准确的排名，才能准确掌握设计教育资源的分布。这属于制度性客体。

设计教育的关键在于老师和学生，老师和学生是教育的根本，以人为本的教育就在于以老师和学生为本，设计教育管理应当为广大的老师和学生服务，老师的培养、老师的进修、老师的再教育、老师的权益、老师的尊严、老师的待遇、老师的行为规范和职业标准、老师的考核等都是设计教育管理需要去落实和执行的主要方面，同样学生的学习权力、学习效果的考核、升学的途径和方法、学业规划、职业规划、技能测定等也是设计教育管理的具体内容。老师和学生就是设计教育管理的人格性客体。

设计教育传授的是设计的技巧、设计的技能、绘图的技术、设计的思维、设计的理论、设计的研究方法、设计方案的制定、设计策划案的写作、设计项目的运营管理等，教学方案、教学计划、课程安排、学业规划等工作就是设计知识、技能传授的保障，这属于设计教育管理的知识性客体。

对学习者设计价值观、审美观、伦理观的提升是设计学校、设计培训机构的办学目的，设计学校、设计培训机构能够提升全社会、全民的审美观、创造能力、设计思维水平、物用伦理的素质和水平是其价值所在，跟艺术教育一样，设计教育对于全民综合素质的提高特别是美的视野、美的心灵的养成至关重要，这就是设计教育管理的精神性客体。

设计教育管理还直接决定了设计物、设计产品、物化世界的层级、档次和格局。创造和谐的社会,创造可持续发展的自然生态,协调人与设计、人与自然、设计与世界之间的均衡发展是设计教育的旨归,而设计物、视觉造型、技术内核、物质世界就是这种旨归的重要载体,这是设计教育管理的物化客体。

设计教育管理在于培养设计企业、设计机构、设计项目、设计师的契约精神、商业意识、市场观念和合作方法,从而构建健康、合理、完善的设计商业世界,这是设计教育管理的商业性客体。

距今1万年左右,人类能够大规模生产陶器,原始陶器质朴粗犷,泥土的烧制模样直接裸露在表面,简练的纹饰图案让人窥见原始民族在视觉思维上的不凡水平。当然,当时的烧制技术和对温度的把控还有相当大的局限性,故旧石器时代的陶器还只能称为淳朴的土陶。8 000多年前,磁山文化中出现红陶;7 000多年前,仰韶文化中出现大量彩陶;6 000多年前,大汶口文化中出现"蛋壳黑陶";4 000多年前出现商代白陶;3 000多年前的西周有了硬陶;随后,秦代兵马俑(图7-9)、汉代釉陶(图7-10)、唐代唐三彩(图7-11)等相继产生,展现出我国先民在制陶技术上的日臻完善,陶器硬度越来越高,陶器色彩和纹饰越来越丰富,形

图 7-9　陕西省秦始皇兵马俑

制设计越来越复杂且多元化,显然这是与陶土的采集技术、陶窑的焙烧技术、颜料的研制技术、施釉的工艺技法、纹饰和形制的设计生产技术不断提高紧密相连的。在汉之后,中国基本已经进入"瓷"时代,但中国"瓷"时代的真正兴盛应当算是宋代,该时期的中国瓷器全面成熟并开始享誉世界。又如麻、棉、蚕丝、皮草等天然素材是早期古代服装的主要布料成分,在质地的视觉和使用上,古代服装无法摆脱天然素材天性的束缚,桑蚕丝由于是蛋白质成分,所以布料不但容易起皱褶,而且在潮湿状态下容易滋生细菌、光滑度下降、失去光泽、掉色发黄并板结和老化,而现代纳米技术的发展将 TiO_2(二氧化钛)和 $Ag\text{-}TiO_2$(二氧化钛-银)纳米颗粒用于蚕丝的植入研发,即在桑蚕丝中植入 $Ag\text{-}TiO_2$ 纳米颗粒,从而增加蚕丝使用的永久性的优越性能,防潮抗菌且

图7-10　河南省荥阳牛口峪出土的彩绘双鸟怪兽陶壁壶（西汉时期）

图7-11　陕西省西安市西郊中堡村出土的唐三彩骆驼载乐俑

不易变色，从而生产出了一种新型的蚕丝纤维。同样，人造革（聚氯乙烯人造革——PVC革，聚氨酯人造革——PU革）的发明制造几乎就是一场拯救动物的革命，以织物为底基，以聚氯乙烯或聚氨酯溶液为涂料涂抹在织物上，然后加热使之塑化，并经滚压压平或压花制成。人造革质地轻软、耐磨、透气、保暖，手感不受冷暖变化的影响，可以代替天然皮质制作服装。各种新型材料、新型工艺、新型技术、新型形制的出现都必定引起设计行业发展的突飞猛进。而设计教育管理的本质就在于激发人类的创造力和科技研发力，从而实现提升人类的造物技能、生活品味、生命品质的目的，而这么做的结果就是创生了人类洋洋大观的设计史、造物史，进而汇聚成丰富而深厚的设计文化、物质文明，这是史学性客体。

　　漫长的人类设计史中的教育手段、教育资源、教育过程、教育方案可能被淹没在历史长河中，显得不是那么的清晰，但人类最精妙的生存规则、创造法则、改造世界和自然的能力不正是一代一代传承下来的吗？传承本身就是教与学的互促互生，人类每一次的重大革命、每一项伟大的创造都是为了让后代生活得更好，是对美好生活的向往刺激了人类不懈的发明创造和设计的提升。而人类总会想方设法将各种高级的技术、不凡的技能、超前的思想传递给下一代，从而希望下一代的身心变得更强、更兴、更发达。这是设计教育、设计教育管理时时刻刻都在发挥作用的内生机制，这是一种生命的本能，无须刻意地安排。

文化的传承是和生命体 DNA 的遗传同步进行的,文化包括设计文化本身也存在遗传基因,可以称之为"文化 DNA"。设计创新实践打造了这种文化 DNA,设计理论研究概括提炼并重新编码了这种文化 DNA,从而使一代一代的人类能够更好地感受到、体验到、把握好、继承好这种文化 DNA,在前期文化 DNA 的基础之上,人类拥有了越来越先进的创造理念、越来越发达的创造性思维、越来越精湛的创造技能、越来越兴盛的创造激情,这就是现代科技、现代创意、现代发明突飞猛进、日新月异的基础和原因。这中间离不开设计教育和设计教育管理。可以用图 7-12 来阐述这个文化传承的原理。

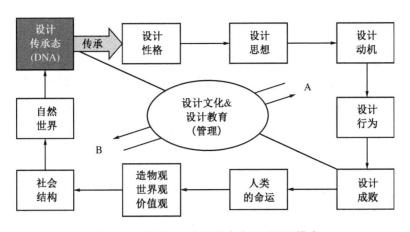

图 7-12　设计文化传承的内在机制闭环模式

人类的设计性格、创造性格不是天生的,而是对设计传承态的传承,即设计 DNA 的传承。设计性格决定设计思想,设计思想决定设计动机,设计动机决定设计行为,设计行为决定设计成败,设计成败决定了人类的命运,人类的命运又进一步决定了人类的造物观、世界观、价值观,造物观、世界观、价值观决定社会结构,社会结构决定自然世界的格局,自然世界的格局决定了设计传承态(设计 DNA)。A 部类指的是人类的设计活动、设计格局;B 部类是社会、自然构成的自然、人文生态。A 创造了 B 的设计文化(史),B 反之又对 A 形成设计教育(管理)力量,A、B 相互影响、相互促进,从而推动整个人类和世界往前发展。闭环内的所有环节、所有内容都是设计教育管理的管理对象、管理客体。

7.5 设计教育管理模式研究

这是一个消费的时代,更是创意消费的时代,物产丰富、经济剩余的时代必然是供大于求的时代,所以消费者开始成为经济消费的主动力量和引导力量。消费市场将依据什么来选择自己的消费支出？创意。无论是对新生事物充满好奇,还是对传统商品的新形式、新花样、新革命充满兴趣,其实都说明了社会消费具有强烈的探求精神和尝试精神,这是社会自我开拓能力的源泉。

我国政府提出的"大众创业,万众创新",其实质都是希望挖掘社会群体的创意力,没有创意的生产和消费一定会带来没有活力甚至腐朽的经济形势。设计师作为生产制造的创意源,在创意消费时代必然面临更大的考验,因为没有新意的重复性设计必然会被市场抛弃,不能够激发消费欲求的设计也必然无人问津。当下时代,消费者不但变得越来越精明,也变得越来越专业,蒙混于消费市场是愚蠢的做法。这一切对全社会的设计教育也带来了前所未有的挑战。

设计创意其实就是对设计传承态的"提萃"。

欲了解创意提萃,先要了解一下"创意管理"。

英国学者克里斯·比尔顿(Chris Bilton)认为创意管理是一种对符号性创意的管理(图 7-13),是对象征性产品从产生到流通的系统性管理。① 这种"符号性创意"实际就是提萃过的创意,即对创意进行提炼而实现精粹化。纠缠于普通创意的重复和日常工作的应付是不能激

图 7-13 书籍《创意与管理：从创意产业到创意管理》的封面设计

---

① Chris Bilton, Ruth Leary. What Can Manager for Creativity in the Creative Industries[J]. International Journal of Cultural Policy, 2002(1): 49-64.

活高级创意的,这也是设计教育管理力求避免的事情。

由于时间和条件的限制,在技术、技能、设计精神、职业素养的整体性培养上,将创意高度提萃和让学生最大可能地熟悉提萃后的学术知识、理论概念成为设计专业教育的关键。中外古今的造物文化可以提萃,设计行业的职业道德和创新精神可以提萃,同行的设计成果和设计风格可以提萃,社会需求和消费时尚也可以提萃。在大数据和"互联网+"的背景下,对设计创意精粹的深入性理解和消化吸收完全可以通过学生课堂外的自学得以实现。而教师就应当利用自己的知识体系做好创意提萃的研究和指导工作。

设计教育应当关注和致力于 DRIVE 教育管理模式的落实和推进,DRIVE 教育管理模式是建立在创意管理的原则之上提炼总结出来的一种新型化教育管理模式,同时,还是一种追求协同发展的教育管理模式。

虽然高校设计教育是设计教育的主体力量和最专业的教育,但不超过五年的大学本科教育不可能将绝大部分学生都培养为成熟的社会人、职业人,设计职业的成长其实是一个漫长的过程,画图、掌握各种设计软件只是基本的工作技能,更为复杂和深入的设计理念和原创精神的养成是高校设计专业教育的核心使命,而这些才是一个设计师的立身之本。

设计理念、原创精神哪里来?从技术之外来,从社会来,从学术中来,从悟中来。"艺术家其实就是现实的一部分——他的意识是现实世界改造的成果。与其说他能完全摆脱现实世界,倒不如说他根本不可能将现实世界隔离在他的情感之外。"[①]诚如示意图 7-14 中所示,A 如果代表了设计学习者、设计师队伍,那么 A 不能脱离 B 而存在,A 必须从 B 中汲取各种营养,认识社会、了解社会、熟悉社会最后融入社会才能成就自我。

学生不能无所顾忌地脱离学校,这需要高校将社会资源引进课堂,同时将学生适度地送入社会;既要强调将教学计划中的技能、技术教给学生,更要培养出学生教学计划外的设计精神和职业素养。这就是协同发展。

协同发展不是协调发展,协同发展是建立在协同管理基础上的共赢发展范式,不是人为、被动地压此助彼的协调,而是同时利用此和彼或更多方特长的联合式发展,强调各联合方的强强合作。协调发展是为了平均分配资源,

---

① Paul Mortier. Art: Its Origins and Social Functions[M]. Sydney: Current Book Distributors,1955:27.

协同发展是为了创造更大的价值,协调发展往往针对同行竞争,协同发展更注重各行各业之间交叉性的携手共赢,正如"文化符号、文化形象会大批量、大面积地出现在日常的物质世界里,成为物质生产重要的灵感源泉。如玩具、服装、化妆品、建筑、手机、汽车、发型、娱乐场所、城市环境、室内装修、其他日用品等的设计与创新模式都是对文化产品中的形象或符号的借鉴与挪用甚至复制"①。文化的物质性衍生产业的兴盛就是设计界的协同发展。为了避免设计企业对大学应届毕业生二度教育、二度培训产生高昂的机会成本,高校和企业之间应当推行互动式的协同发展。DRIVE 教育管理模式的运用可以打破高校与社会之间沟通、衔接、合作的行业壁垒。

　　D 指 Demand,即需求,包括他人所需、市场需求、社会需求等。设计师的目标永远不能离开市场,因为设计活动绝大部分情况下不是自娱自乐。大学生不能整天沉耽于市场,但完全可以通过日常的教学环节来主动与市场对接。如以赛促学就是一个衔接高校和社会的抓手。如今许多设计奖项都是由企业和社会力量组织运行的,许多奖项的获奖作品可以直接进入量产阶段或成为企业投资的新动向,如德国红点奖、德国博朗国际工业设计大赛、iF 设计奖、大阪国际设计竞赛等。如果说这些设计竞赛对于大多数大学生来说难度较大,那么像中国大学生广告艺术节学院奖、落户深圳的全国大学生创意创业大赛都是针对大学生创意和直面社会需求的专业性竞赛。把竞赛作为项目带入课堂,可以形成以赛促教的教学和学术研究动力,通过教师与竞赛之间相互的关注和长期的合作,教师可以利用以赛促学给学生带来长足的后劲,学生在课堂上就能够掌握企业的需求、社会的时尚、行业的新动向。大学生特有的、充满青春活力的创意也能被社会充分挖掘和利用。

　　R 指 Responsibility,即责任共担。责任心是设计师的天职,丧失责任心,设计师将不再是造福人类的人,很有可能成为社会潜在的危害分子,因为不负责任的设计将造成巨大的浪费、情感的伤害、社会福利的倒退。按键和屏幕太小的手机、三孔紧贴两孔的多用插座、深度不如鞋子长的鞋柜、屋内地平低于屋外路面的临街商铺、毛刺刺的商标贴在衣领后颈脖的设计就是不负责任的设计。高校实行导师负责的工作室制就是培养学生责任心的教育模式。

----

①　成乔明.文化产业概论[M].上海:同济大学出版社,2017:183.

导师是工作室的责任人,工作室以团队形式将固定的学生团队结合成一个微组织,每两个或几个导师组合成一个工作室,多个工作室之间是竞争关系,公共课和基础课的教学实行学生们统一集中上课,专业课的学习和研究将回归各自工作室。导师团队的考核与工作室教学、研究、竞赛成绩挂钩,这样学生的学习成果就成了考核导师和工作室的抓手。学生不能随心所欲,必须与导师的工作室休戚相关、共荣辱,这样,学生在正常学习过程中同时培养了团队合作意识、集体荣誉感,长此以往,学生关心组织、维护集体、尊重和关爱他人的责任意识就更容易养成。

先进的设计应当是富有创意的设计,而创意预示着一种超前与跨越,如何实现超前和跨越?根据知识的递进更替规律,学科、专业内部和它们之间的交互实验、交叉发展将是更容易获得创意灵感的有效途径。设计艺术同样具有文化折扣规律,即文化成果从一个社会环境进入另一个社会环境时可能就会因地、因时之异而发生吸引力包括美学价值、使用价值降低的现象[①],这就是文化折扣。环境、文化、知识之间的交互将是未来人类创新的热点,这里的 I 指的就是 Interactive,即彼此交互。交互具有互相沟通、互换有无、交叠合作、交相融通的意思。影视艺术是艺术与科技的交互,VR(Virtual Reality,虚拟现实)技术的广泛应用将是影像艺术与控制技术的交互,环境设计是植物学、气候学、生态学、建筑学的交互,AI(Artificial Intelligence,人工智能)技术是心理学、生物学、设计学、机械智能制造、自动化技术的交互。设计专业发展到今天,不应当再画地为牢、闭关自守、排斥他者,视觉传达设计完全可以走向空间化、环境化,数字媒体设计同样可以融入二维以及多维世界,设计专业与一切工科、理科、文科之间的交互完全有可能创造出一番新天地。专业之间的跨界发展已势不可当,重视视觉传递的设计艺术甚至可以交互融汇所有的专业,"现代音乐、现代戏剧的追随者往往是很少或基本不光顾剧院和音乐厅的人们"[②],为什么?因为设计艺术借助高科技传媒不仅仅充当了文化消费的手段,同样成为了文化消费的精彩内容。

---

① Colin Hoskins, Rolf Mirus. The Impact of Transborder Data Flows Reasons for the U. S. Dominance of the International Trade in Television Programmes[J]. Media, Culture and Society. 1988(10):499-515.

② Nigel Abercrombie. Artists and Their Public[M]. Paris: Unesco Press, 1975:14-15.

设计是强调功用的艺术,除了精神价值、审美价值,功用价值和经济价值也是设计追求的表现,所以这里的 V 是 Values,指价值或价值观。未来的设计师不仅仅要设计视觉世界、美学时尚,关键还要创造出功用价值,设计作为一种特殊的艺术,创造功用价值同样是其核心追求。如 VR 设计和 AI 设计可用于恶劣环境下的侦察与测量、医学治疗的模拟与实验、战争情形的假设与预测等等就是一种功能价值的表现;同样无人驾驶飞机的设计和应用更是如火如荼地进行着,无人驾驶飞机既减少了人力资源的浪费,又避免了实际工作中不可抗力事件引起的危险,这就是社会实用价值和经济价值的创造。高校与企业的合作,实际就是用最直接、最低成本的方式将学校智慧、青年创意、实验室成果快速转化成社会生产力的做法,旨在给校园创客提供更便捷的价值创造体系。台湾省大同大学运用与社会合作项目入课堂的教学模式、中央美术学院运用文化创新价值课题为导向的教学模式都充分体现了 V 式价值引导理念,并取得了良好的教育效应和社会效应。其实从以赛促学、导师负责制、工作室制到社会项目、创新价值引导体系的构建,是一脉相承、模块化呼应整合的教育管理模式,目的都是为了更好地实现价值目标,即 V。

E 指 Enjoy,即快乐学习、享受成果。无论是围绕竞赛进行教学,或是进行项目和课题性的模拟式、实战式教学,还是在工作室和导师制之间引入竞争机制,都是为了增加学生学习的内驱力和乐趣。设计不同于一般性人文学科之处就在于设计强调动手能力和实干精神,利用理论教育来调节动手实干的节奏,利用理论教育来拔高动手实干的成果,对于设计专业来说是事半功倍的教育模式。例如,在某个电视剧热播之时,老师可以带领学生开发该电视剧 App 的手游游戏,同学们积极性就相当高。DRIVE 协同驱动的教育管理模式由五个模块组成,即 D、R、I、V、E 五个模块,五大模块步步为营、环环相扣、缺一不可,组成一个教育系统和教学整体,实战+跨界是 DRIVE 协同驱动教育的内涵,五大模块又构成一个有趣的指甲钳形的运动整体(图7-14)。

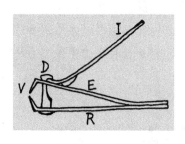

图 7-14 指甲钳形的 DRIVE 设计教育管理模式

D 是指甲钳的固定杆,就像市场需求具有一定的稳定性和先导性一样,引导着设计的方向;R 是指甲钳的固定压力杆,就像设计师的责任心一样,成为设计师的职业标准和基本的行事法则;I 是指甲钳的撬力杆,与施力手指形成互动,就像设计师的设计法在交互、交叉的运动中寻求创意灵感一样;V 是指甲钳的刀口,剪断指甲是指甲钳的使用价值,就像设计师重在创造价值,给社会带来新的活力一样;E 是指甲钳的活动压力杆,在运动中完成自己富有趣味的成果,很像设计师享受创造过程的乐趣一样。只有紧紧抓住和领会 DRIVE 五个方面的本质要义,才能实现优异的设计教育,而设计人只有深入并坚守 DRIVE 五大模块的修炼才能成为优秀的设计师。DRIVE 教育管理模式足以帮助设计人实现内外兼修,创意与生活、美性与功能、文化与造物协同发展的设计事业。

对于高校设计专业的教育法来说,只有建立在 DRIVE 驱动模式之上,不同部门和不同部类间的协同关系才会持久成立[①],这里的部门主要指设计学院、设计培训机构、设计师父和各类社会机构以及企业,这里的部类主要指不同的学科、不同的专业包括不同的行业和职业。在创意消费时代,创意作为推动中国制造、中国创造的原动力,唯有跨界式的合作、跨学科的交叉发展才是培育创意力的根本大法。DRIVE 教育管理模式无疑是让高校设计教育符合实际、贴近社会并创造更大社会价值的最佳选择。

---

① 成乔明.设计产业管理:大国战略的一个理论视角[M].北京:中国社会出版社,2016:121-122.

第8章 设计管理的闭环模式

设计管理的闭环管理,又可以称作设计的闭环管理,是推动设计企业、设计组织、设计师可持续发展和永续前进的管理模式。设计的闭环管理由六大子系统即六个主要的闭环模式构成,并最终形成一个总体的设计管理的大闭环。这六个子系统涉及设计组织与社会的内外部联通、设计组织内部的投资体系、设计组织的收益测算、设计组织与设计师的个体发展、设计的方式方法、外部社会体系这六个主要方面,而这六个方面的闭环模式共同推进设计组织、设计事业的有序前进。

8.1 设计管理的大闭环模式

闭环管理(Closed-loop Management)最早是由平衡计分卡创始人美国学者罗伯特·卡普兰(Robert S. Kaplan)(图8-1)和戴维·诺顿(David P. Norton)(图8-2)在《闭环式管理:从战略到运营》一文中提出的概念。闭环管理就是将企业当成一个系统来看待,系统的终点和起点是首尾相衔的环路模式,从战略策划开始一直到市场反馈,构成一个封闭的回路,反馈是为了更好地重新开始。

运用闭环管理理念,我们可以发现任何一个企业的闭环都不是仅由一个,而是由多个子系统、子闭环组成,而每一个子目标的完成、子系统的建立仅仅是短期任务的结束,不代表企业能够继续壮大和发展。企业在完成一个子目标之后,应当快速建立和进入新的使命、新

图8-1 罗伯特·卡普兰

的任务,后一个任务、使命应当是前一个任务、使命的延续,即使是转型发展,后者也应当是前者的果,前后的因果衔接程度决定转型方向的成功与否和新的发展潜力的大小。这就是系统发展观。

许多企业具有转型的理念,也有强大的经济实力甚至良好的市场口碑,却在转型或扩张之后走向了衰败,归根结底,是因为它打破或违背了系统发展观,从而造成前后能量链环的断裂。闭环管理追求的是能量回收与能量消耗的一致性、循环性与回路性,转型发展是前期积累的果,同时转型发展又是更强的未来式成果的因,这样的因果相循才是闭环管理。

图 8-2　戴维·诺顿

闭环管理的实质就是可持续发展管理战略或可控性的战略管理,由众多的闭环系统构成一个庞大的系统集群,是系统观、整体观、全局观在企业管理中的新发展。

永续发展是闭环管理产生的动因与目标:为了永续发展是动因,实现永续发展是目标。这又构成了一个更为巨大和全面的闭环。

强调目标设定、环节分解、过程监管、步骤落实是战略管理与战术运营的完美结合,是整体与个体协同发展的最高典范,是全局与局部协同作战的科学模式,是效率和质量管理同步兼顾的有效法则。

具体到设计的闭环管理上来看,设计的闭环管理大致由六大子闭环系统组成:

(1) 设计管理者与公共理式的闭环,这是设计管理的战略闭环;

(2) 投资人与审核人的闭环,这是设计管理的动力闭环;

(3) 行业标准与收益测算的闭环,这是设计管理的战术闭环;

(4) 时空生态与个人成长的闭环,这是设计管理的目标闭环;

(5) 设计绘图与设计功用的闭环,这是设计管理的方法闭环;

(6) 政府服务与社会发展的闭环,这是设计管理的保障闭环。

综合这六大闭环子系统,设计管理的大闭环如图 8-3 所示。

设计组织的战略来自于设计管理者与社会公共理式及社会运营范式的交流,设计管理者凭借自己的敏感度获得了设计创意的增量点和创新点;设

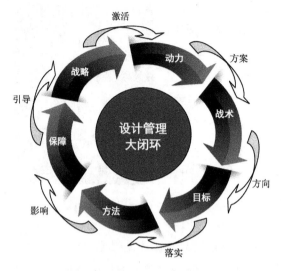

图 8-3 设计管理的大闭环模式

计战略激活了投资者的投资兴趣,从而推动设计项目的产生,即形成设计生产的动力,设计投资就是设计的动力,否则设计项目不能形成具体的方案;设计项目基本确定之后,项目组需要对介入的行业标准进行研究,同时需要对项目的效益做大致的测算,测算的结果如果是有利可图,设计项目就有了准确的发展方向,利润测算属于具体的运营战术;一整套战术的运用是为了实现设计目标,目标是发展方向的归宿,但目标实现的过程就是方法形成的过程,即追求目标促成了设计方法、生产方法、管理方法、营销方法的成形,从而构建成整个社会的方法体系;有了具体的方法论,政府管理、社会运营水平就进一步获得了提升,这种提升推动了整个社会的前进和完善,从而形成了正向的影响;整个政府体制、社会运营的进步又创生出更为强大的经济生态、人文生态和政治生态系统,三大全新的生态系统将引导生成新的设计战略。

这个大闭环管理模式中的每一个环节、每一个步骤又形成六个子系统、子闭环,而其中每一个子闭环既自成体系,又按既定的程序和步骤形成一个完整的首尾相接的大闭环,即图 8-3 所示的管理体系。

8.2 设计管理者与公共理式的闭环

设计管理者是设计管理的策划人、组织者、规范人与推动者,旨在使设计项目能有条不紊、按计划、按步骤地高效运行下去,设计师可以是设计管理的对象,也可以是设计管理者的合伙人。设计管理者通过一系列的决策对各类设计资源进行协调、整合、调用,从而创造出质量和效率并重的设计项目和设计产品。

社会公共理式往往指的是社会公共精神、公共理念、公共法则,设计产品即整个社会的物质形态决定了公共理式。例如,富裕的物质生活有助于促进美好的精神世界的建立,而贫困的生活只会让人们为了生存而牺牲尊严、品格和道德准则;例如,制造业的繁荣能推动技艺的不断提高,能推动科技水平的不断提高,从而使人们乐意去研发、开拓和创新,而落后的制造业很难激发人们醉心于技艺上的钻研;又例如,高科技技术和产品的层出不穷,可以使人们的生活丰富多彩,可以使人们的精神世界更加活跃生动,娱乐之心可以使人享受到更多、更全面的精神体验,而今天的娱乐生活都是建立在技术手段高速发展的基础之上的。强大的物质文明必然能促进制度文明的优化发展,强大的国力又能完善国家治理结构和促进先进的治理意识发展。社会公共理式具体说来就是制度模式、法治精神、守法意识、全社会生活和发展的观念,公共理式的产生以物质文明为基础,脱胎于人文生态环境,同时也决定了人们思想观念的发展程度、遵纪守法的程度以及创新意识的前进方向,设计管理者的产生包括设计管理水平的状态同样是公共理式培育的结果。

这就是设计管理者与公共理式之间的闭环式发展模式(图8-4)。

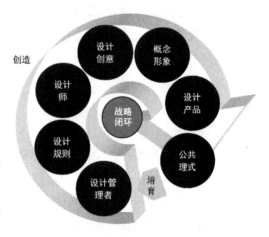

图 8-4　设计管理者与公共理式的闭环模式

设计管理者决策产生设计规则;设计规则限定了设计师的创造活动,使其沿着符合社会需求的方向去运行;设计师创造出设计创意;设计创意产生了概念形象,即富有创新精神的概念设计;概念形象进一步落实、贯彻,形成了最终的物质化的设计产品;设计产品通过组合而成的丰富的物质世界和物质文明催生了社会公共理式;社会公共理式又孕育诞生了设计管理者的管理精神和管理法则。

图 8-5　著名建筑设计师贝聿铭

设计人包括设计管理者、设计师（图 8-5）都不是天生的，而且他们也不能脱离社会而独善其身，今天的每个人都不能脱离社会而存在，更不可能自己创造自己所需要的一切。人是社会的产物，其中公共理式是文明时代、文明社会最普遍、最高级的行为法则，遵守这个法则行事的人才能"如鱼得水"，不遵守社会法则行事的人恐怕会被社会抛弃，起码只能处在"郁郁寡欢"中丧失很多的发展机会，更谈不上能创造出什么有益的价值了。

图 8-4 中的战略闭环是设计管理、设计活动与社会化体制、社会性管理最重要的衔接部类，它使设计这一重要的创造性管理和活动融入了社会大环境、社会大运行的轨迹之中，从而使设计成为推动整个社会前进的核心力量之一。

8.3　投资人与审核人的闭环

没有投资人和投资活动，任何设计项目都不可能产生和延续下去。资金的力量并非设计的核心力量，但没有资金，一切美好的设计创意都等于零。

设计生产需要用到很多生产资料、生产力，而生产资料包括丰富的生产原材料，这些都需要购买，今天的生产力成本也越来越高，没有钱很难请得动高级的设计师、高级的技工，哪怕是简单的搬运性体力活，发达地区搬运工的日工资也要一两百元。

全世界由于资金链断裂而造成的烂尾工程、生产性贸易中断、半拉子企业不计其数，在商界这样的事情几乎每天都在发生。

投资人不缺钱，但投资人缺优良投资项目和可靠的投资方向，不能进入投资渠道的钱就只成为"闲钱"或财富的符号，并不能创造更多的有效价值。投资的目的在绝大多数情况下就是赚钱，投资不能赚钱的活动被人们称为"烧钱"，而且是一种"干烧"，即不能转化成有效能量和有效价值的"浪费"，所以投资人往往处于两难境地,一方面想赚钱,另一方面又怕"干烧"钱。

于是,"投资审核人"诞生了。

投资审核人可能是无意识的身份,如政府的项目审批部门、社会上的项目咨询机构、一切项目培训组织等。这些设计项目的管理者、咨询者、培训者有可能不是为了对具体的设计投资进行审核的目的而成立,但它们的参与无疑减缓了投资的冲动和规范了投资的进程,实际上起到了一种和投资人一起审核、商讨的功能。拿不到政府批文,设计项目就不能上马;咨询过程中暴露出来的各种疑问、疑惑都有可能让设计投资人变得更加谨慎;专业的培训可以让设计投资人变得更为专业,专业的意思就是使工作行为更理性、更合"道"。也有的投资审核人是有意识的审核身份,如国家审计部门、税务部门、会计师事务所等,这些部门对账目运营、资金流通的规则更加精通和敏感,他们审查的结论直接决定了设计投资项目的成败或发展情况,他们的报表能真实、准确地呈现收益与成本之间的关系,从而有助于让设计投资人"恍然醒悟"并不断调整自己的投资动作。

投资人、审核人之间也形成了一个工作上的闭环(图8-6)。

设计投资就是设计发展的动力,在经济收益和高收入的驱动下,设计师往往更愿意用心地去做设计并能迸发出创造的本能,这无可厚非,任何人生活的来源都是稳定的经济收入。设计投资人聘请设计经营人,或组建设计经营团队是设计投资后的第一步,当然,有些投资人本身就干起了经营的活,此时他自己既是董事长,又是总经理。为了避免设计项目中有违法行为或应对商业活动中的纠纷与冲突,绝大多数设计公司、设计项目都有自己的法律部门或法律团队,这样的部门或团队基本就是一种法律顾问,这些专业性

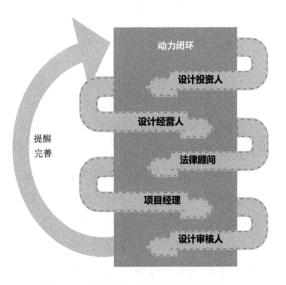

图 8-6 投资人与审核人的闭环模式

设计管理概论

的法律顾问能有效帮助设计公司、设计项目提前规避法律暗井,毕竟一个合法的创造项目才能健康地延续下去。在法律顾问合法的指导下,项目经理开始执行项目具体的管理工作,项目经理层是落实设计投资人、设计管理高层战略意图的中间机构,当然项目经理必须在合法合规、符合公司章程的前提下推行公司战略,尽情施展管理才华。设计项目经理的管理、执行、贯彻、创造究竟是否有效,需要接受设计审核人的审查,审查包含文件审查、档案审查、产品质量审查、资质审查、绩效审查、内部考核、外部审计、财务核算等一系列的活动,审查和审核直接决定了职业经理人的能力和业绩。各种审查、审核报表、数据、报告、文件等将直接呈报给设计投资人或公司董事会,设计投资人或董事们将根据报表、数据、报告、文件等做出全新的工作调整或投资战略,新的工作调整和投资战略又决定了设计经营人的经营方案和经营策略。这就形成了一个完整的闭环管理模式。

设计投资是动力,这种动力闭环在战略闭环的指引下源源不断地为设计运营提供动力系统,是推动整个设计组织、设计项目、设计活动运转起来的关键,俗话说"有钱能使鬼推磨",这是一个笑话式的讽刺,但也足以证明金钱的效用与魅力。世界不能以金钱唯上,但人类漫长的历史发展必然也有其冥冥之中的利益驱动力,这一点不能否认也不能忽视。而金钱无疑是利益最典型的代表和载体,当然,对金钱的贪婪也是一种"原罪"(Original Sin),值得人类注意和避免。

8.4 行业标准与收益测算的闭环

获得政府批文且设计项目成立之后,其实设计组织还面临一个重要的问题,就是行业标准的问题。

行业标准就是设计项目需要进入的业态环境,也是国家对某些生产制造行业所规定的全国统一的参数指标,省市包括企业可以制定自己的标准,但由地方上、行业内部、企业内部制定的标准不能低于国家标准。《中华人民共和国标准化法》是中国在行业标准方面最高也是最基本的法律,一切具体的行业标准的制定都必须是在《标准化法》的规定范畴内进行,如中华人民共和国行业标准 CJJ/T 8—2011《城市测量规范》、中华人民共和国环境保护行业标准 HJ/T 274—2006《综合类生态工业园区标准(试行)》、中华人民共和国化工行业标准 HG/T 2323—2013《工业氯化锌》、中华人民共和国行业标准 JGJ/T 225—2010《大直径扩底灌注桩技术规程》、中华人民共和国行业标准 JTG D20—2017《公路路线设计规范》、中华人民共和国行业标准 JGJ 81—2002《建筑钢结构焊接技术规程》等,另外,卫生安全、服装生产、城市规划、园林建设、工业产品设计制造、食品生产、住房的设计建造、汽车的设计生产、飞机的设计生产、家具的设计生产、茶叶制作等各行各业基本都有规范的行业标准。

行业标准的内容范围基本包括资质标准、原材料选择标准、产品形制标准、生产技术标准、生产流程标准、施工或生产现场管理标准、生产废料的排放标准、环境保护标准、产品质量标准、生产安全标准等。国家级的标准基本是委托全国专业性的行业协会参与商讨、制定并交国务院有关部门批准后编写并落实,国务院按职责要求安排部门对这些标准进行推行、监督管理,而这些国家级标准都有自己行业性的标号,也都有指定的出版发行机构统一出版和发行。

地方性、行业性自己编制的标准必定要高于国标,也就是说,国标推动了地方标、行业标的发展,地方标、行业标对地方上、行业内的所有组织、所有参与者、所有设计项目又具有更亲密、更及时、更细致、更充分的接触,所以地方标、行业标反而形成了所谓的"行规"。依据行规,企业制度就有了制定的方向和具体要求。

企业制度属于企业的自我微管理,其实所有设计组织内部的自管理都是一种设计的微管理。设计的微管理不能违背行规,否则很难进入地方行业的核心圈层,违背行规基本也就灭了自己的生存空间,如此做的成本实在太高,任谁也不会这么干,除非一个企业太新、太超前从而使自己成了行业标杆。IBM、诺基亚、苹果、微软、华为、亚马逊、Facebook、Louis Vuitton(图 8-7)、腾讯、中国人寿保险等在某些方面都成了行业的标杆,它们的动作本身可能就是该行业某些方面的最高标准。绝大多数的普通企业、普通组织达不到这样的高度,只能"委身"行规。

图 8-7 Louis Vuitton 的品牌标志

企业制度的制定需要遵循行规，但也要能让自己有利可图，若不能赚钱何必要受行规约束的这份苦呢？赚钱最根本的两个条件就是收益大、成本小，如果等同，那么投资就没有任何意义，更不用说收益小于成本了。

鉴于此，一切企业制度的制定其实都是为了在不违反行规的前提下，降低成本、增加收益，即成本控制、利润预算管理。如果企业在不违反行规的前提下，社会平均设计创意和生产技术、社会平均管理水平不足以让正常经营的企业赚钱，那么这个行规可能就是错误或不科学的。

判定国家行业标准即国标是否科学合理，最有效的标准就是考量绝大多数正常经营的企业是否能够赚到钱，如果答案是"是"，那么这个行业标准即国标就是科学合理的，如果这个答案是"否"，国标就不符合实际情况。行业国标的制定不是为了无理由地限制行业发展，而是为了该行业能够更健康、更理性、更持久地进步。企业成本控制能够增加收益，而预期收益或实际收益所达到的宽度和深度就决定了国标制定的范围，国标制定的依据绝不应当是什么国际标准、这样那样的风潮，而是能不能保证本国企业持久、健康地发展。让企业有利可图的同时，保证设计生产活动对本国社会和本国自然环境的副作用和伤害达到最低程度，这就是国标制定的界限和依据。

这就形成了行业标准与收益测算的闭环模式（图8-8）。

设计项目一旦准备上马，那就已经进入到了战略方案的细分和落实阶段，这其实就是战术阶段的开始。战术的制定要从分析国标、行规开始，就是对具体执行方案的制定并进行操作性转化；随后需要建立企业的制度，对内部员工的行动形成统一规范，统一行动听指挥才有可能获胜；企业制度一旦确定，设计项目的运行就进入到了成本控制和收益测算阶段，这两个方面的协同管理才能保证设计项目能够有条不紊地进行下去。另外，设计项目的资金投入也非常重要，设计项

图8-8 行业标准与收益测算闭环模式

目运行过程中的资金链一断裂,一切工作都完蛋,没粮揭不开锅、没钱办不了事,这是铁定的事实,所以设计企业和设计项目运行的关键就是时刻"节衣缩食",然后才有可能创造出更大的利润。商业利润是设计企业、设计项目的"伟大蓝图",有了利润才能持续不断地投入,然后才谈得上创品牌、建文化、做公益。"流浪大师"沈巍式的企业或项目团队很难真正出现,因为无利可图、无饼可画时会造成人心涣散,团队散了,设计项目就难以为继。所以沈巍(图8-9)的红是因为属于单个人的生活状态、精神状态,不涉及其他人的干扰,容易坚守,就像当年文森特·凡·高(Vincent van Gogh)(图8-10)的成功有其偶然性,也有其必然性。一个人坚守比一群人坚守的成本要低得多。

图 8-9　网红时代的"流浪大师"沈巍

为了服务企业、服务国家经济、推动设计产业的正常运转,设计企业的有利可图是国家行业标准制定的基准线。所以,收益测算又推动了国标的制定有其实存的内在逻辑和正当的价值表现。一个战术闭环的模式就由此形成了。

图 8-10　凡·高的《戴草帽的自画像》

8.5　时空生态与个人成长的闭环

进入设计的战术实施阶段,设计师将起到至关重要的作用。

设计师是设计创意的提供者,也是设计生产方案的源头,设计师可以创造设计产品的形制、外观,也可以为生产技术方案的制定奠定基础。当然,设计师的能力和水平基本是在设计行业标准、社会平均生产技术、设计平均创意水平之上的。

设计师与工程技术、生产技术方案之间的关系较为复杂,如果设计的形制和外观在先,那么工程技术、制造技术方案的选择要与之对应;如果先确定拟运用的工程技术、制造技术方案,那么设计形制、外观就要与技术要求相对应。但不管怎么说,设计师都应当熟悉行业标准、社会平均生产技术、设计平均创意水平。行业标准、平均生产技术、平均创意水平构成了设计师的生存时空。

本章中的个人成长主要指的是设计师的成长,设计师作为个体,是受时空限制,是由所处时空培养的。这里的时空是包含整个社会的物质形态、技术形态、创意形态、精神形态、制度形态的总和。

行业标准属于制度形态,平均生产技术属于技术形态,平均创意水平属于创意形态,设计师受这三大形态的影响最大、最深,也最明显。

社会时空决定了个人的学习环境、学习条件、学习内容甚至学习方法;学习的知识、学习背景又成为指导个人实践和创造的参数指标、指向和风格,超越自己知识体系和认知水平的创造实践基本上很难出现;个人的实践能力和创造水平决定了个人的收入情况、受尊重程度和生活状况;个人以及整个社会的生活状况引导社会保障体系的进步和完善,个人的生活水平低下时,社会保障的压力就非常大,社会保障需要提升的方面就很多、空间也很大。个人生活水平很高时,社会保障的压力就小很多。如民富国穷的社会,社会保障体系不到位或有欠缺也不会给公众的生活带来多大的影响;但国富民穷的时候,人民的医疗、教育、住房、养老等就不得不依赖国家的保障来获得满足,否则可能会引来民怨民愤。社会保障体系的优劣决定了社会发展的势头,当社会保障体系相对优异的时候,人民生活无忧,那么人民的创造力会更加多元一些,人民会倾心于发明创造一些新思想、新方法、新形式、新技术、新产品;当人民生活困顿、保障不足的时候,人民往往会为了生计穷思竭虑,哪有心思搞创造呢?当然这是一种正常的、普遍的现象,不表示所有社会形态下都是如此。

掌权者通常很难做到让每一个人都处于创造状态,于是掌权者会鼓励社会精英去搞创造,相对来说,科学家、设计师、艺术家、哲学家、工程师、大学教授属于社会创造活跃的精英阶层,掌权者只要将这些社会精英拉拢在手中,往往也能保证社会的稳步发展,而这些社会精英作为政权的合作者可以凭借自己的创造力获得较好的生活保障,但人民极有可能仍然处于生活困顿的状态,这就是社会分层、阶级分化的生发机制。

在奴隶社会、封建社会、资本主义社会,这种状况极为兴盛。

社会主义社会追求的是人民大同,或贫富悬殊消失,在这种制度下,社会的发展、国力的强盛来自于全体人民平均的创造力、大众创新和创业的状况。要想促进人民发挥丰富多彩、自由奔放的创造力,社会保障就成为决定因素。

所以,在社会主义社会,社会保障决定了社会发展的形势,社会发展的形势又最终决定了社会时空状态。社会时空状态又进一步推动个体包括设计师的学习,一种闭环管理模式就产生了(图 8-11)。

个人自由式的创造、自由性的发展是社会治理、民主政权的根本目的。这就形成了一个目标闭环。设计师通过个人的学习、知识的积累、经验的转化完成了专业技能的提高、创造力的成熟并产生丰富的设计创意;设计创意带动了创造实践水平的

图 8-11 时空生态与个人发展的闭环模式

不断提升和设计产品的不断丰富;经典的创造实践改变和提升了公众的生活状况;公众的生活状况决定了社会保障的发展方向和发展程度;社会保障的完善程度决定了社会发展的高度和社会制度的成熟程度;社会发展改变了时空生态的结构和形式;最后,时空生态又促生了人们的学习对象、学习氛围、知识构成以及人的性格和素质。

个人的不断学习是为了创造更加丰富多彩、健康活泼的时空生态,这是学习的目标;科学合理、生机勃勃的时空生态包含了政治、经济、教育、军事、艺术、人文、自然环境等,对人类时空生态的极力打造与完善,又是为了实现人心情愉悦舒畅、人格健全完善、人性自由开放的目标。这就是人与物同化、物与人共融的"天人合一"的生命境界。

"天人合一"最高级的状态,就是人要创造更美的世界,世界要育化更生

动的人。生动的人是身心活泼的人,是积极进取的人,是自由创造的人,是尊重世界、理解世界、关爱世界、创新世界的人。人要造物、物要育人,这两大相辅相成的目标成为设计创造目标闭环中最大的动力系统,人、物通过一系列的子目标构成了一种互融互生的终极目标,即人、物相互成就,彼此孕育的大爱境界,这种大爱境界是在一系列目标推动下形成的一个动态循环、生机盎然的闭环模式,这是"天人合一"的最高境界。

8.6 设计绘图与设计功用的闭环

绘图是设计最简单、最粗浅、最基本的表达形式,绘图是将设计思维、设计创意、设计理念转化成视觉图形的活动和过程,也是一个设计师必学的技能。

设计绘图的种类繁多、品类复杂,大致来说可以分为如下几大类:

(1) 正面图:任何设计物都有其正面,用线条将正面的轮廓表达出来的图就是正面图。不涂色的正面图一般呈现平面构造,涂色的正面图一般呈现真实的视觉效果。

(2) 斜视图:选择一个与正面形成视觉夹角的面来绘制设计物的形象,就是斜视图,一般来说,这个夹角会选择水平方向的45度角,当然也有其他角度上的斜视。

(3) 透视图:没有前面和后面之说,基本就是用线条把设计物真实的结构轮廓表现出来,在实际空间中,不透明的材料会挡住人的视线,从而使人看不见物体被遮挡掉的部分,如砖墙后面是什么,从前面是看不到后面的。但透视图就是要让人看到被遮挡掉的部分,即将前面和后面按原物的构造形制重叠呈现出来。所以线条是最好的绘制透视图的方式,面和块最好不涂色,通过人的格式塔心理活动,分辨出事物的前后形制。

(4) 剖面图:就是"用刀"将设计物切开来呈现内部结构的示意图。剖面图运用模拟法,模拟刀切开事物的模样,从而使人看清内部结构和组成形式。

(5) 俯瞰图:从事物的顶部向下垂直观看,事物会呈现一种特殊的形态,俯瞰图可以是线条式的白描图,也可以是线条配合涂色的体块组合形制。

(6) 仰视图:一般用在建筑物和大型工业设计的设计图示中,即站在建筑物面前或低洼处,抬头仰视建筑所呈现出来的形制。

(7) 效果图:就是绘制呈现设计物在现实空间里的真实模样,效果图不但有强烈的立体感,还有光照下事物真实的视觉即视性,从而可以使人完整地看到事物建造完成后的实际效果。效果图往往需要多张图配合,以呈现事物360度的全景效果,因为效果图只能看到视觉面的外在形象,却无法看到视觉形象背后的任何信息。而且效果图也很少能够表达不透明事物内部的构造。

(8) 施工图:常用在建筑和环境设计工程中,又可以分为平立面图、建筑施工图、结构施工图、水电施工图等。施工图中要表明详尽的数据、比例关系、指北方向,有时候甚至还要注明建筑、环境结构部分的材料及其他信息。

(9) 生产工艺设计图:自然是用于工业设计、产品设计的生产流程图,大致可以分为工业产品平立面图、内部结构图、外形构造图、生产环节构造图等。图中需要表明详尽的数据、比例关系、上行方向、细节分解、制造工艺和材质说明等各类信息。

所有的设计形都可以以平面形式或三维立体形式进行绘制。平面图就是用二维形象表现出来的设计产品的正面直视示意图。平面设计图的主要绘图元素是线条,用线条表现出设计产品的轮廓线,线条与线条之间可以涂色,也可以不涂色,涂色与不涂色都不需要表现产品形态的阴影或明暗体量的变化,能准确地表现出产品直视的轮廓形和功能区划就行。三维立体图是指从一个斜向的角度观看设计物,就可以看到设计物三个方向上的面,然后通过阴影的渲染来呈现光照的角度,通过明暗色泽的渐变来呈现物体的空间体量感,通过近大远小的渐变来凸显空间景深感。三维设计图强调事物在真实空间中存在的视觉体验,不过是将真实空间呈现在二维平面如纸张、屏幕上而已。

在没有计算机的时代,手绘图纸(图 8-12)是主要图示媒介,有了计算机辅助设计技术之后,计算机绘图软件就成为最重要的图示手段,计算机绘图完成后通过打印技术,将设计图呈现到纸面上。

设计绘图的重要性毋庸置疑,它是呈现设计创意和推销设计创造最主要的方式,同时,绘图的过程也是改善设计、完善设计的过程,设计绘图还是具体设计工作启动和推行的第一步,是设计项目运行的起点。有了绘图,所有的设计生产流程就有了行动的依据和方向。

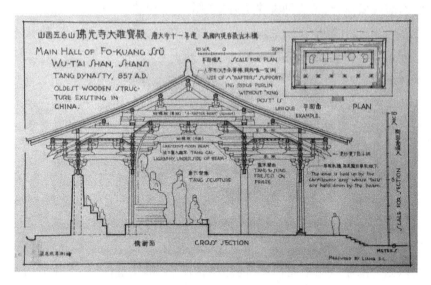

图 8-12　梁思成手绘《佛光寺大雄宝殿剖面图》

通过设计绘图，人们可以清晰地看到设计物的结构，同样也可以对结构的各项指标进行讨论和修缮，无论是建筑设计、环境设计还是工业产品设计等，确定事物的空间结构是核心所在，结构解决不了，一切设计都无法深入推进。设计产品的结构确定了，就可以商讨设计产品各部分的形制和色彩；形制和色彩敲定之后，就需要考虑设计产品各部类所使用的材料，这种材料要能满足形制和色彩的需求；材料选定之后就可以基本确定生产工艺；通过各种生产工艺的运用可以完成产品的生产即完成最终产品的功用价值的创造。

设计产品的使用功能才是设计创意产生的源泉，设计创意呈现为设计绘图，换句话讲，设计绘图的依据就是当初预先确定的使用功能。

在设计绘图形成之前，首先形成的是人们的需求，包括生产的需求、生活的需求甚至娱乐、游戏的需求，人类的需求即使用功能的需求在先，才有可能产生设计创意和设计绘图。设计的目的是为了解决问题，就是为了满足功能需求，生产和生活的实际情况提供了这样的需要，所以设计创造才会产生。

设计功用创造出了绘图依据，绘图推动了事物结构的完成，结构确定形制的组合和色彩的搭配，形制和色彩的组合推动材料的选择与发明，材料的应用决定了工艺和技术，使用工艺和技术完成设计生产即完成需求功能的实现。这样一个闭环模式如图 8-13 所示。

设计项目一旦确立,设计师一旦开始进行设计创造,设计流程就进入设计绘图与设计功用的闭环管理模式,这是一个设计方法论的闭环模式,第一步要干什么、第二步要干什么、第三步要干什么其实都取决于方法论。

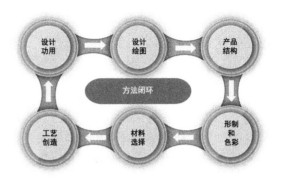

图 8-13　设计绘图与设计功用的闭环模式

设计功用先行确立下来,这是生存、生产、生活中自然而然产生的需求,而设计功用是解决问题、满足需要的方法和手段;为了创造功用、解决问题,设计师通过设计绘图的方法来展现自己的设计创意;随后通过运用一系列的讨论法、实验法确定最终的产品结构;通过产品结构来规范设计产品各部类的形制和色彩,这本身也是一种方法;设计的形制和色彩要想变成现实就需要不断地实验,然后选定生产材料,就像意大利文艺复兴时期蛋彩画法①(Egg Tempera)(图 8-14)的盛行完全是画家们反复实验、反复实践之后的选择一样,只有能够充分满足设计形制和设计色彩的生产原材料才是最佳选择;生产原材料如材质的选用又决定了生产方法、工艺和技术手段的确立;接下来,通过具体的加工生产或制作活动,就可以完成设计产品即设计功用的成形。设计产品满足了当前的需求,但会继续

图 8-14　波提切利创作的画板蛋彩画《春》

---

① 蛋彩画法:古老的绘画方法,起源于古埃及,盛行于意大利文艺复兴时期。蛋彩的配置方式非常复杂,达·芬奇(Leonardo da Vinci)、米开朗琪罗(Michelangelo)、提香·韦切利奥(Tiziano Vecelli)凭这种画法创造了人类历史上辉煌的艺术成就,他们常用的配料是蛋黄或蛋清、固体颜料粉、亚麻仁油、清水、薄荷油、达玛树脂、凡立水、酒精、醋汁等,但配比按照个人的风格和喜好差别较大。

产生新的需求,如二代、三代或替代产品的进化就是这种原因,所以功用的进化会再次激活新的创新、新的设计绘图。这就是设计方法的闭环管理模式。

8.7 政府服务与社会发展的闭环

当一个周期性的设计生产活动彻底完成,那么设计产品就进入社会应用环境中等待消费者、市场的检验,此时的设计企业基本退居市场的后面,静静等待消费市场对自己的反馈与评价。

设计产品一旦被投放市场,设计企业基本只有两件事可以做:硬起头皮扛,提供各种售后服务。此时的消费者是产品的上帝。

当设计产品遭遇暴风疾雨般的批评时,设计产品的设计生产者即设计企业就是"受难者",而且不能反抗和反批评,反抗和反批评无疑是自掘坟墓,起码也是无畏的挣扎,只会遭到消费者和市场的彻底抛弃。

虚心接受批评,认真做好产品召回(图8-15)或各类售后服务是设计企业唯一的选择。

政府是设计产品最后的兜底人。

符合国标就是唯一的品质保证,不断地改良是设计延续下去的方式。

政府推动行业协会,行业协会规范设计企业,设计企业服务社会包括市场和消费者,市场和消费者的诉求又推动政府对设计行业加强管理、规划与引导。一种设计管理运行和发展的保障闭环就此产生(图8-16)。

图8-15 汽车召回制度是处理问题汽车的有效手段

图8-16 政府服务与社会发展的闭环模式

关注人民的需求、关注社会的需求并极力为人民服务、为社会服务是政府的主要职责；政府设计制定国标，然后委托行会承担设计要求的贯彻落实与行业监督；行会对设计企业进行行业指导、行业监管；设计企业按照国标以及地区性行业标准进行具体的设计生产，最终对社会做出承诺和提供服务；社会的需求更新再次推动政府承担下一轮的管理职能。这种闭环管理保证了设计事业、设计产业周而复始、循环往复地发展下去。

闭环式管理是推动人类各项事业有序发展极为有效的模式和机制。因为是一种循环管理模式，所以不会造成能量和价值的损耗，随着循环往复的运行，人类的总能量和总价值实现了积累、沉淀、增加，当然，这种积累、沉淀和增加不是凭空产生的，而是将与人类生活本来无关的能量和价值进行了有目的、有效果、有意识的转化，从而使能量和价值与人类生活产生关联、发生关系，如果是积极推动人类提升和发展的转化，那么就是正能量、正价值的增加，若是相反，便是负能量、负价值的增加。只有正能量、正价值增加了，设计事业、设计产业才能永续发展。

人类设计生产的意义就在于正能量、正价值的增加，而这种意义必须依靠设计管理才能完成和实现。设计管理其实是人类生存、社会发展的战略、动力、战术、目标、方法和保障，不同层级的设计管理如宏观管理、中观管理、微观管理就分别分担了其中的不同身份、不同功能。

第 9 章　设计过程管理

纵观建立在闭环式设计管理模式之下的设计管理,可以发现设计与设计管理是两个非常重视过程的活动,而且这个过程的核心和根本的目的就是要创造出新产品、新世界。设计的过程由项目策划、人员组建、设计要求商定、设计创意思维、设计图绘制、设计产品生产、设计产品营销与修缮等组成,而对设计过程的管理就形成设计过程管理。设计过程管理强调对设计过程的把控与监管,是本章的主要内容,它包含设计管理团队的组建、设计管理要求的商定、设计项目的寻找、设计项目的分解、设计团队的组建、设计步骤的预设、设计目标的确定与监测、设计产品的生产管理、设计产品的试用与完善过程、设计产品的市场营销等一系列管理过程。概括来说,设计过程管理又可由四部分行为组成,即设计过程设定、设计过程监控、设计监控反馈、设计过程修整。

9.1　设计过程设定

设计过程设定应该是预先准备的工作,即在设计开始的初期或设计开始之前就应该完成。至于说设计过程设定是在项目确立之前还是项目确立之后才应该进行却没有明确的规定,应当视设计企业的实际情况而定。

对于新成立的设计企业和个体经营者如设计工作室常常是随项目的变动而开展工作的,换而言之,新成立的设计企业和个体经营者一般会在设计项目确立之后才开始着手设计的准备工作包含设计过程的设定,因为这样的设计企业尚没有足够的实力或经验养着庞杂的内部部门去预先规划各项工作。

新成立的设计企业和个体经营者常常管理团队小、管理人员少、组织相对稚嫩和松散,常常以临时性项目团队的工作方式接单,这样做可以为企业和团队节省下大量日常运营的成本。

而对于成熟型设计企业或国有性质的设计企业而言,工作流程的成熟化程度相对较高,它们往往会有一套固定的设计过程管理流程,它们拥有着相对庞杂和丰富的组织架构,甚至一边接单,一边不断策划着专属于本企业的"未来型"的设计项目。如南京的时装品牌圣·迪奥(S·DEER)(图9-1)本身专门是设计生产女性时装的设计企业,但近五年来,该公司经过认真调研、策划、筹谋,最后创生了自己的男装子品牌C·IMAGE(图9-2),该子品牌一经推出,就因出色的设计、精良的制作、品牌立意的新颖独特(走实用艺术化的发展道路)而引起国内外的关注。

图9-1 服装品牌圣·迪奥的品牌标识

图9-2 圣·迪奥男装子品牌C·IMAGE

成熟型设计企业如微软、IBM、苹果、松下、本田、丰田、通用、大众、普拉达、古驰、海尔、华为、格力等由于实力雄厚、资金充足、经验丰富、技术先进,因此它们不是靠接单为生,而是强调自主研发、自主设计和生产,它们就是行业的标杆、设计产业的发展方向。由它们策划的设计项目、设计任务往往有一部分会成为诸多小型企业、下游企业的订单源。绝大多数情况下,成熟型设计企业的设计项目由自己策划,而且设计过程往往是随着设计项目的酝酿、策划、确立过程而确定下来的,这些行业的标杆自身拥有着全产业链,即使自身的产业链不完整,起码对整个行业全资源的布局与归口是了然于胸的,所以设计过程的设定与规划也就容易得多。年轻型设计企业、小型企业很难做到如此。

在综合型生产企业中,设计只是企业中的一个配套部门,但却绝对是核心的部门,设计部的设计创意将决定生产部门的产品模式和生产工艺,设计部的设计造型一开始就奠定了综合型生产企业向市场、向社会提供的产品造型,所以设计部是综合型生产企业的生命线。同样的道理也适用于研发部门,如高科技企业的研发部就是决定企业生命线的部门。科技或技术的研发也属于一种设计,不过是产品功能和内部结构的设计,如计算机主板及技术的研发、电子产品芯片及元部件的研发就属于计算机、电子产品的功能性、技术性设计,是一种"大设计",是包含了产品功能和外观的设计领域。

大设计＝功能＋造型＋规划管理＋协调发展,其中研发部主攻功能设计,设计部主攻造型设计,企划部主攻规划管理,企业内各行政部门主攻协调发展。研发部、设计部就是制造业的核心,是必须落实为"物"的创造性部类。

专门从事设计工作的企业就是狭义上的独立型设计企业、设计公司,它们只负责产品的造型,不管其他,但它们的设计也决定了社会、市场的最终形态,因为有什么样的物化产品,就有什么样的社会形态、商业形态;专门从事科研、技术开发工作的企业即独立型研发企业则专门负责科技性产品的功能设计,它们可以归并为广义上的设计类企业。

不管怎么说,设计就是综合型生产企业、独立型设计企业的生命线,所以,这些企业可以归并为设计类企业,其中包括独立型研发企业,属于广义的设计类企业(图9-3)。

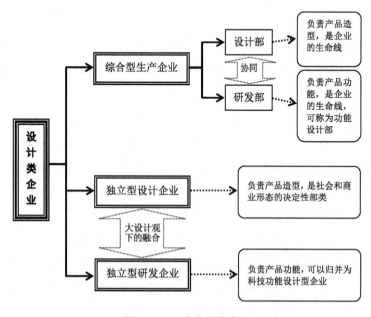

图9-3 设计企业的类型

独立型设计企业发展到高端和成熟阶段也许会向综合型生产企业转型，而综合型生产企业出于对成本有效控制的考虑，也有可能将自己的设计部拨离出去成为独立型设计企业，这是现代企业集成化与专营化的两极发展。本章中的研究倾向于综合型生产企业的集成化过程管理，如此可以窥见设计管理的全过程。

设计过程设定一般有三种方式：根据经验设定、根据想象设定、根据试验设定。

1. 根据经验设定

根据经验设定设计过程常常是成熟型、大型设计企业常用的方式，因为它们积累了丰富的经验，有分工明确的职能部门和人才团队，有不少成功的案例与顺利处理风险的成就。当然，这些企业也可能存在固定的思维模式和保守、封闭的企业氛围和工作作风，有利的是它们的过程设定一般会按部就班、有条不紊；不利的是它们往往缺乏进取心与开拓心，局限于程式中且隐匿着大量的惰性与惯性。经验是成熟的标志，却未必是成功的范式，所以经验设定者一定要保持自检、自省、自问的工作习惯，一定要营造新、旧、危、安对冲的工作制度，鼓励同事间相互地"发难"，打造同事间"拼比"的机制，发扬同事间"竞学"的精神，当然这只限定在设计专业方面。在"发难""拼比""竞学"中才能保存经验设定者的鲜活、出奇与出新而不至于老朽掉。

2. 根据想象设定

设计管理离不开想象，想象是一种再正常不过却又至今未被人类吃透的思维形式，但这种神奇的思维形式极为有效，在人们的生活中几乎时刻都在发挥其独特的作用。无论是环境艺术设计、建筑设计、广告设计、视觉传达设计、舞台美术设计还是工业制造设计都会用到想象，没有经验不可怕，失去了想象力，人类的生活才真正走到了尽头。在设计过程中，是将考查创意放在前面还是将自我联想创意放在第一步并不重要或各有好处，是将设计师的手绘形象图作为判审的对象还是将设计师想象意义上的口述作为方案诊断的依据并没有严格的规定，是将管理章程贯穿于设计管理全过程中发挥强制性作用还是将设计管理者的情感管理作为过程管理的圭臬同样无法人为设置。总之，在过程管理中因某一因素的意外调整涉及全过程的重新设定是很正常的事。临时的应急、因想法的进一步成熟而做的调谐、环境的变化导致步骤的前移或推后、思维受他物他事的启发而做的重新部署等，都是想象性管理。设计管理想象包含设计形象的想象，也包括涉及管理动作和管理方式、管理理念的抽象性想象。

3. 根据试验设定

一个设计过程起初哪怕设定得很完美，也不能保证这一过程就一定没有漏洞并能完全按部就班地推进。许多预想的过程设定往往处于边干边改的状态，一切预想的设定总要接受实际的检验，世界就是一个巨大的试验场，一切都处于试行状态，一切都存在试行中的不确定性，这就是过程化运行的试验性天然规律。过程不顺当边试边改是一种试验，预先模拟运营是一种试验，让大家坐下来反复磋商择取也是一种理论性试验、在试验环境下经观察得出结论还是试验，数据的调研与分析及归纳总结出一种可行方案依然是试验。火箭的设计、运输、安装、点火、发射、升空飞行、在指定时间完成规定动作，最后按既定轨道和地点实现零部件的回收，一定是经过千百次的数据计算、演示分析、实际的试验才成功的。试验法是设计过程设定的重要手法，是对"绝对的运动、相对的静止"哲学观的理解和尊重，就像世间万事万物的发展都是一种单向前行的试验一样，这是一场永远不能回头的试验，时间是其唯一要遵循的法则。

9.2 设计过程监控

设计过程的监控是一个重要的工作，没有监控的过程将面临无数的挑战，失去控制的过程也一定埋设了失败的种子甚至随时面临失败的可能。即使没有预设的过程管理，只要项目负责人精于管理并加强了工作进程中的监控也可能会引导项目向心中所期望的方向稳步前进。

监控人、监控原则、监控方法、监控结果是设计过程监控的四大内容。

9.2.1 监控人

设计过程的监控人可以是多人组成的团队，也可以是指定的某一个流程管理人。既然是监控，其实就是跟踪监测，属于过程控制。监控人可以与设计项目的推进同步工作，也可以虽不同步却随时可以介入项目组进行工作监测；监控人可以是设计项目组内部的员工，也可以是项目组外部其他部门的员工；监控人可以属于公司章程预先规定好的部门或岗位，也可以是领导临时性安排的管理岗职。具体情况可以视设计项目受重视的程度而定。

一些大型的设计公司都设有质检部，质检部就应当是常规性设计过程监控人，它除了负责批定量产品的抽检工作，常常也肩负着工作流程、工作规范、工作效果的检测与检查。

也有一些设计生产公司配备有产品售后服务部，产品售后服务部绝非狭隘的产品维修部门，更不是狭隘的售后咨询和技术支援部门，其实它们更重要的功能是接受市场反馈、搜集和整理自家设计产品缺点的信息，它们提供的数据直接判定了企业产品的成与败，它们提供的分析报告是对企业过程监控得与失最直观的决议，为今后的过程把控具有直接或间接的指导意义。

当然，除了整合设计企业内部的人员成立设计过程监控小组，如分管质量控制的副总、设计总监、技术总监、项目经理等可组成过程监控小组外，企业还可以聘请外面的质量管理机构，如大型建筑的建造一般都配备监造单位，且监造单位必须是有资质的、专业的建筑质量监理者，一旦建筑在建设过程中、建设好之后出了重大的质量问题，工程建设单位和质量监理机构都难辞其咎。

还有一类设计过程监控人便是设计师、生产者自身，自身的监控最为深入、最为贴切，哪怕对自己监控和纠偏最为困难，但也没有任何理由忽视自我反省、自我教育、自我约束，这是设计者的职业道德与良心底线，糊弄别人等于糊弄自己。所谓的"工匠精神"，就包含了设计者、制造者、生产者对自身工作的高要求、严要求，体现的是精益求精的创造精神，追求的是同类产品中的最高水准。许多设计企业、设计项目团队规范严格的现场管理就属于过程监控。一万个外部管理条款、一万个强制性的外部管理力量也抵不上一个纪律严明、程序清晰、奖罚得当的自我约束、自我管理。

9.2.2 监控原则

监控有一定的原则，这些原则能指导和规范监控行为，从而更好地让监控为设计过程和设计活动服务,没有原则的监控可能非但不能让设计如虎添翼,反而倒有可能碍手碍脚。大致说来,设计过程的监控应当遵循五大原则:过程与重点结合原则、定性与定量结合原则、刚性与柔性结合原则、质量与效率结合原则、褒奖与惩戒结合原则。

1. 过程与重点结合原则

设计过程的监控当然要由始至终、全线跟踪,如果三天打鱼两天晒网,很有可能对信息的掌握不全面,也会造成管理者对设计生产过程一知半解、难窥其详,因为许多重要时刻的错过或许会导致祸患已酿、终成大错的结局。假设在建筑施工过程中,梁柱浇筑时监理机构没到现场,便不可能知道梁柱现浇中置入了多少根钢材,使用了什么型号的钢材,一旦施工单位想偷工减料,其后果自然不堪设想。所以设计过程的监控应当要重视全过程。2019年5月24日晚21点多,南京新街口地区著名的建筑物南京金鹰大楼失火,经过1个多小时的扑救,大楼明火总算被灭,起火原因是南京金鹰购物中心A座9楼的一家酒店正在装修改造,装修的施工人员在拆除油烟机设备过程中违章动火作业引燃可燃物,这就是明显的过程监控的失职,装修队为何在涉及动火作业环节时失去了现场监管,这就是重点环节管控的缺失。重点环节加强监管,讲原则、讲底线且绝不允许发生任何闪失,一般性流程反而适当放宽一些,这是高明的流程管理,这样可以避免设计师或施工人员对过程监管的反感,可以避免不必要的消极怠工心理。

2. 定性与定量结合原则

在实际设计过程中,设计师很在乎量化的数据,如对于环境艺术设计师而言,一块场地的面积、一个湖泊的大小、一条明廊的长短与高矮、一座高楼地基的深度等等,他们必须考虑设计时的比例关系,在数据化的指引下达到效果的和谐与统一。

但有时候,雇主却很难搞清楚这些数据间的关系,他们只关心实际的设计效果、感觉及自身的精神需要。美国著名的景观设计事务所EDSA在为百事可乐公司总部做规划设计时便遇到了百事可乐时任总裁唐纳德·肯德尔(Donald Kendall)定性的要求:景观与建筑设计一定要体现百事可乐公司"自然、团结、富有文化气息和具亲和力"的企业形象,其余的把控由设计事务所自己看着办。项目主要策划人和负责人约瑟夫·J. 拉里(Joseph

J. Lalli)最后把百事可乐公司总部定位为能够综合反映三种艺术形式的环境,即景观设计、建筑学与雕塑,用艺术和文化的气息包装和打造百事可乐精神,环境内的40座雕塑包发给了29位顶级雕塑家去完成,其中就包括

图 9-4　美国百事可乐总部雕塑花园一角

亨利·摩尔(Henry Moore)、亚历山大·卡尔德(Alexander Calder)、马克斯·恩斯特(Max Ernst)等。后来,百事可乐公司总部(图 9-4)的建筑及环境景观惊人的和谐比例关系成为景观设计界的光辉典范。这完全得归功于定性与定量完美结合的原则体系,也体现了整个设计流程中高水平的协同化管理。

3. 刚性与柔性结合原则

设计过程的监控一般存在刚性和柔性两种手段。刚性手段常常就是以法规、章程、合同、契约、规范、规矩以及首长制的命令为主要手段,设计人员的一切行为必须中规中矩,否则必将遭受到一定的惩罚。刚性手段还体现在委托客户与设计师的交谈方式和交流动机上,也就是说委托客户在设计过程中更为强势,毕竟他们是出资人,所以委托客户必定会"以自己的根本利益为出发点,来审视设计方案是否表现了自己的愿望,往往在接受过程中喜欢以个人爱好来对待,较为主观"[①]。过分强调主观判断和一方自我价值利益中心主义的过程监管就是刚性的管理。刚性管理高效,但却显冷漠。

柔性监管更强调管理者和被管理者之间的情感交流、合作意识与相互协调、相互敬重的氛围,在设计和文化艺术管理中,情感管理是常用的方式手段,这也是最典型的柔性监管。凡事都有可商量的余地,处处都洋溢着浓郁的人情味,但可能会影响工作效率。用传统文化、民族意识、古典精神来指引设计过程运营的行为也属于柔性监管,如儒家思想对中华环境文化的影响最大。儒家的"中庸""中和"等思想具有了很强的象征意义,"中央"的方位也就

---

① 陈小林.设计教育中的设计与市场关系探议[J].装饰,2005(6):68-69.

成为了尊贵的象征。宗教礼制思想影响了建筑乃至城市的布局,而且影响每一幢住宅的格局[①]。用约定俗成的民族文化和风俗人情来进行设计过程的监管便属于柔性监管的重要方面。

4. 质量与效率结合原则

为什么要对设计过程进行监管,不外乎两方面的思考。第一,确保设计和生产产品的质量;第二,确保设计和生产的效率。两者相加便是质量和效率相结合的原则,其中生产质量中还应当包含了生产的安全性。设计过程监管一定要重视产品质量、设计品质、文化意蕴以及人与自然和谐相融的关系,特别在环境艺术设计中,文化性和人与自然的关系一直是关注的焦点,也正在成为评判环境艺术设计产品质量的重要指标。美国当代著名的景观设计师理查德·哈格(Richard Haag)(图 9-5)就主张在环境、景观艺术设计中应当是文化优先、生态次之,也就是说他强调应当在环境、景观艺术设计中充分体现人类的文化精神和生存意识。这说明,无论是多么简单的景观设计,实质上都应当要重视设计者高深的智慧,如果人在改造自然的成果中能体现出一种震撼、一种态度,能增强人们对生命状态和自然之间关系高度平衡的深度感悟和思考,就可以说这样的环境、景观艺术设计是高质量、高品质的。

图 9-5 美国风景园林设计师理查德·哈格

效率无需多言,任何一个设计项目、设计工程、设计合同都应当有时间限制、有审查节点,也就是说,设计活动的时效性同样不可回避。在追求质量的时候,精益求精的态度、精雕细琢的做法当然很有必要,但如果因此而不能按时完成任务、按时交付设计或产品,那也是一种违约。效率原则要求设计过程监管人在规定的时间节点必须首先检验设计任务的完成状况,唯有在按时完成的状态下才需进一步按要求去检测产品的质量和品级。

---

① 屈云东.大环境设计观[J].装饰,2005(6):73.

5. 褒奖与惩戒结合原则

设计过程监管的目的是为了保证设计过程运行顺畅且有效,是为了保证设计目标能按时保质地实现,但监管的结果究竟预示着什么呢?监管的结论该如何处理呢?监管的过程如何才能推动设计按部就班、保质保量地完成呢?这就涉及设计者自愿接受监管的原因。因为监管会给设计者带来相应的褒奖或惩戒。当然,这种褒奖和惩戒行为是在设计者参与项目之前就被明确告知且得到设计者们一致认同的事情,实际上就是一种公开的、制度式的激励手段。

褒奖和惩戒是对于两种监控结果给出的管理者的态度和企业的态度,也是管理者和企业对设计师阶段性设计工作的肯定或者否定。口头赞扬、经济奖励、职位奖赏、物品奖励、证书和荣誉的奖赏都是褒奖的形式,都能在一定范围内形成积极的作用和功效。相反,如果做错了、做砸了就应当付出代价,如果作恶所支付的成本实在太微小,那么人们就没有必要强迫自己一定要做好人,所以要想规范和促进设计活动创造出优异的成就,就一定要用适当的惩戒来约束人心和行为。

同样,褒奖与惩戒也会发生在设计企业、设计事务所的成长过程中,要想为设计事业、设计产业打造一个积极、明朗的社会氛围,政府或者行业也必须采取必要的奖励方法鼓励企业和事务所的健康成长。例如,澳大利亚墨尔本著名的建筑和景观设计事务所——广景咨询事务所因1989年完成的"壳牌之家"(庭院式建筑、雕塑和景观)而获得澳大利亚1990年度国家建筑师奖(National Architects Award)的殊荣,广景咨询事务所在墨尔本的其他许多项目都获得了澳大利亚景观建筑师协会颁发的荣誉奖,其中佛蒙特(Vermont)的公园景观设计项目还获得了罗宾·博伊德(Robin Boyd)环境奖,这些奖项为设计事务所、设计师带来了更多的订单和利益。对于老是犯错、老是搞砸的企业或事务所,其也一定会受到惩戒,那就是被市场无情地踢出去。2018年4月,西安美术学院副教授樊雨被网友曝出其获德国红点奖(Red Dot)的作品 *Open Air Cinema National Museum*(图9-6)涉嫌抄袭英国插画师拉塞尔·科布(Russell Cobb)的插画作品 *New Ideas* Ⅱ(图9-7)和 *Note talking*(图9-8),掀起轩然大波。在证实抄袭属实之后,红点奖评委会取消了樊雨所获的奖,西安美术学院对樊雨做出撤销职称、辞退樊雨的决定。这就是惩戒。

图 9-6　樊雨抄袭作品 *Open Air Cinema National Museum*

9.2.3　监控方法

监控的方法有多种,它着重体现了监控的理念和监控的手段,体现了监控的系统性、合法性与有效性。一般说来,设计过程监控的方法有六种:现场测试、样品抽检、数据传输、录像观察、定点测试、定时汇报。

1. 现场测试

现场测试体现了跟踪监控的原理和方法,特别是对于一些工程类项目设计生产的监控,监理单位如果负责任的话,应该进行现场跟踪监控。其中,产

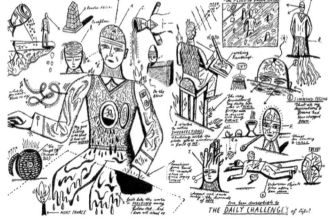

图 9-7　英国插画师拉塞尔·科布作品 *New Ideas* Ⅱ

图 9-8　英国插画师拉塞尔·科布作品 *Note Talking*

品生产(包含工程施工)应当被看作设计过程的有机组成部分,因为生产过程本身就是对设计过程的深度检验、不断修改和完善的过程,通过生产过程可以清晰地看到当初图纸上的设计和设想是否可行以及最终呈现出来的实际效果。在生产过程中,如果受材料、技术所限无法实现设计设想,那么就要修改设计方案,重新确定设计效果和产品的结构与形式。所以,产品生产既是设计的延续,也是设计的有效组成部分,是生产过程中的再设计甚至三度设计。

现场测试是设计过程监管的第一种方法,在跟踪监管过程中,监管单位不断地对设计生产行为做出检测并不断地提醒生产单位注重质量、加强管理以制造出优秀工程。如在公路、桥梁的建设过程中,路基工程的沉陷度、高边坡的稳固度、路面工程车辙的深度、特大桥梁的受力结构和抗力测试、隧道工程的渗漏水测试、隧道工程衬砌的密合度和厚度包括空洞的长度和面积等都是需要不断进行检测和控制的。最初的设计绝对做不到对各种实际情况都料事如神、提前攻克,大型工程项目一般都是边施工边修改设计图纸边寻求解决之道的,设计团队时刻跟随着工程项目的施工而驻扎在工作现场。施工过程中的方案修改远比工程完成之后出现问题的返工成本要低得多。

2. 样品抽检

过程监控的第二种方法是样品抽检,对于非工程施工类的设计产品的生产可以采取这样的监控方法。工程施工类的设计生产往往很难人为地去选择样品,如一片房地产开发,几十幢大楼的验收采用样品抽检法就很危险,每幢大楼都应该严格通过检验;一座特大桥梁的修建也不能抽样对某一根梁柱、某一段桥面进行检验,只要有一根梁柱存在隐患,那么就会影响整座桥梁的安全性;生产一艘航空母舰也不可以抽样对某一个部件或某一块舱板进行检验,哪怕一个螺丝钉的松动都有可能导致整艘船舰的沉没。样品抽检只适用于流水线、批量化生产的日常生活日用品、家用小汽车、家用电器、服装、食品等。流水线、批量化生产的速度快、频率高、产量多,没有监控团队能做到对每一个商品都严格检测,所以只能选择样品抽检。2018年2月28日,澳大利亚政府强制要求汽车生产商和经销商召回安装了日本高田公司所产的问题安全气囊的汽车,共计大约230万辆,其中涉及很多高端品牌,如奥迪系列车型(A4、A5、A6L、A4L等)。不是每一个气囊都会爆裂出金属碎片并致人死亡,但出于对消费者负责,澳大利亚政府的做法是正确的。安全气囊、汽车都是抽样检测产品,做不到百分之百安全或高品质,所以才会出现汽车召回制度,用于改进、完善"问题"汽车。2018年,中国市场召回的汽车数量就达到1 200万辆,2017年召回2 000万辆。

以时间为单位抽样检测即一段时间内的产品抽检,以型号为单位抽样检测即同一种型号的产品抽检,以货号为单位的抽样检测即生产或包装区间内的产品抽检,随机产品抽检即随到随检等,都是样品抽检的选样方式。样品抽检如发现问题要立即形成报告,并报告给企业高层,通过分析讨论、追根求源寻求发生问题的原因及解决问题的方法。

3. 数据传输

现代社会只要不施加人为控制,应该来说几乎完全可以进入"非物质化"的时代。英国伟大的历史学家阿诺德·约瑟夫·汤因比(Arnold Joseph Toynbee)(图9-9)是这样论说非物质化的:"人类将无生命的和未加工的物质转化成工具,并给予它们以未加工的物质从未有过的功能和样式。而这种功能和样式是非物质性的;正是通过物质,才创造出这些非物质的东西。"[①]从中可以发现,人类的能量正在赋予以往无意义、无生命、原生性的物质世界更为神奇的、活化的、虚拟的、非物质的内涵

图9-9 英国著名历史学家阿诺德·约瑟夫·汤因比

与意义。非物质世界的虚拟性就在于当下强大的数据传输技术,这才是世界转型的根基。

数据传输是指利用信号把数据从源端(发送端)传送到终端(接收端)的过程。传输信道为数据信号从源端传送到终端提供了物理通路,传输信道可能是由同轴电缆、光纤、双绞线等构成的有线线路,也可能是由卫星和地面微波站等构成的无线线路,还可能是有线线路和无线线路的结合。经过传输信道的数据可以分为模拟数据和数字数据,模拟数据、数字数据都可以用模拟信号和数字信号来表示,所以这两种信号正是数据传输的主要内容。

今天的管理手段非传统手段能够比拟,监管人员不在工作现场也可以看到甚至准确指挥现场的设计、生产行为。现代化的通信工具让监管工作变得极为方便且快速,异地之间合作的设计项目不再是少数,通过数据的不断传输,千百里之外的监控者也可以通过电脑屏幕甚至手机屏幕或者大型数据接

---

① 马克·第亚尼.非物质社会——后工业世界的设计、文化与技术[M].滕守尧,译.成都:四川人民出版社,1998:6.

收机器和数据处理程序清楚地判断现场的影像、温度、湿度、空气清洁度等等,根据传输来的现场数据的不断变化和适时的信息处理,监控人就可以做出专业的判定甚至指导。

4. 录像观察

在许多机械化操作车间、工厂的流水化生产现场往往都安装有摄像头或摄影机,特别在高危作业现场、涉及易燃易爆品的生产型企业一定都有现场监工并且安装有各类摄像设备。现场监工也许会因为某些情况而离开现场,如上厕所、会客、吃饭等,当监工离开后生产操作工就有可能处于无监管的自由状态,偷偷抽口烟的行为都有可能导致无法挽回的损失。然而,这段时间发生任何危险情况也不用害怕无法追究责任,因为摄像头是一直处于工作状态的。摄像头、摄影机不但可以直接连线企业的监控室,而且可以将影像录制下来存放在录影带中。

录影带的播放和观察不是等到出事后才被播放和分析,而应该每天或每两天都有专业部门播放检查一次,如果出现违规的行为,显然不能放过,需要提出警告,如果有操作动作上的不规范之处也要立即对员工提出来,希望员工引起注意并立即修正。例如,在宝石雕刻和制造企业、手表设计和生产企业,制造师、雕刻师、修理师的坐姿、臂姿、腕姿、执持工具的姿势和腿脚的摆放姿势就十分重要,必须严格按照行业的规范来进行,一点点的操作差错都有可能增加一件废品或次品,都有可能引起成千上万甚至十万百万元的损失。影像的回放式监管也是对员工实施奖或惩最有效的证据。

5. 定点测试

定点测试体现了监控的灵活性、自由性和开放性,也就是说监控人员不用时时刻刻盯着设计操作人员和产品生产人员,应该给予设计师、操作师、工程师更大空间进行创造性的尝试和试验。如果过度监控限制了设计创造的想象力,那么不如腾出时空让设计者自由地去创造。"今天的风格史,是一种表面似乎矛盾的各种倾向的复杂混合物,任何想把创造性一刀切为整齐的分门别类的企图,确实都是对设计师个性的一种伤害"[①],所以监控可以退出一

---

① 斯蒂芬·贝利,菲利普·加纳.20世纪风格与设计[M].罗筠筠,译.成都:四川人民出版社,2000:475.

段距离之外,在指定的时间点上对设计工作的大方向、关节点进行指导性、政策性的监控。

根据工作进度预设的时间节点对设计工作进行定点测试不但是必需的工作,也是得体而理由充足的做法,因为每项设计项目都有时间和计划上的要求,这样做可以知道设计生产团队的工作进度究竟如何、设计生产团队在质量上的控制究竟完成得怎样、设计生产过程中遇到了哪些困难、设计生产的方案和目标究竟贴不贴切、设计团队的精神状态和工作氛围又是怎样的等等,这些数据都是定点测试时需要认真搜集和统计的,对这些数据进行系统分析后得出的结论可以作为下一个环节的工作指导和调整依据。定点测试可以让设计师具有更大的自由活动和自我发挥的空间。

6. 定时汇报

定时汇报也是设计师、设计生产部门接受监控的重要方法。负责任的设计团队、生产部门的自我约束、自我监控会强一点,但定势的设计生产思维往往可能造成出现问题也无法在最短时间内自己发现的情况,这时候就需要换一个视角,请外来力量进行监控。

1992年美国建筑师协会(American Institute of Architects,AIA)在芝加哥的年会上,呼吁建筑师积极参与城市环境设计,提出城市设计与城市规划是两个独立的领域,城市设计要处理的主要是城市和环境形象问题,这时整体的环境设计就逐渐成为"城市设计师"所要关心的主要问题[①]。但美国建筑师协会无法监控每一位建筑师的设计工作是否参与了城市环境设计和城市规划事业,于是美国建筑师协会就制定了对某些建筑师的作品每年进行考查和审议的制度,并从中选取出众和优秀的作品参与协会的评奖和奖励。这需要建筑师用自己的作品来做出回应,用自己的设计作品向社会和世界汇报自己的设计理念、设计文化和设计风格,同时也对参与城市环境建设和城市规划事业监控的体制做出的回复。中国甲骨文是世界上最早的文字之一,"卜辞契于龟骨,其契之精而字之美,每令吾辈数千年后人神往"[②]。这种"精""美"是君王"直接监控"的结果,因为按照法律规定,占卜师、刻字师的"创造"

---

① 沈克宁.城市环境和城市设计[J].世界建筑,1995(3):18-22,44-45.
② 郭沫若.殷契粹编[M].北京:科学出版社,1965:10.

要直接面圣,每一次的成果都要向君王汇报,所以他们不得不体现出"专业"的"工匠精神",让君王看不过眼是要掉脑袋的。

对于设计企业而言,可以将定时汇报制度化,要求设计团队、生产部门定时报告工作进度和工作情况,并对汇报的数据进行分析和审查,给出相应的结论和指导意见。当然汇报制一定要避免"报喜不报忧"情况的发生,最好能配合以突击检查行动而进行。

9.2.4 监控结果

对于监控结果,监控人一定要给出结论和处理意见。监控人的结论和处理意见哪怕不是终审结论,但也一定能督促设计生产部门做出反应和反省,不断完善自己的设计生产工作。

一般说来,监控人对监控结果需要做出六步反应,即结果统计、结果记录、结果汇报、结果分析、结果通报、结果处理,这中间涉及众多部门和众多管理机构,而监控人成为其中最为重要的、承上启下的、衔接各方的桥梁。

结果统计是靠观察、访谈、摄像、录音、参与等方式获得所需要的数据并对相关数据完成必要的分类和归纳;结果记录就是将这些搜集并分好类的数据以各种各样的方式保留下来,如影像资料、声音资料、文字资料、实物资料、其他素材类资料等,这就是一种具体的工作档案或工作日记;结果汇报当然就是要靠翔实的记录形成一目了然的直观表现,如报表,然后向职能部门或分管领导汇报,可以有选择性地汇报,如可以是重大现象、重大隐患的汇报,也可以是全面的汇报,这样能让职能部门或领导对设计生产工作形成系统、整体的认知;结果统计、结果记录、结果汇报一定得由监控人来完成,至于结果分析,正常情况下由职能部门和分管领导组织人马来进行更为专业的分解、剖析,也有公司将结果分析一并规定为由监控部门、监控人来完成;结果通报指的是监控人收到上级部门或上级领导的反馈意见,并将该意见通报给设计师、生产者,如果有重大的修正意见,修正意见还一定要详尽地通报给设计部经理或生产部经理;结果处理主要指两方面的意思,第一,对监控结果给出明确的处理意见,第二,就本次的监控结果和处理结果资料好好存档,以备日后翻查使用。

9.3 设计监控反馈

这里所说的设计监控反馈实际是指对设计过程监控结果的反馈,也就是说监控者、监控层或高层管理者有必要对设计过程监控的结果、结果的诊断、结果的分析意见反馈给设计生产部门,即让项目设计团队、项目生产部门能够收到监控结论及对监控结论的处理意见。

监控的真正功能不在于管理者是不是需要去了解设计进程和设计效果,而在于让管理者知道进程中发生的问题并及时针对问题找到应对的策略,让设计者明白设计中存在的问题远比让管理者知道设计中存在的问题更有价值,因为唯有设计者明白了存在的问题才有可能通过自身的努力去改进、去修缮、去重新进行设计。

如此说来,设计监控反馈的确是无比重要的步骤。

设计监控的反馈人通常有两类,一类是程序性反馈人,通常仍然可以是监控人,如质量管理部、技术检测部等。当然也可以是监控人之外的程序性反馈人,如行政办公室、人力资源部、总经理办公室等都可以担任监控反馈人。另二类是临时性反馈人,如某些事情的反馈可能是分管副总或者技术总监临时性亲自反馈给设计团队或项目经理。

在设计运营过程中如遇到一般性的程序性行为不规范、不达标,可以由监控人或监控部门直接反馈给设计团队、生产部门,因为这种程序性的问题理应由监控部门给出答复和提醒;或者设计中存在的小问题,如通过微调便能突出设计效果、设计主题就大可不必层层上报、层层下达,以保证工作的效率。例如,在文物陈列设计中应该"适当地运用声光电,但这些手段只是为了更好地突出主题,而不是冲淡主题。现在有些博物馆为了追求声、光、电的刺激效果,把一个应该有文化品味的博物馆场所变成了喧闹嘈杂的游乐场所"[①],哪些地方该加一盏照明灯,哪些地方该减少一块 LED 屏,这些决策可

---

① 曾智德.用现代设计理念搞好地方史陈列:武汉古代历史陈列[J].陈列艺术,2003(增刊 2):34-35.

以由专业监工者现场商量或做出决定,这类反馈由现场监控人行使就可以了,如要层层上报给博物馆陈列部、博物馆办公室、副馆长、馆长再等待层层下达的行政回复,那工程基本就执行不下去了。

至于涉及设计团队人员组成、工作制度、设计主题、管理模式上出现的原则性问题,可能监控人很难自己做出决定,这时的监控意见处理就必须由更高一级的其他部门来决策。例如,"目前装潢业多将设计和施工分开,不但容易造成脱节扯皮,更主要的设计者多为训练有素的专业人员,而施工者多为缺乏技能的'游击队'"[1],要想更换装潢队或更换装潢设计的负责人并非一件小事情,有必要通过正式的企业行政部门做出决策,如企业办公室、人力资源部甚至基建部、总经办就成为这类修正意见的反馈人。

而对某些知名设计师或设计团队的监管可能会遇到方方面面的阻碍,知名设计师或设计团队往往敢于坚持自己的设计理念和设计想法,一旦这些理念或想法与企业总的设计要求和设计规范相冲突,那么这种事情的处理就需要尤为谨慎,恐怕需要企业高层出面进行协调,才能打动设计师和设计团队。又如当设计师、设计负责人与企业老总、企业董事会成员是老朋友、老合作伙伴时,从人情的角度来说也需要老总、董事会成员出面协调才最合适。

设计过程监控意见反馈的接收人也多种多样。一般说来,对于设计细节、设计细微处的微调无需惊动主设计师、辅助设计师,恐怕在现场直接反馈给设计操作人员就可以了。例如,对于园林设计中可能会碰到一块石头的摆放位置、一块石雕的朝向、一颗松树栽植的位置与图纸上不相吻合或与原初的设想不相配套,那么可以直接向现场工作人员提出来,通常工作人员不会对监控人提出异议。

如果园林管理部门需要对一块草坪、一个湖泊、一条道路做出调整,那么这便不是微调的问题,而有可能会涉及前期设计图纸、设计方案的更改,对这种意见的反馈,监控人充其量只能充当传话人,而这种意见的正式反馈应当通过园林拥有方管理层的电话、面谈甚至书面材料传达给园林规划师、园林

---

[1] 陈国欢,杨竣. 试论辅助展示设计制作的几个问题[J]. 陈列艺术,2003(增刊2):99.

设计师并达成双方一种新的协议。

假设园林设计过程中发生了违反环境保护法、违背了城市总体规划要求、违反了动植物保护法规等方面的现象,如在城市生活用水的水源上修建娱乐设施、水上浴场,如破坏了湿地动植物生态环境的设计,恐怕就不是简单的设计整修、工程调整了,此时的监控反馈意见或许应当是由环境保护部门、城市建设规划部门、动植物保护部门联合法律部门做出,停工修整或重新设计外加罚款的处理反馈意见恐怕也不仅仅是传送给工程施工单位、工程监理单位,设计项目主管机构、设计项目拥有者和经营机构就都应该是这类意见的接收人。

园林建造过程中会涉及石料采购、木料采购、树木及花草采购、各类建筑材料采购,采购过程中收受回扣的现象不在少数,有时也有设计师、规划师参与其中,因为需要选购哪些名贵材料、需要选购哪些名贵花木往往得由设计师、规划师决定,特别是国家园林、地方公共园林的修建或多或少隐藏着大量类似的不法活动、违法行为。对此,国家、地方政府主管部门一定要有严格监控的意识和制度,对这些事情的处理意见毫无疑问不仅仅要针对设计师、规划师、项目团队,甚至本单位内部参与此类事情的每一个职能人、岗位职员都应该是被监控对象、都应该是意见接受人甚至是处理接受者,而某些监控人也会抵挡不住利益的诱惑,如果监控人发生了参与其中的现象,对监控人的处理不应避实就虚,而应当是从重惩处。

设计过程其实是一个封闭加开放的活动,封闭是相对于设计项目组而言的,设计项目参与人、设计团队毫无疑问是一个相对封闭的组织,他们在进行设计的过程中特别是对于一些保密要求很高的产品设计如军事产品、高科技产品、新型设计产品必须保密。对于需要保密的设计创意一般由企业的技术总监、设计总监甚至是分管产品开发的副总亲自负责。设计过程又是一个开放的活动,特别对于一些非保密性或保密要求不高的产品设计、项目设计需要一个开放区域,欢迎来自各部门、各层级人员的监控和考查,并期望从中得到一些建设性的意见和提议,这些意见和提议的价值就在于能从多角度、多方面来帮助完善设计成果。

重大环节、重大问题、重大矛盾的处理人通常不是一个部门、一个人,很

图 9-10　海尔双开门智能无霜冰箱

图 9-11　新款海尔舒适风自清洁空调

图 9-12　海尔 40 英寸安卓智能网络纤薄窄边框全高清 LED 液晶电视机

可能是多人小组、多部门，如企业董事会、企业监事会、董事长、首席执行官等，因为一些重要的设计可能会影响整个公司的总体利益。如对于海尔公司来说，海尔冰箱（图 9-10）、海尔空调（图 9-11）、海尔电视机（图 9-12）等主打产品的设计，哪怕是技术上一点点的更改或外观上一点点的变动都有可能影响以千万计的消费者，这会对公司的总体盈利产生不可更改的影响。所以许多大型设计公司对主打产品的设计审核非常严厉。

对于集权性的设计生产企业来说，企业老板往往是终极的处理人，他们的决策不但是公司的最高指示，有时他个人的决策直接左右着公司的生存与发展。下面的案例可以窥一斑而知全豹：

美国福特汽车公司的创始人亨利·福特有着精明强干的头脑和丰富的技术经验。1903 年福特汽车公司成立，开始生产"A"型到"R"和"S"型汽车参与几十家汽车公司的竞争，当时还没有什么优势。但 1908 年开始生产福特"T"型车就标志着福特垄断局面的开始。"T"型车的特点是结构紧凑、设计简单、坚固、驾驶容易、价格较低。1913 年福特采用了汽车装配的流水生产法并实行汽车零件的标准化，形成了大量生产的体制，当年产量增加到 13 万辆，1914 年增加到 26 万辆，1923 年增加到 204 万辆，在美国汽车生产中形成垄断的局面。福特从而建立起一个世界上最大和盈利最多的制造业企业,它从利润中积累了 10 亿美元的现金储备。可是,福特坚信企业所需要的只是所有主管企业家和他们的一些"助手",只需"助手"的汇报,由他发号施令即可运行。他认为公司组织只是一种"形式",企业无需管理人员和管理。随着环境变化,其他竞争者兴起,汽车有着不同档次的需要,科技、产供销、财务、人事等管理日趋复杂,个人管理已难以适应这种要求。只过了几年,到了 1927 年,福特已丧失了市场领先的地位,以后的 20 年,逐年亏本,直到第二次世界大战期间仍无法有力地参与竞争。当时它的强劲对手通用汽车公司,则从 20 世纪 20 年代开始走着一条与福特经验相反的路子。"通用"原是一些竞争不过福特的小公司拼凑起来的,在建立之初,这些小公司作为"通用"的一部分各自为政,通用公司组织机构不健全,公司的许多工作集中在少数几个人身上,不仅使这些领导人忙于事务,无暇考虑公司的方针政策,并且限制了各级人员的积极性。而 1920 年后,新接任的通用汽车公司总裁艾尔弗雷德·斯隆在大整顿、大改组过程中建立起一套组织结构作出处理问题的方法,根据市场不同层次顾客的需要,确立产品方向,加强专业化协作,谋取大规模生产,按照分散经营和协调控制的原则建立管理体制,从而于 1926 年至 1927 年使"通用"的市场占有率从 10% 一跃而起到 43%,此后多年均占 50% 以上,而"福特"则每况愈下,到 1944 年,福特的孙子——福特二世接管该公司时公司已濒临破产。当时 26 岁的福特二世向他的对手"通用"学习,着手进行斯隆在"通用"所做的事,创建了一套管理组织和领导班子,5 年后就在国内外重新获得了发展和获利的力量,成为通用汽车公司的主要竞争对手。①

设计过程的监控和反馈处理究竟该由谁做出?在本案例中我们可以发现"成也萧何,败也萧何",如果非要将处理权集中到某一个人身上,这个人肯定是老板,而老板的视角、胸怀、思维、理念又实在很难真正做到全面和精准。随着现代管理制度的建立,越来越多精明能干的人加入到制度化、体系化、层级化管理之中,解放了老板,也增强了公司的管理水平和管理规模,大企业集

---

① 姜仁良.管理学习题与案例[M].北京:中国时代经济出版社,2006:6-7.

团得以迅速出现并稳固地发展起来。

9.4 设计过程修整

设计过程管理的目的在于对设计过程进行必要的修整,从而让设计工作运行得更顺畅,让设计方向更准确,让设计成果更加完美。当然,设计工作是否更顺畅、设计方向是否更准确、设计成果是否更完美,那得采决于设计过程修整得如何。大致说来,设计过程修整可以分为:即时修整、延时修整、固定修整、弹性修整四类。

1. 即时修整

从过程修整的时间上来看可以分为即时修整和缓时修整。毫无疑问,即时修整强调时效性,缓时修整强调整个工作流程的完整、周密和品质。对于一些非常紧急的缺陷和能够在短时间内修补完善的问题当然就没必要拖延,最好尽快修补成功,这不仅能快速体现出设计工作的开放性与运营的合理性以及反应能力,也能更好地融入设计师的理念和人文关怀。

如在大型会馆的人流通道设计上,如果发现问题就可以立马做出调整,使参观者的行进更加顺畅和更加快捷,从而提升展览参观的效率。通过现代化的手段和工具,这种监控是瞬间能够得出结论并找到更合理方案的。"使用者在会馆中的移动路线由一个反馈圈所引导,每个局部的互动都会被记录并翻译为数字输入资料库,然后与整个广场上 28 个圈子中变动的人群密度做关联。因此,使用者密度得以启动局部的实体或媒体之反应,成为即时的输入资料。局部变形直接应用在会馆的结构上,然后整体的反应使新数位模拟其直接结果。每 3 个小时所收集的整体资料(人群密度和新程式编排)表示出新的数位模拟的参数,并以此指导会馆每个部分的新位置。从整体与局部变形中取得的最新反馈,能告诉我们整个会馆的新配置,并会依次启动来自群众的差异回应/输入。"① 这是英国伦敦的特拉法加广场(Trafalgar Square)(图 9-13)2012 年奥运会展馆内的参观和数模控制设计,该设计充分体现了即时修整的原则和技法上的探索。

---

① 西蒙•康斯塔. 圈式空间:2012 伦敦奥运会馆[M]//何焖德. 新仿生建筑:人造生命时代的新建筑领域. 北京:中国建筑工业出版社,2009:30.

即时修整反映了设计过程监控工作的高效率,也体现了"管理出效益"理念的具体贯彻和实行。管理出效益,不但要有"益",还要有"效",即效率。考虑到工作的效率,即时修整就成为非常恰当的管理手段。

图9-13　伦敦特拉法加广场

2. 延时修整

延时修整不是放弃修整,而是放弃在当下的即时性决策和即时性定论。许多事情无法从眼前看出端倪,哪怕是感觉到了会存在问题,哪怕是发现了问题的萌芽,但如果仅凭经验去判断、去下定论,就有可能破坏实际的真相,所以等待事情的进一步发展,让某些现象更明朗化一点恐怕是更合理的选择。小问题可以即时修整,原则性的大问题、大局上的调控,本质上的变动需要适当慎重和谨慎,以免因决策不慎对整体工作造成伤害。

对于许多建筑和空间,人们以为它们是固定不变的,人们对这些固定不变的事物往往也表现出无能为力,哪怕需要更改的意见在侧,大家也只能望之兴叹。建成之后,对建筑的修整就成为一种奢望,即使有可能也一定是一种延时修整。对此,墨西哥的建筑设计师阿曼度·雷耶斯·瓦格司一直致力于延时修整设计工作的研究:"像伦敦或纽约这样的城市,地铁/火车/轮渡站对于都市某些区域发展而言,扮演了重要角色。……起始观念的其中之一包含了了解这些轨道是空间中一个连续的经验,它们自身反映了当时实际发生了什么事,或是可能发生的事情。空间为既存调适,也为可能的未来做调整。每个交通站、市场或公共空间经历着人潮密度持续不断的变化,根据在每天的各个时间点,每周的各天,甚至一年中的特定星期中,都会有不断变动的人潮密度和流量,但是其建筑是固定的,而如果建筑也会变动呢?这对一个本来就会变动的空间,会带来什么影响呢?如果将到达和离开这两种动态经验和来自康登区的混合/当代的生活方式做一个综合,形成一个没有人能分辨出其中的界限的形态,会发生什么事呢?如果所有的事件在同一时间内变成了一体又多面向的存在,又会发生什么事呢?……要定义一个空间需要许多资料,包括密度、方向、轨道、时间、频率、地理位置、气候等等。……这些资料可由现今发生在市场、酒吧、商店的各种事件来提供,所有此剧中的角色可作为所有不同节目交错的生活空间,创造出有改变弹性的混合空间,可以让节目交叠变更。"①

阿曼度·雷耶斯·瓦格司的设想和试验很有意味,也充满着人们对固定设计思维的挑战和设计思维的发展动向。当然,关于一个建筑设计合不合理短期内无法做出准确的结论,唯有经过"甚至一年中的特定星期中"发生的"不断变动的人潮密度和流量"的测算和考查才能判定,可变动的建筑这种延时性的调整和更改一旦成为现实,那么"有改变弹性的混合空间"就真正实现了"让节目交叠变更"转化为让实存的人居空间交叠变更的伟大理想。交通拥挤的大城市,其交通压力的解决方案一直都是令人头疼的大问题,所有新设计的环路、道桥、交通轨道都不是终极方案,都会在交通通畅或人烟稀少的郊区留下断头处,这种"断头交通"的设计就是一种可移动、可变向和富有弹性的建筑设计理念,是为了使未来城市交通体系更加科学合理化地发展所做的动态性延时修整方案。

3. 固定修整

固定修整指的是交互空间中的程序性、模式性、定势化的修整。交互空间即设计师、监控人、管理者三方之间的交流互动空间,程序性、模式性、定势化管理即确定的工作流程、固定的上传下达的管理方式。

许多成熟型设计企业都有自己完整的、定型的工作流程和纠偏范式,如果是非突发性事件、非新式化变动、非非人力可控状况的发生,通常意义上都可以通过固定修整达到实现和控制。许多固定思维和固定模式是不可轻易更改的,首先是为了维护组织职权的权威性,其次是为了维护员工结构和员工意识的稳定性,最后还能维护工作流程和管理过程的统一性。

对于公共空间的设计规划能够维护社会组群的既定范式,常常是设计师和设计管理者形成的共识。公共空间的分级划分反映了社会组群的分级划分;家庭有起居室;住宅围绕着两个公共空间来组织,即室外广场和室内的公共用房;整个居住综合体围绕着一条公共的大街布局,那里设有大型的社区

---

① 阿曼度·雷耶斯·瓦格司.变性环境[M]//何炯德.新仿生建筑:人造生命时代的新建筑领域.北京:中国建筑工业出版社,2009:140-141.

活动中心。家庭成员相聚在起居室,住宅组团的居民相聚在该组团的广场,整个住宅区的居民则相聚在主要大街上。上述住宅区和类似建筑项目的指导思想是,物质结构,也就是建筑的规划布局,在视觉上和功能上要支持住宅区内理想的社会结构①。这些思维和习惯深深影响着设计的监管工作,在设计过程中有形或无形、有意或无意地左右着设计管理者、设计规划师的工作方法和工作模式。

监控人观察和统计着设计师、制造师的工作,然后将统计结果上报给分管领导,分管领导将报告拿到管理会上讨论、分析并得出处理意见,处理意见再层层下发给中间部门,中间部门通报给项目管理部,项目管理部再将修整意见反馈给设计师、规划师,这是一种行之有效的固定修整的信息传递过程,越级上报、越级下达都是一个成熟型、稳定型设计组织管理者认为的大忌。还有一种固定修整就是在大的设计目标、大的设计流程、大的设计团队方面不做任何变更的修修补补,这种在大局不变之下的点状式或局部式的修整行为一定是遵循着许多既定原则和既定方案所做的完善管理。既然动不到大的框架、基本的模式,显然只是遇到了一些细微的问题或漏洞。这就像医生治病,既然吃两颗药丸便能解决,又何必要伤筋动骨、开膛破肚呢?

4. 弹性修整

弹性修整可大可小,既然有弹性,自然问题就可复杂化也可简单化。弹性修整体现在两个方面。第一,修整的问题具有弹性;第二,修整的手段方式可以弹性化。

在城市人行通道的设计上,设计师经常会遇到非常纠结的情况,特别是对于人行过街通道究竟是用下沉式的地下过道还是运用抬高式的过街天桥,抑或就直接在地面上运用斑马线和红绿灯来控制行人和行车之间交错的通行关系呢?关于这个问题,许多城市规划部门都不能很好地给出回答。

南京 15 年前非常流行人行天桥,无论是主干道还是小街道,抬头望过去五颜六色的空中廊道,令人目不暇接;10 年前,不知何故或者说为了整肃城市视觉效果,一夜之间开始大面积拆除人行天桥,作为南京一道风景的人行天桥瞬间消失,却开始大面积流行起了过街地下隧道,某些街道上每隔百八

---

① 扬·盖尔.交往与空间[M].4版.何人可,译.北京:中国建筑工业出版社,2002:61.

十米就会有一个地下通道,行人像穿梭在洞中一样穿梭在南京的街面下;这些年,过街隧道又开始被大量填埋掉,这可能与南京发展地铁有关系,大量的过街斑马线开始复现于马路上,红绿灯也开始在这个城市中增加起来。

显然,关于城市人行道及过街通道的问题上应该实行弹性修整方案,切不可实行一刀切政策。在居民集中区、商业集中区、风景区运用斑马线的过街方式未尝不可,本来这些地区就不应该通行太多的车辆,起码应该限制车辆通行的数量,或者应当修建车辆通行的专用车道绕过这些行人集中的区域;在城市主干道或非常宽阔的马路上,应该修建过街隧道,因为这些道路本来就是车流量较大的区域或者说本来就是保证车辆通行的干线,尽量保证车流的顺畅有利于解决城市堵车的现象,而行人如果通过漫长的斑马线过马路又会面临时间不够的问题;而对于人车混用的城市支道,或对于居民区和工业区、生产区混杂的区域,那就修建过街天桥也算不错的选择,过街天桥具有很高的识别度,能方便行人发现,同时过街天桥也能成为装点城市、扮靓城市的方法手段。究竟采用何种方式保证行人过街,完全应该以城市中人、车运行效率来判定,既要考虑行人的安全,又要保证城市中车流的通行效率,其实还应当考虑弱势人群(如老人、儿童、孕妇、残疾人等)的出行方便,这类的设计就应该实行弹性设计制。

修整的问题具有弹性、修整的手段方式可以弹性化涉及设计过程的方方面面,但其中最需要解决的问题就是设计管理思维、设计思维究竟择左还是择右的问题。设计管理对设计的影响和干预究竟是放还是收可以给大家留下诸多的设计话题。例如,威尼斯以北的帕尔马诺瓦城(Palmanova)(图9-14)是一座星形的文艺复兴式城

图9-14 意大利帕尔马诺瓦城俯瞰图

镇,1593年为索卡莫齐(Socamozzi)所建。该城所有的街道,不管其使用目的和在规划中的位置如何,宽度都是14米。与中世纪城市不同的是,这些尺度主要不是由使用功能决定的,而是在很大程度上取决于形式上的考虑。城镇的广场也是如此,该

图9-15 帕尔马诺瓦城中心的六边形广场

城的大广场由于采用了几何构图(图9-15),面积达30 000平方米,比锡耶纳城中的坎波广场大一倍以上。因此,它作为一个小镇的市政广场就显得大而无当了。与许多文艺复兴式的规划一样,该城的规划也是在绘图板上创作出的一件有趣的图案设计作品[①]。之所以出现这样"无当"的设计,绝非简单的规划设计师的草率,实在与当时的社会性设计管理、城镇设计潮流紧密相关。一种刻板的管理就会造成一种刻板的设计,当然一种更为开放、灵活、弹性十足的管理自然也可能会造成一种更加灵动、活泼、生动的设计成果。

设计过程管理是相当重要的设计管理过程,它的严谨认真与灵活多变对设计行为、设计师、设计结果都会引发多种多样的可能性,无论是令人满意的结果还是令人生厌的结局,都与设计过程管理不无干系,这种不确定性正是设计过程管理的魅力所在。这与多么壮观而完美的设计理想、设计目标以及美学追求无关,仅与管理过程的演化以及人心的复杂、生命的个性和共性发生着联系和相通。

---

① 扬·盖尔.交往与空间[M].4版.何人可,译.北京:中国建筑工业出版社,2002:45-47.

第 10 章　设计管理的未来

设计管理是一种艺术管理、文化管理，所以设计管理并不完全等同于一般性行政管理、产业管理、企业管理或生产管理，它有着复杂的特殊性，这种复杂主要来自于设计是物质生产更是精神生产，这种复杂性还主要来自于设计既要赚钱又要服务社会。而当下的实际就是社会追名逐利、物欲横流，市场上一切的不法行为都是出于为满足私利而牺牲公平正义的做法。这是设计管理面临的两大悖论：设计是物质生产还是精神生产？设计用来赚钱还是用来服务人类？围绕这两大悖论，设计管理将面临六大抉择，抉择的结果又决定整个人类未来的命运。人类等不到天荒地老，人类的未来是由自己自以为是的创造发明葬送掉的，即设计发明是一把双刃剑，看不清这种双刃，用不好这把剑，在地球消亡之前，人类已经自我毁灭了。为了延长这个自我毁灭的时间，设计管理需要慎重思考本章提出来的所有问题。

10.1　设计管理的折中

设计管理就是一种折中的管理，这种折中是一种权衡、协调、均势发展。

在设计流程与商业潮流间的折中：设计流程重感性和审美，商业潮流重算计、策划和盈利。设计师过度自我或过度随波逐流都会导致设计成果的失败，要么太过个性化，要么过于平庸和世俗化。太过个性而减弱设计产品的实用功能注定设计产品卖不出去，而过于追逐市场利润又会导致设计产品美性不足、降低品质甚至"山寨设计"泛滥。在引导设计师自由开创的同时，同样需要教会设计师关注并研究市场和消费需求的规律。

在征服式设计生产与自尊性设计消费间的折中：设计师都希望自己的设计能够征服消费者和市场，只有征服了消费者才会让消费者乐于买单，这里的征服是一种吸引和诱惑成功的意思。消费是需要刺激的,能不能激活或如何激活消费者的消费欲、占有欲是每一个设计师不断探寻和深入研究的原始动力。另外,消费者是有自由选择权和能动性的,通过铺天盖地的广告宣传固然能够吸引眼球,但功能和造型设计不出色、生产工艺不精良的产品迟早会被消费者和市场抛弃。所以设计管理既要做好产品的宣传和市场营销,同样也要力求提升产品的品质和生产工艺,既要擅长商业竞争,同样更要尊重消费者的自主选择权,即不能用以次充好的营销心态去欺骗消费者。

在自我凸显与时代趋势间的折中:认识自我是每一个设计师(图10-1)、设计项目团队、设计管理者需要做的第一个工作,认识自我才能更好地表达自我、表现自我,了解自己的能力才能更好地创造世界。而时代是永远在前进的,人要学会融入时代、紧跟时代脉搏,这样才能更好地融入时代,成为时代的弄潮儿和创造者。时代是由一代一代中的成功者所创造,

图10-1　英国著名建筑设计师扎哈·哈迪德

每一个创造者都希望能成为时代的引领者或借此"流芳百世"。在与社会、市场的合作中认识自我、创造自我、定位自我,在设计创造的过程中推动自己与社会的交流、与时代的对话,即通过设计这个桥梁让自己学会与人交流并向世人彰显自己的价值,这就是设计管理需要去完成的任务:培养设计师的自立,促进设计师与社会和市场的融汇。

在独权主义与群智协作间的折中:设计创意属于设计师个人的能力体现和内在的智慧,每个设计师都想独自创造出自己的形象和功能价值,都想独享自己的知识版权、设计版权。设计师就是一种"造物主",他们决定了世界的视觉形态和人类的功能价值,他们就是世上造物的"独权者"。但是,设计事业是公共性事业,设计生产是联合性作业,特别在今天这样一个"共享经济"时代,善于借力、协作、共享的团队和企业才能做得足够大。今天的大型企业、成熟型企业都擅长合作性设计、全局性布局、分散性生产,从而创造了一种"世界工厂"式的全球化产业链。今天的设计就是你中有我、我中有你的组合式生产,否则很难笼络最优资源、创造出最大的价值。设计管理需要保障自己的企业、团队、创造者的独创力与技术机密、创意机密,但又要打破绝

对的独权主义，使自己的企业、团队、创造者成为"世界性"的企业、团队和创造者，这样才能获得更多更优的资源、创造更大更辉煌的价值。中国的文化需要推向世界成为重要的引领方向之一，中国的发展又需要全世界的通力协作，这正是"一带一路"战略强大的权衡、协调功能。

在文化标准与弹性方案间的折中：文化是一定时空内由人创造形成的较为固定的物质成就、精神成果的总和，文化一旦形成并稳固下来就成为一定时空内人们行动的准则、思维的法则、身份的象征、创造的基石，很难在短时间内被改变。但任何一个设计项目、任何一次设计活动又是弹性化的创造过程，没有什么是预先确定好就不能改变的，设计创造是一个不断修改、不断试验和充满弹性变化的过程。设计产品就是通过多种方案不断试验的调整、替换、重组的创造物，有时候会形成对文化标准的反拨与背叛。打破约定俗成就是设计创新。如何在文化继承和设计创新之间做到均衡是设计管理的重要使命。

在设计趋势与设计历史间的折中：设计趋势是设计创造呈现出来的一个发展方向，其中包含设计精神、设计技术、生产工艺、功能创新、造型潮流、创意方法等方面的发展方向，其中之一或之几就可能引领一个全新的设计趋势。但需要清楚的一点就是，设计趋势不是凭空产生的，每一次的设计趋势都是设计历史前进、延续的结果。设计历史指的是空间内造物记忆、过往文明、文化遗存在时间轴上的集聚，这种集聚开发了人类的大脑、启发了设计的创新、推动了造物史的前进，没有对记忆的尊重、学习和重构，所谓的设计趋势是不可能产生的。所以，人要学会尊重和怀想造物记忆、过往文明、文化遗存，虚心吸收传统的营养，才能立足历史开创美好未来，这正是设计管理的价值取向。

10.2 设计管理的摆幅

需要折中思考的设计管理一直会处于权衡的过程中，权衡、协调、均势的过程就是设计管理的摇摆、调整过程，摇摆、调整就产生了摆幅。

设计管理摆幅的幅度很难去做测量，量化的管理不是目的，永远只是一种手段，而且是条件范围下有限的手段。但摆幅两端的极致位置还是容易确定的。

商业的本质就是经济获利,不获利的设计项目无法持续下去;但永续经营是设计企业的本质追求,没有哪一个企业嫌自己活得长,在没有特殊的情况下,永续经营和发展下去是一个企业越做越大的最佳状态。所以设计管理要促进设计产品获得经济利益即市场盈利,但设计管理更要追求设计企业的永续发展。经济获利、永续发展就是设计管理摆幅的重要两极。

设计产品永远应当是为客户服务的创造,服务客户就是设计创造最基本的任务,不能被消费或不被消费者接受的设计造物是失败的,哪怕是欣赏性设计创造如雕塑(图10-2)、工艺美术品(图10-3)也要能被观赏者乐于接受和欣赏才行。设计企业的永续发展需要设计企业实施品牌战略,设计品牌是保证永续发展的手段和方法,而设计品牌需要持续不断、长久地打造才能成功,所以品牌的建立就是战略性的事业,绝不是仅仅靠产品本身就能建成的。任何一个庞大的设计企业、设计帝国都是由品牌和社会口碑支撑的。这就出现了产品服务和品牌战略之间的摆幅。

图10-2　雕塑《大卫》

图10-3　元代青花缠枝牡丹云龙纹罐

设计产品本身可能是实用功能的实现,但能不能成为视觉观感上成功的艺术品需要精心的构建、架设和生产。满足功能需要是一方面,而另一极就是将设计产品上升到艺术的创造。任何一个优秀的设计都是功能的完美实现和视觉观感上的艺术创作,即功能性+审美性的完美组合。所以设计管理既要推动功能需求的满足,同样需要挖掘和激发精神审美上的艺术性享受。

图 10-4　中国服装品牌李宁牌的商标设计

设计品牌是一种战略,但设计品牌需要多元化的故事情节来组建,设计品牌的故事性就是商品、商标、商务活动背后的故事和文化内涵,否则品牌就成了干巴巴的符号,成功的品牌都是由成功的故事包装形成的。为什么要打造民族品牌(图 10-4),就是要建立庞大而丰富的设计事业。从长久发展的时空域来看,设计是推动人类物质、精神全面发展的伟大事业,是关乎民族、国家命运的事业,而一个民族、国家的制造业、设计业就是由一个又一个设计品牌、设计故事组成的集合体。设计管理就是要善于讲故事和编织民族和国家设计事业的大旗。

设计是为了解决问题,设计管理需要考查、研究、深挖人民生活和工作中碰到的各种各样的问题,如此才能引导设计创新的方向。但解决这些问题也不是设计管理的终极目标,设计管理还需要在另一极激活人民的创造热情和创造力。设计热情才是设计原创的发动机,设计热情的高涨程度决定了一个民族和国家设计事业的高度,所以我国提出"大众创业,万众创新"的口号,如此做法就是为了激活人民设计创造的热情。设计热情远比解决问题更具能量、更具价值,是设计源泉的两极。

设计管理还需要在设计产品品质的追求与设计商业社会的构筑之间摇摆,同样,设计产品品质是摆幅的一端,现代化设计商业就是摆幅的另一端。设计产品的品质好坏直接决定设计商业的成败,这跟广告宣传和商业炒作没有直接的关系,消费者在使用过程中更为看重设计产品的品质,包括设计产品的舒适度、功能性、可观赏性以及耐用性,当然还包含产品的性价比,这就是为什么国产手机小米、酷派、OPPO、VIVO 目前在国际市场上加起来的影响力都抵不上美国苹果手机的原因,许多国产手机的产品品质与美国苹果手机仍有很大的差距。其他高科技产品、人工智能、数字媒体产品呢?目前国产产品与欧美产品相比较,情况大致相同。欧美设计商业社会就是由其产品的高品质构成的,而不是靠商业鼓吹构成的。当然,中国现代化设计商业社会起步晚、技术落后、方法不健全,但未来的发展潜力不可限量。

设计管理的商业手段往往在于宣传、推销设计商品,从而让产品卖出去,这一点很重要,没有商业营销,再好的商品也不能被大众所认识,在信息时代,酒香也怕巷子深。电影海报、电影宣传片、房产广告、精干的房产营销员卖力的介绍、T形台上的服装走秀、汽车展销会、机器人博览会、电脑促销会、红酒品鉴会、文化产品博览会、新书展销会、VR体验会等,其实都属于商业促销手段,目的在于卖出创意或招徕大额订单。而设计管理还有一个重大的任务,就是推动设计普众化。什么叫设计普众化?就是将设计理念、设计技巧、生产技术、创意精神、创造方法、设计审美、设计批评等专业性的知识普众化,有意识地推广设计创意奥妙的设计管理其实就是设计教育管理,而无意识地推行设计知识的过程就属于产品的使用过程,通过产品说明书以及各类商业广告的解释和宣传,同样可以让大众达到掌握设计知识的目的,这也是设计知识常识化的过程。设计普众化可以激发大众的创造热情,可以提升大众造物的整体水平和专业能力;设计普众化是增强本民族物质文明发展的动力源,也是推动全民族整体想象力和智力水平提升的重要过程。所以,设计管理必须兼顾产品推销和设计普众两大极端,在这两者之间作合理的摆动。

10.3 设计管理的权谋

在中国古代,"设计"一词指的就是"计谋""权谋"的意思,张道一先生写过一部书,就取名为《设计在谋》①(图10-5),书中深刻地指出设计思维的本质,就是"运谋用计"而创造事物的造型,将各种形状的造型组合成一种新事物,这不正体现了设计师的谋划能力和对资源的整合计策吗?!

设计管理更加接近古代"计谋""权

图10-5 书籍《设计在谋》的封面设计

---

① 张道一.设计在谋[M].重庆:重庆大学出版社,2007.

谋"的意思,计谋、权谋本身就是管理学上的专用术语。设计管理的权谋也涉及设计行业、设计活动的方方面面。

设计制造的权谋:设计制造好像是形而下的造物活动,其实这同样是一个形而上的高级问题,设计制造其实就是治国。治大国如烹小鲜,一切的治理都起源于物质生产,一切的执政理念都必须建立在物质生产的基础之上。物盛则运旺、运旺则民富、民富则国强、国强则天下敬仰,起码在一个民主政权的国家,这一逻辑关系有其内在的必然性。中国为什么要推行"工匠精神"? 为什么要不顾一切发展制造业? 看看今天傲视天下的美国,一切道理都明了了。

设计产品的权谋:设计师是产品之父,设计之妙,妙在差异性,所以设计师创造的生命力就是寻求设计创意的新颖性和差异性,与当下绝大多数商品产生差异,没有差异的重复性设计是浪费资源、自掘坟墓。差异性的功能、差异性的工艺、差异性的造型就是设计师最为关注的重点,也是设计师突破现实、突破自我的落脚点。当然,不能一味为了差异性而差异化,好用、耐用且不贵才是商品竞争获胜的关键,只有建立在客户需求之上的差异化才是有意义的错位发展。

设计服务的权谋:在服务过程中创造新的服务机会,如附加营销、捆绑销售、连带消费等就是通过一种商品或服务,顺带着卖出另一种商品或服务。设计企业应当重视自己的售后服务,而且要加强自己售后服务的水平和能力,通过完善的售后服务可以拉拢住顾客的心,可以消除顾客对进一步购买和消费的担忧,以此扩大商品销售。设计服务其实就是扩大市场的一种契机和方法手段。

设计消费的权谋:究竟是设计消费促进了设计生产,还是设计生产创造了更大的设计消费? 这是一个难以回答的问题。许多时候,市场和消费者的需求推动了设计投资者、设计策划人、设计生产者的一拥而上,对于发展式设计市场,这一点常常比较明显;很多时候,却又是设计师的发明创造带动了一种消费热潮、消费时尚,对于衰退中的设计市场,这一点常常比较明显,就像前沿的设计师总是在寻求和创造新的设计增长点一样。让设计消费处于常变常新的状态中就能保持消费者旺盛的消费欲和占有欲,人人都有尝鲜的渴望,所以设计生产企业需要永远在市场转型之前完成自我的转型,这样才能永远处于引导设计消费的有利地位。

设计策划的权谋:设计策划就是设计投资、设计项目确定之前的预先谋划活动。设计策划同样需要权谋与谋略,将宏观问题细分化、复杂问题精炼化、抽象问题具象化、细致问题条款化,然后注重详略得当、分合有变、虚实相应,那么就会编制出一个好的设计策划案来。分项+总结、概括+细述即战略思维+战术思维的双向应用是谋划者成功的关键。设计策划是没有发生的事情,如果对没有发生过的事情一味担忧、处处害怕,那么这样的策划不可能上马和成行;如果对没有发生过的事情不加提炼概括、不加细致分析、不能理解透彻,仅凭一味乐观编制不出切实可行的设计策划案。没有发生过的策划并非无章可循,可以多考查过去成功的案例和别人的故事,因为天下事物的道理、设计策划的原理是相通的。

设计团队的权谋:设计团队很多时候是临时性团队,设计项目完成之后,团队就解散。临时性团队的能量也是非常大的,许多重大工程项目都由临时组建的设计团队、生产团队所完成。虽然是临时性团队,也一定要精诚合作、全力配合、保持谦逊、各司其职,绝不可因为是临时性组队,就自私自利、彼此倾轧。所以,学会分享对于设计团队至关重要,分享是团队延续并紧密结合的关键,在一个临时性团队内部,自我舍弃式的分享是高尚之源,一次成功的合作有可能会给团队成员带来源源不断的发展机会,而一次失败的合作就可能绝了一条生存的路。

设计战略的权谋:设计战略自然是更为长远的远谋大略,是一种全局性、系统性布局的高级管理。作为战略,其管理视角和领域比一般性管理的极限要大,即多想一步、多想一点、多想一层总比盯着眼前利益有更大的发展空间、更多的盈利机会。对于设计企业来说,要做同行的领头企业,对于国家来说,要做制造业大国,这就是设计战略。设计战略永远是做大做强最充分的思想基础、指导方针。设计战略需要克服的问题就是得过且过的习惯和总是被眼前的利好迷住双眼而丧失大志的作风,换句话说,设计战略应当着眼于别人看不到、别人想不到的更大的利润,然后朝着这个目标去积累资本、集聚能量。

设计品牌的权谋:让自己的商标名称反复曝光、反复出现、反复宣传,当然这些曝光都应当是正向而积极的曝光,不能因为产品质量不过关而被工商局曝光,那可就"一失足而成千古恨"了。设计品牌其实是一种复合概念,包含了经营的精神理念(主要是价值取向)、经营的行为方式和行动准则、经营的视觉标识,在产品质量、服务水平和精神理念都没有问题的情况下,商标名称的知名度和传播率直接决定了品牌的层次或成败。这里需要注意的是,产品质量、服务水平、精神理念是品牌的保障体系,保障体系出现漏洞或问题就会使设计企业陷入重大危机。保障体系绝对安全的情况下,设计品牌几乎就成为名称经济、商标经济、符号经济,品牌就成了产品品质的保证和该企业在时空广域上的一切附加值。

设计时尚的权谋:所谓的设计时尚就是短时间内的流行设计,属于常变常新的设计领域和消费喜好。要想永远处于设计时尚的风口浪尖,设计企业的压力非常大,除了不断地创新设计,还要准确把握市场消费的变化动向,这可能跟设计批评、设计理论界的倡导有关,也可能跟行业内的领头羊企业放出的商业信号有关。设计企业市场调研部在能不能抓住时尚机遇方面举足轻重,如果企业加入了时尚的洪流,一次就可以大赚特赚,如果错过了引领时尚的机遇,设计企业也可能"开倒车",被同行反超。所以设计企业市场调研部需要时时刻刻清空身心,学会荣誉清零以腾出更多的精力和空间,吸收、归类、分解,跟踪市场信息,探究消费密码,重构设计序列。时尚是共享的舞台,没有台霸能够持久引领时尚,关注一流方阵品牌的动向、加入精英品牌的战略同盟、构建结对品牌的互竞模式等都是应对设计时尚潮流变换的重要做法。

设计遗产的权谋:读书、观遗是面对设计遗产最好的态度。读书可以更加深刻地了解设计遗产(图10-6)的过往和曾经的辉煌,观遗可以更加直观地促进对设计遗产的研究、继承、应用和革新。一切设计遗产在研究性书籍中皆会有详解,哪怕集中介绍的少,零散的介绍加起来也能对遗产形成完整的再现。所以,对待设计遗产,应当保持

图10-6　中国非物质文化遗产:
　　　　鱼剪纸

唯读唯识,读是解读,识是了解,解读深刻、了解透彻,那么对设计遗产就一定

能做到会用、善用、强用,然后自己的设计产品、设计品牌必然能超凡脱俗、出类拔萃。

10.4 设计管理的觉醒

设计管理作为专业或学科在国内亟须建立。

第一,丰富设计学科的发展方向;第二,开拓管理学科的知识体系;第三,弥补设计专业人才商科、管理学科知识的欠缺和漏洞;第四,弥补管理专业对管理知识泛泛而论,却缺乏明确职业方向的不足。

设计管理主要研究的问题就是设计生产、制造的管理,它不是纯粹的管理学,它要求管理者既要懂管理,还要懂设计,设计管理其实就是围绕制造业产生的管理知识,是使制造业走向茁壮成长的重要方式方法。这里的制造业包含电影制造业、电视制造业、雕塑产业、美术产业、工艺品业、建筑制造业、环境制造业、工业产品生产制造业、机械制造业、日用产品制造业、高科技研发和制造业等,凡有物质性产品形成的产业,无一不可以划并为设计管理考查的范畴。

但设计管理是交叉学科,是设计学和管理学的交叉学科,不是纯粹的设计创作,亦不是纯粹的管理运筹,以任何一方单一的视角来判定和认知设计管理,都是错误的。它要求学习者、研究者必须站在两个学科的角度上,运用两种学科思维的方法即形象思维、感性思维、抽象思维、理性思维对设计管理的知识进行交叠式的考查和讨论。设计学科一般而言重形象思维、感性思维,管理科学一般而言重抽象思维、理性思维,两方面思维的组合使用就是交叉学科的难点,也是其魅力所在。

设计管理中的核心管理是区分设计管理与一般性管理的关键所在。其核心管理就是围绕设计、生产流程发生的技术性、生产性、创造性管理过程,因为重视了技术和生产本身的行为与过程,所以它已不同于企业常说的人力资源管理、财务管理、行政管理、办公室管理、公关管理、市场营销管理、企业策划管理等,这些以权力为中心的管理模式在设计管理中转变成了以技术、以工艺、以生产流程为中心的管理,显然管理的立足点和重心已发生偏移。

普通意义上以权力为中心的人力资源管理、财务管理、行政管理、办公室管理、公关管理、市场营销管理、企业策划管理也不是与设计管理毫无关系，它们是设计管理的辅助管理，有了这些辅助管理，围绕设计技艺、生产技术、生产过程的核心管理才得以成立和正常运转。什么叫制造业？就是拥有设计技艺、生产技术、生产流程和物化产品的行业，其辅助管理的地位几乎就是紧密配合核心管理而存在的，没有了核心管理，辅助管理也就失去了存在的意义和价值，所以对制造业的管理更为切合设计管理，几乎是设计管理的主体部分。

一般性的企业或工厂，其对设计部门的管理、车间里的生产性管理、研发部门的研发管理以及这三大部门内部的各项管理就是设计管理。设计管理的目标就是提高生产效率、提升产品质量、确立企业更科学合理的设计项目的选择方向和设计产品的市场定位，所以，设计管理几乎就是一种专题或专项式的业务管理。

设计管理自原始时代就伴随着人们的生产劳动而产生了，但一直没有名分，即在我国尚没有设立设计管理专业或学科。设计管理专业、设计管理专业硕士、设计管理学术硕士的教育都是扩充该领域专业人才的有效方法，而这方面的专业人才无疑是社会的紧缺型人才。

设计管理正在觉醒当中，因为要想成为制造业大国，设计管理人才队伍必须要先行成熟起来，设计管理水平要快速成长起来，设计管理的研究和教育要全面跟上甚至应该成为社会实践的引导力量。

作为社会部类中的独立部门，设计管理围绕设计、生产技术、技艺、流程而展开，它有自己相对规范、独立的技能发挥的自由和评价体系，如技术参数、行业指标、产品规格要求等就是对设计产品、设计管理的规范和评价依据。这预示着绝大多数制造性行业其实是很重视设计管理工作的。

作为一种技术职能，设计管理应当从官本位、权力中心逻辑中解放出来，即从一般性、普通的基础性管理中独立出来，类似于教学职称、科研职称、技术职称一样，设计管理应当并入国家技术职级评价体系中，首先按其技术管理的能力和水平设置职级，然后再参照行政官职级别确定其岗位权责。当然，设计技术管理职级几乎是终身的，行政官职却可升可降，设计管理更应当重视技术管理职级的功能和作用，一定要淡化甚至弱化行政官职的作用和地位。

第10章 设计管理的未来

作为一种生产力和生产关系,设计管理既推动了国家的生产和制造业的发展,同时又有助于协调各类生产资源的整合运用,有助于社会关系的正常化构建和发展。所以,设计管理不是一种简单的管理,是借助于物质生产流程、物质生产活动推动社会发展和完善的力量,是创造物质文明的核心生产力之一。设计管理又属于社会管理的一部分,重点是协调生产资料、生产者、资本所有者之间的关系,是协调和解决劳资矛盾最重要的管理形式。

设计管理还是一个独立的知识体系,它不是设计和管理的简单相加,它的主体是产品和技术的设计生产管理,这是一个独立的管理领域和管理视角,理应设有独立的管理岗职。而今天的设计总监、设计经理、设计项目经理、设计项目主管、设计团队的组长等带有较强烈的行政意味,在一般公司里属于官职,带有强烈的官僚意味。如果成立有正教授级高级设计管理师、高级设计管理师、设计管理师、助理设计管理师、设计管理专员等职级性岗位,或许设计管理会更加专业和深入些。当然,设计管理还是一个开放的学科体系,在围绕设计技术、生产工艺、生产流程做管理的过程中,一切围绕人、财、物、时间、信息、心理等的管理知识和方法都可以吸纳进来,都可以用于丰富、完善设计管理工作。

设计管理不仅是一种对生产流程的管理,更是对社会行为的研究和塑造。因为物质文明对精神文明具有强大的促进作用,物质生产活动对于哲学和艺术的繁荣也有推动效应。这个世上,没有任何一种活动或一个人是孤岛,没有任何一本书在讲述孤立的故事。设计管理同样也是社会发展的基石,尤其是具有什么样的设计管理,就一定具有什么样的物质世界。

设计生产的重要性需要进一步明确,没有生产活动就很难有真正的价值和能量的递增方案。网店、网商包括一切实体性商业行为不会增加社会的总价值和总能量,它们不过是实现了价值和能量之间的运输和交换,社会的价值和能量总量并没有发生改变。设计生产活动则不一样,很多时候,设计生产是取材于大自然、取形于大自然、取能于大自然,把原本被自然界浪费掉的价值和能量如太阳能(图10-7)、风能(图10-8)、潮汐能等转化为有利于人类社会发展的重要产品、重要能量,从而增加了人类社会的总价值和总能量。

图 10-7　太阳能发电板

图 10-8　风车是风能发电的一种形式

设计管理需要获得更多的关注、投入和支持来快速发展,这样才能为人类社会的进步、为人与宇宙的进一步和谐共生提供更多、更大、更优的价值和能量。

10.5　设计管理的自立

设计管理的觉醒来自于历史的积累,也来自于工业化、信息化、高科技产业快速发展的时代性需要,设计管理的功能和价值正在逐渐凸显,而专业性的设计管理人才又极为稀缺,所以国家、社会和企业都越来越意识到需要推动设计管理走向更高、更全面、更广阔的发展空间。

觉醒之后才能自立,这是设计管理进一步走向完善的基础,无以立,何以成?

首先,运用强大的互联网成就自己的部落族或部落格(Blog)。部落格是互联网特有的处理海量信息的运行方式,最新的信息永远在最上面,过往的信息就会被往下推移,只要打开网络,人们就首先看到最新的信息。设计管理类网站、设计管理论坛、设计管理虚拟社区、设计管理公众号、设计管理贴吧等目前很少看到,这说明设计管理作为一个交叉部类需要加大推行和完善的力度。

所有的设计管理人、设计师都应当自觉地把设计当成管理对象、当成一个系统的管理工程来看待,自觉地将设计和管理融为一体,从而成为一种新型的复合知识体系。要知道,设计本来就是权谋、计谋的运用,设计本身就是一种对各种资源和能量的管理。拥有了管理思维的设计活动会更加完善,拥有了设计思维的管理活动也会更加强大。

设计管理者应当有意识地开发自己的潜能,抓住一切机会听、看、辨、思、做、变,积极阅读、勤学苦练、认真总结,全面增强自己的专业技能,扩展自己的知识面,提升自己的综合素质。有什么样的设计管理者就会有什么样的设计管理,一个国家的设计管理成就取决于该国设计管理者的平均水平和总体能力。一方面,设计管理者需要积极提高自己的专业技能和专业知识;另一方面,设计管理者应当增强与人相处和表达沟通的能力。

设计管理者要时刻保持优良的品味,作为设计产品、设计成就的决定者,设计管理者通过管束、限定、辅助或指导设计师的方式决定着设计产品的品质和品味,所以,特别是甲方的设计管理者,应当时刻进行修炼、学习、思考和提高,以此持续地刺激自己的品味感,切不能沦落为复制品的麻痹者。每每消费者遇到不称意的商品,都会怪罪于设计师,这并不完全客观,就像某些艺人这两年热衷于奇装异服的打扮,这种不伦不类、性别模糊的形象设计不一定是艺人本人所愿,很可能跟其签署的经纪公司有很大关系。

在重权、重钱、重势的社会背景下,设计管理始终保持自尊自重,是保持设计艺术能够代表人类最高水准的创造的关键。如果设计管理者、设计管理行业也随波逐流、追名逐利,那么设计师队伍以及整个设计行业很有可能会受到污染,从而沦落为权势名利的附庸和追逐场。设计管理者一定要将自家的设计创意、设计产品推销出去,同时,又保证不得罪有权、有钱、有势阶级集团,这是高明的设计管理。

保持阅读的习惯对于设计管理者、设计师来说都至关重要,阅读可以使人冷静,阅读可以使人增强理性思维,阅读可以使人拓宽眼界,阅读可以使人保持学习的劲头和状态,阅读可以使人弥补无法"走万里路"的缺陷。设计师的积累来自于若干年的所见与所为,设计管理者的能力同样来自于和设计师长年累月的相处和对设计项目运管的丰富经验,一个不能跑遍天下的设计师可以通过翻阅画册、阅读书籍了解天下,一个不能参加所有重大设计项目的设计管理者可以通过阅读书籍、参考别人的工作案例来增加自己的感受和深度体验。图画特别是文字记载中隐藏着大量的、重要的信息,阅读就是一种掌握信息、参悟信息、解码信息、重组信息的过程,通过这种对智力性信息解构过程的重复和反复锻炼,设计师、设计管理者都可以达到弥补自己知识面不广、心灵体验缺乏的目的。阅读还是一种慢生活的修炼方式,这种慢使人

设计管理概论

有了更多的思考时间,使人能够在沉静中反省自己、反观社会、反思设计和设计管理。

10.6 设计管理的超越

凡事做到极致便是艺术。

设计管理也要不断超越,才能趋向于极致,才能成为管理艺术。设计是一门艺术,设计管理又属于艺术管理的一支,所以设计管理应当不断追求、不断完善、不断超越,以求达到艺术之极境。

设计管理应当要求设计师不断超越设计技艺本身,将成就品质生活作为自己的责任和目标,执著于技艺本身容易让人陷于炫技派。只有明白技艺只是手段、创造高品质的生活才是目的的设计师才能高瞻远瞩,才会更容易获得成功。当然,设计技艺的学习、设计软件的学习属于必需的基本功,基本功扎实而又不拘泥于技艺者会更快地实现由匠至艺、由俗到雅、由器入道。由器入道是设计管理的第一大超越,也是基本性超越。

设计管理需要超越一般性管理本身,成就典范规则。管理的价值就是创造了人类相处和共同生存的法则,推动了整个社会有序地向前发展。设计管理旨在创建造物的法则、找到创造的规律、指引创生辉煌的设计成就,从而推动整个人类物质文明持续不断地永续化发展。设计管理者绝对不是权力的执行者,而是世界的创造者,从权力中跳脱出来,肩负起创造的使命才是设计管理者需要不断自我超越的精神进化过程。从造物跃向规则的制定,是设计管理超越之一。

设计工作是一种建立在经验之上的创造性工作,其中经验是创新功力深厚的基础。设计管理尽管同样是建立在经验之上的创新型工作,但设计管理应当将激发设计师的创造性、创意力摆在首位,即培养、鼓励、引导设计师由经验行为者上升、超越为时尚创造者。设计师理应是时尚的创造者,设计管理者由此就应当是时尚领袖。在设计管理的扶持和指导下,设计师更容易成功,在扶持和指导设计师的过程中,设计管理者也间接地加入了创造时尚的过程,并由此成为不折不扣的时尚领袖。普通的设计管理者止步于对设计案例、设计经验的总结概括,但真正超越了自我的设计管理者才是时尚的风向标。

设计管理者当然是要管理设计产品的生产,但这属于基本的物质化属性,即设计管理的造物功能,不是设计管理的高级形态。高级的设计管理形态应当是超越了造物功能的育人功能。创造了高品味的生活、创造了精美的社会、创造了精致的功能、创造了丰富多彩的物质世界自然就能推动人的思想形态、精神状态、人格品行上升到更高的境界。设计管理的育人功能可以是直接的人格教化,但更为深刻、全面、透彻、自然、生动的教育功能仍然在于通过一代又一代物质文化的积累、提升、熏陶、育化所达到的人性世界的超越。从治物到育人,正是设计管理的自我超越。

超越流程思维,实现完型思维和对全面理念的追求,同样是设计管理的风向标。一般的设计管理是一种流程思维,即通过对设计流程的掌控、规范、指挥、引导,从而使设计生产流程更加科学合理、自然顺畅、高效完善。但更高级的设计管理肯定不是对设计流程的沉迷,而是追求在设计流程的推行过程中构筑完型价值体系和全面发展理念。完型价值体系包含设计创意价值创造、设计功能价值创造、设计美学价值创造、设计管理价值创造、设计精神价值创造等,设计管理不是完成对流程的简单管理,而是在整个过程中实现每一步的价值增值。全面发展理念,指的是设计管理没有将造物和物质世界的发展作为最高宗旨,而是借造物过程来实现制度理念、时尚理念、文化理念、精神理念、哲学理念、宗教理念和艺术理念的全面提升。在这个超越中,设计管理从造物世界上升到了价值构建的境界。

超越商业范畴,成就战略事业,这才是设计管理的终极超越。设计物总会有其功用性,但以创造功用性为目的,总会令设计产品和设计管理成为商业世界的商品,商品是更为局限和狭隘的事物,既然是明码标价的货物,那么它的价值就是确定和有限的。事实上,设计管理的真正效用是不能估量的,可以这么说,没有设计管理的存在,就不可能有今天人类文化历史的全貌,设计是造物,设计管理是造文化,人类发展史就是设计管理史。所以,设计管理应当是一种战略事业,是全人类的设计战略事业。缩小到国家的层面上来说,谁明白设计管理的战略地位、事业地位、文化地位,谁更尊重和全力发展设计管理,谁更相信设计管理能创造价值,谁就更愿意积极扶持设计管理的自由发展,谁就更容易成为设计大国、制造业大国、文化大国,谁就更容易成为全世界发达兴盛的强国。

结　　语

　　设计是创造美、实用、经济、耐用产品的活动。美是指设计品在造型上要富有艺术的审美性，即可观赏性，即丹尼尔·贝尔（Daniel Bell）所说的"有意味的形式"，也即一种"美性"①的创造。实用指的是设计产品的功用性、功能性，设计产品的根本目的在于满足使用需要，而像绘画、雕塑、工艺美术、摄影等纯造型艺术或许淡化了其实用功能，但作为一种装饰素材的时候，它们还是有一定的功用价值的，即让受装饰或装潢的环境、氛围、空间显得不那么单调和贫乏，从而可以使环境、氛围、空间显得更加丰富多彩，也更容易促生购买者的购买欲；如果是作为拍卖台上的绘画、雕塑、工艺美术、摄影作品，那就成了可以保值、增值的投资商品，其实用功能就更为突出，所以说设计是实用艺术并不为过。经济，强调的是节约性，即产品在性价比上的考量，如运用较便宜的材料能够创造更充分、更完整的产品，从节约材料、节省成本的角度去生产制造就是一种经济性；同样，设计产品在标价上能够尽量便宜，以便于更多的消费者有能力消费得起，这也是经济原则。耐用指的是产品的质量好和结实，产品的结实度也是设计评价的重要标准，耐用可以节省更多的资源，也可以减少生产的次数和产品的数量，显然对生态环境的保护更加有效。

---

① 美性，是著名画家董欣宾和著名绘画史论家郑奇首先提出。他们认为逻辑学重人的思想，主人类的理性；伦理学重人的行动，主人类的感性；美学重人的情感，主人类的美性。思想和情感尽管都属于精神范畴，但毫无疑问两者的区别不但巨大而且清晰明了。思想是一种逻辑推断，冷静沉稳；情感是一种情意激荡，热烈冲动。美性是理性的对偶范畴，美性思维是中华民族思维模式的根本特征，美性是一种介于感性和理性之间的艺术性，也就是柏拉图所说的艺术创作者的"迷狂"状态以及西方所言的神秘的"第六感"，或者通俗点讲就是我们在艺术研究中常常提及的一个词："灵感"。灵感爆发时的情意和感受就是美性。感性或者称为知觉性是人类认识的初级阶段，这种初级阶段实际包含了理性和美性两部分，也就是包含了所谓感性认识向高级阶段发展的两种可能性。如果理性基因被触活，感性认识就上升进入理性阶段；如果美性基因被触活，感性认识就上升进入美性阶段。其中理性阶段就是理论研究阶段，美性阶段就是艺术家的创作阶段。

设计管理显然是设计学和管理学的交叉学科,其直接的目的就是让设计创造能够围绕美、实用、经济、耐用使它们达到最佳组合状态,或有助于设计创造更好地实现美、实用、经济、耐用的四大要求。设计管理是一种生产力,其长远的目标是为了构建更加科学合理的生产关系,推动人类制造业的健康发展,让设计改变世界、创造世界。

作为理论研究,设计管理起步很晚,设计管理的理论成果还很不丰富,但是设计管理的实践却是自原始时代就产生了,而且设计管理史几乎就是人类的造物史和文化发展史。

设计管理的大发展是随着社会分工的进一步明确和细化、随着能工巧匠的合作加强、随着人类管理水平的提升和管理方法的完善、随着不断叛离传统的追求而发生的。设计管理越来越丰富、越来越庞杂、越来越先进,设计管理的理论总结、理论概括、理论研究、理论创新的发展也就成为必然的结果。

那么,设计管理究竟与一般性管理知识有什么区别呢? 当然,围绕设计生产活动展开的管理是设计管理的根本,设计管理是造物管理,有点类似于工业或工程的生产性管理。

但是,专注于设计流程、产品制造、生产方式的管理并非设计管理的核心,这不过是设计管理的基础即基本型设计管理而已。围绕设计生产活动展开的管理并不是说管理的目的就是为了完成设计生产活动,而是在更好、更优、更快地完成设计生产活动的基础上实现更大的价值构建。

这种价值构建包含几大体系:

(1) 物质文明的精益求精,通过精湛的设计和制造,创造高级的品味。

(2) 在高级品味的推动下,使人的审美感、领悟力、想象力和创造力得到提升,从而由造物延伸至育人。

(3) 通过设计活动的创造性生产管理摸索、思考、构建一套完善而高效的生产制度,从而实现社会制度整体性的提升和丰富。社会制度重在对资源分配秩序的构建与维护,物质文明既是重要的资源,又是社会制度建立的物质基础,所以,设计管理的发展着眼于对社会制度体系的构筑。

(4) 将自然和社会的闲置资源、废弃资源、负能量、负价值进行利用、整合,创造出更大、更多、更优的正价值、正能量是设计管理的第四大价值构建体系,这里的价值、能量包含物质、制度、精神三大类型。

(5) 社会制度对开发利用自然至关重要，设计管理通过对设计生产制度的调整，达到人和自然关系的和谐发展，设计管理为设计服务、为人服务，更是为自然的生态平衡服务，任何破坏自然生态的设计行为、设计活动都应该被管束与废止，这是设计管理的终极目标，即追求人与自然的永续发展。

所以，大家才有理由相信：设计管理创造世界，设计改变世界。

有什么样的设计管理就会有什么样的设计，一切创造性思维都包含着对某种目的的向往，即为了实现某种目的而去开创和突破，而合目的的行动就是管理思维。

一切创造活动都包含着管理行为，一切管理行为都是为了设计和创造出新世界，或设计和创造出世界的新局面。所谓设计、管理有着非常相通的内核：战略和策划，狭义的设计倾向于对物质运用的战略和策划，是器；广义的设计包含了管理，倾向于对各种资源运用的战略和策划，是道。

设计重物化的器，管理重规则化的道。

设计管理就是借助对物化的造器实现对世界规则的道化。

最高级的设计是管理：改变世界；最基础的管理是设计：制定生产制度。

最高境界的设计管理就是创造至美的世界：至美的物理、至美的法理、至美的情理、至美的道理。

物理是物境的世界，法理是制度的世界，情理是精神的世界，道理是天道自然的世界。

所以，设计管理绝对不是形而下的管理，设计管理是由形而下入手，继而入神道（情感）、入心道（思想）、入天道（生命）的系统而全面的管理，宫殿、寺庙、佛像、礼器、法器、明器等都是这一设计逻辑生发发展的结果。

设计管理重在构建人类的价值体系，人类因此而显得与其他生命略有差别。这种微微的差别竟然让人类成为天地的主宰。但设计管理最大的障碍也由此产生。成为天地主宰的人类拥有着生命根底里的逆根性，追逐商业利润、追逐金钱功利几乎葬送了设计、葬送了自然，也葬送了人类自己，人类正在这条路上继续走下去。

设计管理旨在让设计创造与自然生态均衡发展，起码这样可以让地球和人类活得更久一些，起码可以延缓世界的毁灭，这可谓是设计管理所能创造的最大的价值，也是设计管理的终极目标。

后　　记

　　本书付梓之时，首先感谢南京航空航天大学专业建设对本书的立项和资助，这让笔者可以更加专心和投入地研究和写作本书，经过长达两年多的筹备、策划和精心写作，本书终于能够和读者见面，甚感欣慰和激动。虽然自2013年起，笔者相继已经出版专题性设计管理类著作多部，但当2016年，学院跟我商讨出一部《设计管理概论》时，我依然感觉责任重大，因为既要突破以往的成果形式和结论，又要一脉相承，以维持学术的延续性和完整性。于是，我花费两年多的时间力求突破，高屋建瓴地深度探究、探寻方向、总结概括，以保证本书的研究不但要与时俱进，同时还要保证证明严谨、结论可靠且能指导实践之用。

　　感谢学院领导们的关心与支持，感谢美术系和环境设计专业的同仁时常的提醒和帮助，大家的鞭策与鼓励使我克服了内心的懈怠、身体的懒惰，才能按时完成既定的研究。2019年5月，本书杀青，随后就安排我的研究生陈从林、蔡雪娇两人进行校稿、搜集并整理图例，感谢他们的辛勤劳作。

　　感谢恩师谢建明教授拨冗赐序，为本书增色良多。感谢东南大学出版社的全力支持和一丝不苟的工作精神，使本书表现得更加完善。

　　感谢我的家人对我平时无微不至的照顾和关怀，没有家人的支持，我绝不能做到尽心尽力地从事研究和写作。母亲虽年事已高，却坚持自理，凡事都不劳烦于我，亦使自感愧疚。感谢此生生活在幸福的时代，唯有伟大复兴的时代才能保证命有适存、学有所成、劳有所获、生有所恋，而后为民、为国作出贡献。最后，感谢书中引用的所有图片、数据和参考文献的作者，正是你们的无私奉献才成就了本书，谢谢你们！

成乔明
2020年5月
随记于南京松绮菜园